THÉORIE

DE LA

PROCÉDURE CIVILE.

POITIERS. — IMPRIMERIE DE F.-A. SAURIN.

Cet Ouvrage se trouve aussi :

A PARIS.	ADELUS, DURAND, COTILLON, FROMONT-PERNET, POURCHET père,	Libraires rue des Grès.
A BORDEAUX.	THEYCHENEY. LASVALLE.	
STRASBOURG.	DESRIVEAUX. LAGIER.	
MARSEILLE.	MOSSY.	
DIJON.	LAMARCHE DECAILLY. BENOIST.	
TOULOUSE.	LEBON. DAGALIER.	
RENNES.	MOLLIEX. Mme DUCHÊNE.	
AIX.	AUBIN.	
NANTES.	FOREST.	
ROUEN.	EDET. LEGRAND.	
GRENOBLE.	PRUD'HOMME.	
LE MANS.	BELON.	
BESANÇON.	BINTOT.	
CAEN.	[illegible] HUET-CABOURG.	
POITIERS.	BOURCES. FRADET.	
COLMAR.	REIFFENGER.	
BRUXELLES.	BERTHOT.	

THÉORIE

DE

LA PROCÉDURE CIVILE,

PRÉCÉDÉE D'UNE INTRODUCTION;

Par M. Boncenne,

AVOCAT A LA COUR ROYALE
ET DOYEN DE LA FACULTÉ DE DROIT DE POITIERS.

Tome Quatrième.

PREMIÈRE PARTIE.

PARIS,
VIDECOQ, LIBRAIRE,
PLACE DU PANTHÉON, 4 ET 6.

POITIERS,
SAURIN FRÈRES,
IMPRIMEURS.

1839.

THÉORIE

DE LA

PROCÉDURE CIVILE.

CHAPITRE XVI.

DU FAUX INCIDENT CIVIL.

Au chapitre précédent, c'était un plaideur qui devait, suivant les règles du droit et de la justice, faire vérifier l'écriture, ou la signature privée sur laquelle il fondait ses prétentions, et que son adversaire ne reconnaissait pas. ART.

Ici les rôles changent. L'adversaire ne s'enveloppe point dans les réserves d'une simple dénégation, ou dans les doutes d'une timide méconnaissance : il va porter à l'éditeur de la pièce le défi de la maintenir vraie, et s'engager lui-même à prouver qu'elle est fausse.

ART. *Incumbat probatio fidei instrumenti ei primitùs qui scripturam obtulerit, deindè ei qui strictâ instantiâ falsum arguere paratus sit* (1).

Toutefois, on le sait déjà, ce n'est pas toujours une pure faculté que ce parti que l'on prend de s'inscrire et de se mettre à la poursuite du faux. C'est une obligation spécialement imposée à qui veut entreprendre de détruire la foi attachée aux clauses et aux énonciations d'un acte authentique ; les plus énergiques dénégations ne suffiraient pas pour l'ébranler (2).

Le faux est, en général, tout ce qui n'est pas vrai, a dit Farinaccio : *falsum largissimè sumptum est omne id quod non est verum* (3). Dans le sens plus étroit du langage judiciaire, le faux est la suppression ou l'altération de la vérité ; il devient criminel, lorsqu'il est l'effet d'un dessein frauduleux et la cause d'un préjudice réel ou possible. C'est alors que s'applique la définition de Cujas : *falsum fraudu-*

(1) L. 14, *Cod. Ad legem Corneliam de falsis.*

(2) Voyez t. 3, p. 451 et suiv.

(3) *De falsitate et simulatione. Quæst.* 150, n° 7.

lenta veritatis mutatio, vel suppressio, in detrimentum alterius facta. ART.

La loi, moins rigide que la morale, ne donne point au simple mensonge et à la simulation le caractère du faux proprement dit. Par exemple : dissimuler dans un acte de vente une portion du prix, c'est mentir, mais ce n'est pas commettre un faux ; et les tiers qui auront à s'en plaindre pourront prouver la fraude par les voies ordinaires : *neç tenebuntur instrumentum etiam publicum arguere de falso, quia aliud merum falsum, aliud fraus, aliud simulatio* (1). Si deux personnes s'arrangent de telle sorte que l'une paraisse céder son bien à l'autre, afin de le soustraire aux poursuites de ses créanciers et à la main de la justice, il y aura encore simulation et non pas *merum falsum*. Ce que ces personnes ont dit et signé de contraire à la vérité, elles étaient convenues de le dire et de le signer. C'était la vérité de leur mensonge : *falsi crimen, quantùm ad eos qui in hoc consenserunt, contractum non videtur, cùm inter præsentes et convenientes res actita sit* (2). Mais il y a faux

(1) Dumoulin, ch. 31 de la cout. de Nivernois, art. 3.
(2) L. 3, *ff. De fide instrumentorum.*

ART. dans les énonciations d'un acte, toutes les fois qu'on y a exprimé, ajouté, ou rayé quelque chose, à l'insu des parties ou de quelqu'une d'elles, et sans leur réciproque consentement : *si quis alienum chirographum imitetur, aut libellum vel rationes intercidat, vel describat, non qui aliàs in computatione, vel in ratione mentiuntur* (1).

L. Cornelius Sylla, durant sa dictature, avait fait une loi sur les faux commis dans les testaments, et la fabrication de la fausse monnaie. Mais ses dispositions ayant été étendues, par des Sénatus-consultes et des Constitutions impériales, à d'autres cas de faussetés ou de quasi-faussetés, *quasi falsa*, à la calomnie, à la subornation, au stellionat, à la supposition de part, *ad litteras, nomen, testimonia, obligationes, mensuras, pondera*, etc., les interprètes s'accoutumèrent à citer comme autant de chefs de la loi *Cornelia*, tous les textes qui s'étaient groupés autour d'elle (2).

(1) L. 23, *ff. De lege Cornel.*

(2) Voyez au Digeste le titre *De lege Cornel.*, et au Code les titres *Ad legem Cornel.—Ad legem Vitelliam*,—*Si ex falsis instrumentis vel testimoniis judicatum sit*,—*De*

Ce fut de même en France. Les édits, les déclarations et les ordonnances se multiplièrent à mesure que l'art des faussaires prit des formes nouvelles, et s'exerça sur des objets nouveaux. Les premières lois furent portées contre les faux monnayeurs : il fallait, avant tout, pourvoir à la sûreté et à la conservation de la fortune publique. Nous avons des capitulaires de Childebert qui traitent *de falsâ monetâ*; nos coutumes rendent témoignage des peines que subissaient les coupables : il en est qui disent qu'on les faisait suffoquer et bouillir en eau et huile (1) : *in oleo et aquâ suffocari*, *seu bulliri debebant* (2). ART.

La fausse monnaie est une des espèces de faux qui se commettent par *des faits*, comme la fabrication des fausses clefs, des faux poids, des fausses mesures, des faux poinçons, des faux timbres, etc.

On commet le faux par *des paroles*, en faisant des faux serments, des faux témoi-

iis qui sibi adscribunt in testamento. — *De falsâ monetâ*, — *De mutatione nominis*, — *De veteris numismatis potestate*, et la Novelle 77 de Léon.

(1) Imbert, en sa *Practique*, p. 706, aux notes.

(2) Mazuer, *De pœnis*, n° 3.

ART. gnages. J'ai parlé ailleurs du faux serment (1); je parlerai du faux témoignage au chapitre des enquêtes.

Contrefaire l'écriture ou la signature des personnes publiques ou privées ; composer de faux contrats, de fausses promesses, de faux testaments; altérer des pièces véritables par ratures, additions ou surcharges ; supposer dans un acte des consentements qui n'ont pas été donnés, des formalités qui n'ont pas été remplies, ou d'autres circonstances qui n'ont pas eu lieu; c'est commettre le faux *en écriture*, celui dont je dois uniquement m'occuper ici.

Tout ce qui se rapportait au faux *en écriture* était éparpillé, répété, modifié, recomposé et noyé dans une infinité de règlements divers ; cette législation ressemblait au vaisseau d'Égée. C'était, entre autres, l'ordonnance de 1531 et l'édit du mois de mars 1720 sur les faux dans les actes des notaires; l'ordonnance de 1735 sur le faux dans les testaments; l'édit du mois de mars 1680 sur le faux dans les actes de justice; l'édit de Henri II, ou l'édit des petites dates, sur le faux dans les titres ecclésiastiques ; l'or-

(1) T. 2, chap. 8, p. 489 et suiv.

donnance de 1532 et la déclaration du mois de mai 1720 sur le faux dans les papiers royaux, les états, pièces et registres de l'administration des finances; l'ordonnance des fermes, du mois de juillet 1681, sur le faux dans la perception des aides; l'ordonnance du mois d'octobre 1734 sur le faux dans le contrôle ou l'enregistrement des actes et contrats; la déclaration du mois de décembre 1680 sur le faux dans les lettres de chancellerie. La confiscation des biens des condamnés, pour ce dernier genre de faux, n'appartenait pas au roi, mais à M. le chancelier. ART.

Voudra-t-on bien croire que, dans tout cela, il n'y avait rien de spécifié, rien d'établi à l'égard des faux commis sur les registres de baptêmes, mariages et sépultures, rien pour ce qui concernait les faux en écriture privée? Les juges y appliquaient des peines arbitrées par eux, selon l'exigence des cas, la qualité des personnes, et la gravité du préjudice.

Le Code de 1791 ne fit que tracer des lignes entre les principales espèces de faux *en écriture*, déterminer des peines, et les graduer. Ainsi vous y lisiez: « Si le crime de faux est commis en écritures privées, la peine sera de quatre années de fers; s'il est commis en let-

ART. tres de change et autres effets de commerce ou de banque, la peine sera de six années de fers; s'il est commis en écritures authentiques et publiques, la peine sera de huit années de fers (1).» Mais vous n'y trouviez point les caractères auxquels auraient dû se reconnaître chacune de ces espèces; les questions de culpabilité restaient soumises aux caprices de l'ancienne jurisprudence, et il fallut faire d'autres lois, celle du 2 frimaire an II, par exemple, pour empêcher la confusion du faux avec l'escroquerie.

Le législateur de 1810 y a mis plus d'ordre et de précision; ses définitions sont déduites de certains faits et de certaines circonstances qu'il a eu soin de prévoir, de détailler et de classer (2).

Nous disons que le faux est *matériel*, lorsqu'il a été commis, soit par contrefaçon ou altération d'écritures ou de signatures, soit par effaçures, ratures, grattages, changements, suppressions, intercalations, additions de mots, de syllabes, de lettres ou de chiffres. On lui donne cette dénomination parce

(1) 1re part., tit. 2, sect. 2, art. 42, 43 et 44.

(2) Code pénal, liv. 3, tit. 1, § 3, 4 et 5.

qu'il affecte *matériellement* la pièce arguée, parce qu'il peut être touché du doigt et de l'œil, démontré, reconnu, constaté physiquement par une opération, par un procédé quelconque : *cùm inspectio ipsa falsum deprehendit.* Le faux *matériel* prend, chez quelques auteurs, le nom de *formel*, dans les cas où il s'agit non pas de la simple altération d'un acte véritable, mais de la fabrication entière d'un acte faux (1). ART.

Le faux est *intellectuel* ou *substantiel*, quand il dénature la substance des actes, sans qu'il y ait la plus légère altération de l'écriture. Ainsi fait un fonctionnaire, un officier public qui, rédigeant un acte de son ministère, écrit des conventions autres que celles qui ont été tracées ou dictées par les parties, constate comme vrais des faits faux, ou comme avoués des faits qui ne le sont pas. C'est une falsification de la pensée, une supposition du consentement, un déplacement de la volonté, qui ne se découvre par aucune de ces marques physiques, palpables, matérielles, sur lesquelles l'art des experts se pourrait exercer.

(1) *Quest. de Droit* de M. Merlin, vis *Inscription de faux*, § 1.

ART.

Le faux était, à Rome, un crime de jugement public, *crimen publici judicii*, que chaque citoyen pouvait dénoncer et poursuivre : *publica autem dicta sunt, quòd cuivis ex populo executio eorum plerumquè datur* (1).

Mais il devint libre à la partie qui arguait de faux une pièce produite en justice, de rester dans les termes de l'action civile, ou d'affronter les périls de la voie criminelle : *damus licentiam litigantibus, si apud judicem profeRatur scriptura de quâ oritur aliqua disputatio, profitendi utrùm de falso criminaliter statuat qui dubitet de fide instrumenti expèriri, an civiliter* (2).

Toutefois on pouvait revenir du civil au criminel : *non ambigitur falsi crimen de quo jam civiliter actum est, etiam criminaliter esse repetendum* (3).

C'est là que nous avons pris nos distinctions

(1) *Instit.*, lib. 4, tit. 18, § 1.

Non omnia judicia in quibus crimen vertitur et publica sunt, sed ea tantùm quæ ex legibus publicorum judiciorum veniunt. L. 1, *ff. De publicis judiciis.*

(2) L. 13, *Cod. Ad legem Cornel.*

(3) *L. unic. Cod. Quando civilis actio criminali præjudicet, et an utraque ab eodem exerceri possit.*

du *faux principal* et du *faux incident;* car il n'est point de type qui ne se retrouve dans ces gigantesques archives du droit romain, où l'on fouille depuis tant de siècles, et où chaque jour on s'enrichit davantage. ART.

Le faux *principal* est l'accusation directement portée devant la justice criminelle, contre l'auteur ou les complices du faux.

Le faux *incident* est le moyen employé pour faire rejeter, comme fausse ou falsifiée, une pièce produite dans le cours d'une instance. C'est l'épisode d'une action qui n'avait point originairement une imputation de faux pour objet; c'est un procès fait à la pièce seulement, comme si elle s'était fabriquée ou falsifiée d'elle-même.

L'accusé n'arrêterait point la poursuite du faux principal, en déclarant qu'il ne veut pas faire usage de la pièce arguée.

Le faux incident tombe et s'éteint, si la pièce est retirée.

L'un *ad vindicias pertinet*, l'autre *ad rei familiaris persecutionem* (1).

La disposition des lois est donc telle, que vous avez le choix, ou de porter une plainte

(1) L. 3, § 6, *ff. De tabulis exhibendis.*

ART. devant la justice criminelle, ou de ne point vous départir de la voie civile, pour impugner l'acte que l'on vous oppose et le maintenir faux.

Aisément on conçoit qu'il n'y a plus de choix à faire, et qu'il faut se tenir dans les termes d'une instance civile, quand le faussaire est inconnu, mort, ou couvert par la prescription (1); car la prescription du faux *principal* n'emporte pas la prescription du faux *incident*.

Mais si d'une question de faux civilement
239. 240. engagée, des indices accusateurs s'élèvent contre une personne que l'action publique peut atteindre, alors le faux *principal* vient dominer le faux *incident*, et l'on surseoit à prononcer sur le sort de la pièce, jusqu'à ce qu'il ait été prononcé sur la culpabilité de l'accusé, *priùs de crimine agitur quàm de causâ civili.* Cette maxime, que l'article 3 du Code d'instruction criminelle a traduite des lois romaines (2), reçoit exception lorsque

(1) Voyez l'art. 637 du Code d'instr. criminelle.

(2) *L. ult. Cod. De ordine cognitionum*; 33, *Cod. Ad legem Juliam de adulteriis*; 5, § 1, *Ad legem Juliam de vi publicâ.*

l'action civile est préjudicielle par sa nature, c'est-à-dire, lorsque l'ordre des choses et des idées exige qu'on la juge avant l'action criminelle. Le Code civil en fournit un exemple : « L'action criminelle contre un délit de suppression d'état ne pourra commencer qu'après le jugement définitif sur la question d'état. » C'est qu'il faut bien que la réalité de l'état, de la filiation, des droits de famille, soit prouvée, pour qu'on puisse accuser quelqu'un de les avoir détruits : or, les réclamations d'état appartiennent exclusivement à la compétence des tribunaux civils (1). ART.

En matière de faux, la justice civile n'est compétente que pour juger abstractivement la vérité ou la fausseté d'un écrit. La justice criminelle juge à la fois l'auteur du crime et la pièce qui l'a souffert. Toutefois l'acquittement de l'accusé ne donne pas toujours gain de cause à la pièce; c'est une proposition que je développerai plus loin.

Ces prémisses mènent à une conséquence que les auteurs ont négligée, et que la jurisprudence ne discerne pas toujours, parce qu'on se préoccupe trop étroitement de cette

(1) Code civil, art. 326 et 327.

ART. définition que les dictionnaires répètent à l'envi, et qui ne sépare point le faux de la fraude : *fraudulenta veritatis mutatio, vel suppressio.*

L'imputation de fraude qui constitue le crime, et qui donne ouverture au faux principal, peut être effacée par des preuves de bonne foi.

Mais, si pure que vous imaginiez l'intention dans laquelle un acte a été falsifié, dénaturé, il n'en devra pas moins être rejeté du procès où il a été produit, car la justice ne peut jamais accepter comme vrai ce qui est matériellement ou substantiellement faux.

Il suit de là qu'il n'y a point de question intentionnelle à considérer pour le jugement du faux incident.

La Cour de Lyon décida le contraire par arrêt du 12 décembre 1832. Il s'agissait des effets d'un commandement, dans lequel l'huissier avait dit qu'il l'avait signifié au domicile du débiteur, *et parlant à sa personne* : celui-ci s'inscrivit incidemment en faux, et offrit de prouver que, le jour même de la signification, il était en voyage. L'huissier, intervenu dans la cause, soutenait que l'énonciation de son exploit était exacte ; que, ne le fût-elle point, la pureté de son intention suffisait pour que l'inscription de faux dût être écartée ; et il invoquait l'article 45 du décret du 14 juin 1813, lequel porte qu'en pareil cas, l'huissier *sera poursuivi criminellement et puni d'après l'article* 146 *du Code pénal*, s'il est prouvé qu'il a frauduleusement agi. Cette défense eût été bonne aux assises, devant les jurés, pour repousser une accusation de *faux principal;* au civil, c'était une confusion, une erreur sans consistance. Elle en prit cependant, et l'inscription de faux incident fut rejetée : ART.

« Attendu que, d'après le décret du 14 juin 1813, les infractions de la nature de celles dont on voudrait, dans l'espèce, faire résulter un faux, ne le caractérisent évidemment, qu'autant qu'il est démontré que l'huissier a agi frauduleusement.

» Attendu que toutes les circonstances se réunissent pour établir qu'en admettant comme prouvé le fait articulé, l'huissier n'aurait pas agi frauduleusement. »

Cet arrêt a été cassé :

« Attendu que l'inscription de faux incident étant un moyen ouvert par la loi pour faire rejeter d'un procès une pièce qui y est produite, abstraction faite de toute fraude de la part de

ART. l'auteur de la pièce, les juges n'ont à apprécier que la pertinence ou non-pertinence des faits présentés à l'appui de cette inscription ; mais qu'ils ne peuvent la rejeter par le seul motif qu'il n'y aurait pas eu fraude de la part de l'auteur de la pièce, puisque le faux matériel de la pièce peut exister en l'absence de cette fraude, et suffire pour faire rejeter la pièce du procès.

» Attendu que sans apprécier les faits articulés, soit sous le rapport de la matérialité, soit sous le rapport du préjudice qui a pu en résulter, l'arrêt attaqué a simplement jugé, en droit, que l'absence de fraude suffisait pour rejeter l'inscription de faux incident, en quoi cet arrêt a faussement appliqué l'article 45 du décret du 14 juin 1813, et violé les articles 232 du Code de procédure civile et 146 du Code pénal (1). »

Il est difficile peut-être d'éclairer la métaphysique de ce faux inanimé, si je puis ainsi parler, et de faire comprendre la théorie de ses abstractions. Je m'avisai, dans une affaire qui date déjà de loin, de soutenir que l'inscription de faux incident était nécessaire, pour dé-

(1) Dalloz, recueil périodique, 1837-1-303.

truire, dans un acte authentique, une énonciation que l'on disait et qui paraissait être fausse, par suite d'une erreur involontaire du rédacteur. Cette proposition fut traitée comme une hérésie tombant en plein concile : on était accoutumé à criminaliser toutes espèces de faux, et l'on dut se récrier contre l'idée d'y assimiler une simple erreur mêlée sans fraude aux clauses d'un contrat. Il était trop difficile apparemment de distinguer l'erreur qui vicie le consentement par ignorance d'un fait ou d'un droit, de l'erreur qui suppose un consentement que personne n'a donné, ni voulu donner. ART.

Les termes de cette question se représentèrent, en 1828, devant la Cour de Dijon. La commune de Jasney avait fait procéder à la vente publique d'une coupe de bois qui lui appartenait. Il résultait des procès-verbaux de visite et de martelage, et de plusieurs autres documents, que les futaies ne devaient pas être vendues; néanmoins elles furent par erreur comprises dans les affiches, et l'erreur des affiches fut répétée dans l'acte d'adjudication. L'adjudicataire demanda la délivrance du tout. La commune refusa, et déclara qu'elle s'inscrivait en faux contre le procès-verbal d'adjudication. L'inscription fut admise par le tribunal

ART. de première instance. Sur l'appel, « la Cour considéra, en fait, que la commune ne se plaignait que du résultat d'une simple erreur, et qu'elle ne l'imputait point à l'adjudicataire; en droit, que l'erreur involontaire ne pouvait être confondue avec le faux dont parlent les lois civiles ou criminelles; que ce n'était point par la voie du faux incident civil, non plus que par celle du faux principal, que devait être purgée cette erreur qui se serait glissée sans fraude dans un acte; qu'en effet, il résultait des termes et de l'esprit des lois civiles, des discours des orateurs qui ont concouru à la confection de la loi sur le faux incident civil, de l'interprétation qui y a été donnée par les auteurs modernes et par la jurisprudence constante de la Cour de cassation, *que par le mot* FAUX, *soit au civil, soit au criminel, les lois n'ont entendu que l'altération frauduleuse de la vérité*; qu'il était de principe que les mots employés par le législateur devaient être pris dans l'acception légale qui leur a été donnée; que cette définition du mot *faux*, conforme à la raison, et déjà consacrée par les lois romaines et par leurs commentateurs, ne pouvait s'appliquer à l'erreur involontaire, et qu'elle en était essentiellement distincte; qu'ainsi le Code civil qui, à l'article 1319, parle du faux par rapport à l'acte authentique, et s'explique sur l'erreur dans les articles précédents, ne la confondait pas avec le faux, et signalait la distinction qui existe entre les deux hypothèses; que dès lors il n'y avait pas lieu, dans l'espèce, d'autoriser la procédure en inscription de faux..... » ART.

Les circonstances sur lesquelles se fondaient la vraisemblance et la nature de l'erreur alléguée, ne paraissant pas suffisamment éclaircies, l'arrêt renvoya la cause devant les premiers juges, pour y être plus amplement instruite et jugée *par application des principes de droit civil autres que ceux relatifs au faux*.

Cependant la commune se pourvut en cassation; et, comme le pourvoi n'était pas suspensif, le tribunal eut le temps de juger, en attendant, que les futaies seraient délivrées à l'adjudicataire, par ce motif que le procès-verbal d'adjudication était un acte authentique faisant pleine foi de tout ce qu'il contenait, et que, s'il n'y avait pas lieu de l'arguer de faux, il y avait nécessité de l'exécuter.

A bon droit, l'arrêt fut cassé :

« Attendu que l'inscription en faux, soit principal, soit incident, est le seul moyen

ART. légal qui puisse retirer à un acte authentique la foi qui, sans le remède de cette inscription, lui serait irrésistiblement acquise, avec cette unique différence que, dans l'inscription en faux incident, le procès est fait à la pièce seule, sans aucunement inculper la personne; qu'ainsi la permission de prouver le faux dont un tel acte peut être infecté, ne saurait, sans une sorte de déni de justice, être refusée à la partie contre laquelle on veut s'en prévaloir;

» Attendu que si l'article 214 du Code de procédure civile porte que l'inscription de faux ne sera admise que *s'il y échet*, cette restriction ne saurait s'appliquer au cas où, l'inscription de faux une fois écartée, l'exécution de l'acte deviendrait inévitable; que telle était l'espèce de la cause, ainsi que l'a invinciblement prouvé le jugement rendu le 31 mars 1830 par le tribunal de Lure (qui déclara que foi entière était due à l'acte authentique d'adjudication), en sens diamétralement opposé à celui rendu par le même tribunal le 7 avril 1824 (qui d'abord avait admis l'inscription de faux, et avait été réformé par la Cour de Dijon);

» Que vainement l'arrêt attaqué a distingué entre l'allégation du faux résultant d'une altération purement matérielle, et celle du faux résultant d'une altération intentionnelle et frauduleuse de la vérité, parce que, dans l'un comme dans l'autre cas, la foi due à l'acte est également ébranlée, et que la loi n'ouvre pas d'autre voie légale que l'inscription de faux, pour faire réparer le préjudice causé par cette altération ; ART.

» Qu'en jugeant ainsi, la Cour royale de Dijon a créé une distinction que la loi n'établit pas, commis un excès de pouvoir, violé par suite l'article 1319 du Code civil, et faussement appliqué l'article 214 du Code de procédure (1). »

Ce préjugé que la Cour suprême s'applique si bien à combattre, avait dû naturellement sortir de la confusion qui plaçait jadis au sein des ordonnances criminelles les dispositions sur le faux en matière civile. C'était comme autant d'arsenaux où se trouvaient mêlées des armes de toute nature, et pour toutes sortes d'attaques et de défenses.

Car ne croyez pas qu'il y eût dans l'ordonnance de 1667 un seul mot touchant la manière de procéder à l'instruction du faux in-

(1) Dalloz, recueil périodique, 1834-1-260.

ART. cident devant les juges civils. Non; c'était un des objets de l'ordonnance criminelle de 1670, au titre *du* CRIME *de faux tant principal qu'*INCIDENT. On y trouvait tour à tour les dénominations de plaignant et d'accusé, de demandeur et de défendeur, d'informations et d'enquêtes, et le mélange de tous les termes que s'étaient diversement appropriés la procédure criminelle et la procédure civile.

M. d'Aguesseau vint, et fit, en 1737, l'ordonnance *du faux*, qu'on appela la *sage ordonnance*. Elle était destinée, comme beaucoup d'autres, à entrer dans la composition de ce Code général que tous les rois et tous les ministres promettaient à leur avénement.

« Dans la nécessité où nous sommes, disait le préambule, de partager un ouvrage d'une si grande étendue, nous avons cru que la révision de l'ordonnance de 1670 sur la procédure criminelle devait occuper d'abord toute notre attention; et, dans cette ordonnance même, nous avons jugé à propos de faire un choix, en commençant un ouvrage si utile par les titres *de la reconnaissance des écritures ou signatures privées*, et *du faux principal ou incident*. Les différents objets de ces deux titres y ont été tellement mêlés, que les juges ont eu de la peine à en faire un juste discernement, et qu'il leur est souvent arrivé, ou de séparer ce qui devait être réuni, ou de confondre ce qu'il aurait fallu distinguer. C'est donc pour remédier à cet inconvénient par un ordre naturel, que nous avons jugé à propos d'établir d'abord dans un premier titre les règles qui seront observées dans la poursuite du *faux principal*, et de fixer ensuite dans un second titre celles qui auront lieu à l'égard du *faux incident....* » ART.

L'ordonnance de 1737 offre assurément, dans son ensemble et dans ses détails, une belle empreinte de la sagesse de son illustre auteur; toutefois, cette juxtaposition du faux *principal* et du faux *incident* laissa sur le second titre une teinte douteuse de criminalité, qui nuisit peut-être à la netteté des distinctions qu'il s'agissait de mettre en lumière. N'était-ce pas refléter les absurdes rigueurs de la législation criminelle de ce temps-là, que de conserver, même en matière civile, cette disposition portant *qu'en aucun cas il ne serait donné copie ni communication des moyens de faux au défendeur* (1)? et cette autre: « Les pièces de com-

(1) Ord. de 1737, tit. 2, art. 28.

ART. paraison seront fournies par le demandeur, *sans que celles qui seraient présentées par le défendeur puissent être reçues*, si ce n'est du consentement du demandeur et du ministère public (1)? » Aussi M. d'Aguesseau se plaignait-il de ce que son ordonnance n'avait pas été bien comprise dans les parlements de provinces (2). Il y a de cela cent ans. De nouveaux Codes sont venus se mettre entre le faux *criminel* et le faux *civil*, pour marquer mieux leurs différences; et le frottement d'un siècle n'a pu effacer encore les restes de l'erreur!

Les règles pour la poursuite du faux, en matière criminelle, se trouvent au livre 2, titre 4, chapitre 1er du Code d'instruction criminelle; celles relatives à l'inscription de faux incident civil composent le titre 11 du livre 2 du Code de procédure civile.

La loi du 9 floréal an VII et le décret du 1er germinal an XIII soumettent à quelques formes particulières l'inscription de faux contre les procès-verbaux de contravention, dressés par les préposés des douanes et de la régie des

(1) *Ibid.* art. 33.

(2) Lettres 123 et 124. *Matières criminelles.*

contributions indirectes : cette législation toute spéciale est demeurée en vigueur (1). ART.

La loi dit ACCUSATION *de faux principal*, *et* INSCRIPTION *de faux incident* (2). Il ne sera point inutile de s'arrêter un moment sur l'origine de ce mot *inscription*, dans le sens qui lui est propre ici.

L'inscription, chez les Romains, était une forme solennelle des accusations; elle devait contenir, avec la plus précise et la plus minutieuse exactitude, la désignation de la personne que l'on voulait accuser, le fait incriminé, le lieu, le temps, et toutes les circonstances : *Libellorum inscriptionis conceptio talis est : Consul et dies : apud illum Prætorem, vel Proconsulem, Lucius Titius professus est se Mæviam lege Juliâ de adulteriis ream deferre, quod dicat eam cum Gaio Seio, in civitate illâ, domo illius, in mense illo, Consulibus illis, adulterium commisisse.... Hoc enim lege Juliâ publicorum cavetur, et generaliter præcipitur omnibus qui reum deferunt* (3). L'inscription devait être

(1) Voyez la loi du 21 avril 1818, art. 38.

(2) Code civil, art. 1319.

(3) L. 3, *ff. De accusat. et inscript.*

ART. 3 signée par l'accusateur, ou par un autre pour lui, *si litteras nesciat* (1).

Ce n'était pas seulement un appareil judiciaire, c'était une redoutable garantie, qui répondait à la république du repos et de la sûreté des citoyens; c'était un engagement qui dévouait l'accusateur, en cas de défaite, aux peines les plus sévères : *quæ res ad id inventa est, ne facilè quis prosiliat ad accusationem, cùm sciat inultam sibi accusationem non futuram* (2).

Or, il y avait le Sénatus-consulte Turpilien qui formait une sorte de trilogie pénale contre les téméraires accusateurs : *accusatorum temeritas tribus modis detegitur, et tribus pœnis subjicitur* (3). On y distinguait les *calomniateurs* qui accusaient faussement, les *prévaricateurs* qui colludaient avec l'accusé pour cacher le crime, et les *tergiversateurs* qui se désistaient de l'accusation, *qui accusationi terga vertebant.*

Dans les premiers temps, les *calomniateurs* furent marqués au front de l'empreinte brû-

(1) *Ibidem*, § 2.

(2) L. 3, *eodem titulo.*

(3) L. 1, *ff. Ad Senatusc. Turpilianum.*

lante de la lettre K : c'était la peine de la loi *Remmia* (1). Mais Constantin, converti à la foi chrétienne, ne voulut pas que la face de l'homme, noble image de la Divinité, portât le signe de l'ignominie : *ne facies quæ ad similitudinem pulchritudinis est cœlestis figurata, maculetur.* La condamnation fut écrite avec le fer chaud, sur les mains, ou sur les jambes, *aut manibus, aut suris* (2). ART.

Plus tard, les *calomniateurs* furent punis de la peine du talion : *calumniantes ad vindictam poscat similitudo supplicii* (3). Les *prévaricateurs* de même : *prævaricatores eâdem pœnâ adficiantur quâ tenerentur, si ipsi in legem commisissent quâ reus per prævaricationem absolutus est* (4). La peine des *tergiversateurs* n'était pas

(1) *Ibidem*, § 2. Voyez la Glose.

(2) L. 17, *Cod. De pœnis.*

Toutefois, dans le vieux droit français, les condamnés pour certains crimes « étaient signés à la joue du seing de la justice, ou du Seigneur, combien que les droicts canons, dit Bouteiller, défendent que nul ne soit signé au visage qui est la semblance et image de Notre-Seigneur J.-C. ; mais selon la coutume locale, si faict. » *Somme rural*, titre dernier.

(3) L. 17, *Cod. De accus. et inscript.*, et 10 *Cod. De calumniat.*

(4) L. 6, *ff. De prævaric. Hodiè*, dit Ulpien, *l.* 2,

ART. déterminée par la loi; elle était extraordinaire, c'est-à-dire, laissée à l'arbitrage du juge (1).

Le président Brisson, celui qui fut pendu en 1591 par la faction des *Seize*, nous a conservé cette antique formule d'accusation romaine : « Si je suis reconnu calomniateur, et si l'accusé est déclaré innocent, je me soumets à la peine à laquelle il serait condamné comme coupable. » *Si te injustè interpellavero, et victus exindè apparuero, eâdem pœnâ quam in te vindicare pulsavi, me constringo partibus tuis esse damnandum atque subiturum* (2).

Pendant longtemps, en France, la peine du talion fut également infligée aux calomniateurs : « Selon la loi escrite en jugement, quiconque se rend accuseur en cas de crime contre un autre, s'il estoit trouvé qu'il fust faux accuseur, en fin de querelle si chet en peine de talion, c'est qu'il doit souffrir telle peine comme deust avoir souffert l'accusé si condamné fust (3). » Cette nature sauvage de

eodem tit., iis qui prævaricati sunt, pœna extraordinaria injungitur.

(1) L. 2, *Cod. Ad Senatusc. Turp.*; l. 11 et 13, *ff. De pœnis.*

(2) *De formulis et solemn. pop. rom. verb.* l. 5, p. 523.

(3) *Somme rural*, tit. dernier.

représailles juridiques, *caput pro capite, membrum pro membro*, disparut insensiblement. Elle fut plus vivace en crime de faux, comme disait Lapeyrère (1). ART.

Mais voici une chose très-remarquable :

Tandis que toutes les accusations, à Rome, étaient soumises à la garantie solennelle de *l'inscription*, elle n'y était point exigée pour celle de faux : *quamvis inscriptionis necessitas accusatori de falso remissa sit, pœna tamen accusatorem etiam sine solemnibus occupat* (2). N'est-ce pas un étrange contraste, qu'elle soit venue chez nous, où jamais on ne l'a prescrite en aucune plainte ni dénonciation de crimes, s'implanter précisément et uniquement dans la procédure du *faux incident*, comme une rigoureuse nécessité, comme un principe essentiel ?

Ceci peut s'expliquer. Le Sénatus-consulte Turpilien était fort bon pour refréner la témérité des *inscriptions*, et pour tempérer l'exercice de ce droit que chaque citoyen romain avait d'accuser et de poursuivre. Mais, en France, dans le temps où nos aïeux démenaient les accu-

(1) Lettre T, n° 10 ; Mornac, *Ad l.* 1, *ff. De calumniat.*, et Coquille, sur l'art. 23 de la coutume de Nivernois, titre *Des justices et droits d'icelles.*

(2) L. 2, Cod. Théod. *Ad legem Cornel. de falsis.*

ART. sations par gages de bataille, il n'était guère besoin de toutes ces cautèles : leur *inscription*, c'était un défi; leur forum, un champ clos; leurs débats, des coups de lance ou de hache; et le coupable, c'était le vaincu. Quand les mœurs commencèrent à s'adoucir, la législation suivit la pente des mœurs. Alors apparut cette belle institution du ministère public, qui donnait un accusateur légal aux criminels, et l'on se trouva fort loin des *calomniateurs*, des *prévaricateurs* et des *tergiversateurs* du droit romain.

Il était beau sans doute de voir, chez le peuple-roi, l'amour de la gloire et l'amour de la patrie créer de nobles accusateurs, et Cicéron disputer à Cæcilius Niger l'honneur d'accuser Verrès. Mais les accusations vulgaires devaient être souvent entravées par les formes ardues de *l'inscription ;* c'eût été presque tenter l'impossible que de vouloir se conformer à leurs minutieuses exigences à l'égard de faussaires, qu'il fut toujours si difficile de découvrir et de convaincre. Les accusations de faux obtinrent donc dispense de l'inscription : *inscriptionis necessitas accusatori de falso remissa fuit*. L'empereur Antonin alla beaucoup plus loin : il en supprima l'usage pour toutes les accusations, et en toutes matières : *noluit ut ampliùs illa suscriptio necessaria esset, sed sufficeret nuda oris professio.* Constantin rétablit l'ordre ancien ; puis Gratien renouvela la constitution d'Antonin. ART.

Chez nous, l'expérience et l'observation donnèrent aux idées une direction toute contraire. Les allégations de faux étaient devenues si fréquentes, que la plus grande partie des débiteurs en usaient, afin d'éloigner le jugement qui les menaçait, et de retarder le jour du paiement : *morandæ solutionis gratiâ.* C'est ce qui fit qu'on trouva bon d'emprunter aux Romains, pour notre procédure du *faux incident*, l'inscription qu'ils appliquaient à toutes leurs accusations, hors celles de *faux*. Ils avaient voulu élargir la voie, et nous avisâmes à la rendre plus étroite, plus périlleuse, comme disait le président Favre : *ne unicuique liceat tàm facilè scripturæ publicæ fidem convellere, quod passìm contingeret si non plerosque solemnis inscriptionis* PERICULUM *deterreret* (1). L'ordonnance de 1670 joignit à l'obligation de s'inscrire, celle de consigner une amende (2).

(1) *Cod.*, *lib.* 9, *tit.* 13, *defin.* 1.

(2) Tit. 9, art. 5.

ART. Mais la digue ne fut pas encore assez élevée. Témoin cette déclaration royale du 31 janvier 1683 : « Bien que par notre ordonnance de l'année 1670, nous ayons statué des peines pécuniaires contre les demandeurs en inscription de faux qui succomberaient et se trouveraient mal fondés, et que notre intention ait été en cela d'empêcher les plaideurs de faire de méchantes procédures ; néanmoins, l'artifice des chicaneurs est à un tel point, qu'on se sert utilement de cette même ordonnance, pour éloigner le jugement des affaires, en ce que, lorsque les procès sont en état d'être jugés, particulièrement dans la fin de la tenue de notre Cour de parlement de Paris, on prend son temps pour s'inscrire en faux contre des pièces du procès, et les demandeurs n'étant tenus de consigner qu'une somme de cent livres, une peine si légère ne peut être capable de les empêcher de se servir de ces pratiques si contraires à la justice : à quoi étant important de remédier, et de pourvoir par tous moyens à ce qui peut retarder l'expédition des procès, sçavoir faisons que nous.... avons dit, déclaré et ordonné, disons, déclarons, etc., que la somme de cent livres que les demandeurs en inscription de faux seront obligés de consigner, suivant l'article 5 du titre 9 de notre dite ordonnance, puisse être augmentée par notre Cour de parlement, selon et ainsi qu'elle estimera être à faire par raison, et ce depuis le 15 juillet jusqu'à la fin du parlement. » ART.

Ces dispositions, qui n'avaient été étendues d'abord qu'au parlement de Bretagne, devinrent une loi commune en passant dans les art. 4 et 5 du titre 2 de l'ordonnance de 1737.

Je viens de remonter un peu haut; mais c'est à ce point de vue qu'il faut se placer pour saisir le commencement des choses, pour suivre de l'œil leur marche, leur essor et leur progrès; de là tout s'explique plus facilement, parce que tout se montre à sa place. C'est savoir une science plus d'à moitié, que d'en connaître l'histoire.

Le Code de procédure a conservé la formalité de l'inscription pour le faux incident; mais la consignation d'amende a été supprimée. On a dit que cette anticipation d'une peine qui peut souvent n'être pas encourue, et qui peut quelquefois dépasser les moyens du plaideur, ressemblait trop à un déni de justice (1). Il y aurait bien quelques objections à faire là-

(1) Rapport de M. le tribun Perrin au Corps législ.

ART. dessus ; car, à ce compte, les amendes qu'il faut consigner pour se pourvoir par appel et par requête civile, ressembleraient aussi à un déni de justice. On me répondra peut-être que, dans ces cas, la consignation est un hommage de présomption en faveur des juges et de la droiture de leurs décisions ; mais, sans parler de la déférence que méritent aussi les écritures authentiques, le caractère des officiers qui les rédigent, et la force exécutoire qui leur est acquise, je ferai remarquer qu'il est permis de s'inscrire contre les actes les plus solennels, même contre ceux qui émanent des tribunaux et des cours (1) ; et je demanderai s'il est bien raisonnable de laisser une liberté plus entière et plus dégagée pour impugner un arrêt de faux, que pour le taxer d'erreur ?

L'inscription de faux incident n'est point une exception de procédure, c'est une *défense ;* elle est ouverte en tout état de cause, contre
214. toute pièce, *signifiée, communiquée* ou *produite*. Mais il faut que l'état de cause subsiste encore, et qu'un jugement en dernier ressort ne soit

(1) Voy. au *Répert. du Jurisp.* de Merlin, v[is] *Inscrip. de faux*, § 1er, n° 9.

pas venu y mettre fin : *cùm principalis causa non consistit, ne ea quidem quæ sequuntur locum habent.* A quoi se rattacherait l'incident, si le procès était éteint? Il ne resterait plus alors que la ressource d'une plainte en faux principal, en supposant qu'elle fût recevable (1); car la condamnation du faussaire anéantirait à la fois et l'œuvre du crime et tous les droits qu'elle aurait fondés. ART.

La pleine foi due aux énonciations des actes authentiques ne peut être ébranlée et détruite que par une inscription de faux; on le sait déjà. Mais cela ne se doit entendre que des énonciations matérielles, afférentes aux stipulations des parties, et que l'officier public a reçu mission de constater. Par exemple, on pourrait prouver, sans être obligé de s'inscrire en faux, qu'un testateur ne jouissait pas de ses facultés intellectuelles, quoique les notaires eussent dit, dans le testament, qu'il était sain d'esprit et d'entendement : *ità potest opponi testatorem fuisse insanum, quia de de-*

(1) C'est-à-dire, en supposant que l'auteur ou les complices du faux soient encore vivants, et que l'action criminelle ne soit pas prescrite.

ART. *mentiâ non rogatur notarius* (1). C'était jadis un point controversé (2); il ne l'est plus depuis longtemps.

En ce qui concerne les écritures privées, c'est encore une chose déjà dite qu'on se borne ordinairement, lorsqu'il y a lieu, à les dénier ou à les méconnaître, laissant la vérification à la charge de celui qui les exhibe. Toutefois, la loi donne l'entière liberté de prendre dans ce cas une attitude plus sévère, plus offensive, et de mettre sus une inscription de faux. Le caractère compromettant que viennent alors prendre les débats, l'assistance inquiète du ministère public à tous les actes de l'instruction, les inspirations de la crainte, peuvent déterminer le retrait d'une pièce suspecte, et couper court au procès. Tel est l'intérêt que l'on a quelquefois à ne pas rester dans les termes d'une simple dénégation.

Vous ne serez point admis à vous inscrire en faux contre une écriture que vous aurez déjà volontairement et explicitement reconnue : cela va sans dire, à moins que vous n'ayez

(1) *Hieronim. Grati consil.* 90, n° 44.

(2) Voyez Danty, sur Boiceau, p. 355; Ricard, *Traité des don.* part. 3, chap. 1, n° 30, etc.

été la dupe de quelque erreur ou de quelque surprise. Mais vous pourrez toujours y être reçu, si c'est par la justice, sur votre dénégation, et après une *simple vérification*, que la pièce a été réputée sincère et véritable. ART.

La raison est la même que celle qui fait rejeter comme pièces de comparaison, même en matière de vérification, les écritures ou les signatures privées que le défendeur dénie ou méconnaît, *encore qu'elles aient été précédemment vérifiées ou déclarées être de lui* (1). L'art des experts n'est pas assez rassurant pour qu'on accorde à ses conjectures un droit de survivance.

Lorsqu'on procède à une vérification d'écriture, c'est au porteur du titre à prouver qu'il est vrai. L'autre partie, retranchée dans les lignes de sa dénégation ou de sa méconnaissance, n'a point de justifications à fournir. Mais si elle veut, à son tour, prendre la charge de prouver que le titre est faux, pourquoi la repousserait-on? Il n'y va pas seulement de son intérêt particulier; l'intérêt public réclame aussi sa part dans cette épreuve plus

(1) Voyez ci-dessus, t. 3, p. 514, et la note 2 de la même page.

ART. rigoureuse. « L'inscription de faux, disait l'orateur du Tribunat, n'exige pas que celui qui veut la former désigne le faussaire ou le falsificateur; elle ne peut l'atteindre, mais elle peut élever contre lui de violents soupçons. La procédure, prenant un autre caractère, peut amener tout à la fois la réparation du délit et la punition du coupable. Et ne serait-ce pas encourager le crime, si une simple vérification dirigée par le coupable lui-même, pouvait lui assurer l'impunité (1)? »

Conclusion : quoiqu'il semble que l'inscription de faux eût dû être réservée pour les cas où la simple vérification serait impuissante, la loi permet de s'inscrire contre un écrit privé, tout aussi bien que contre un acte public et authentique.

Toutefois, il est rare, dans la pratique, que de prime saut on se lance à la poursuite du faux, quand on n'y est pas obligé, parce que la vérification d'écriture peut aboutir au même résultat, au rejet de la pièce; parce que la voie de l'inscription reste encore ouverte après l'épreuve de la vérification et le jugement qui a déclaré vraie la pièce déniée ou méconnue, et

(1) Rapport de M. Perrin au Corps législatif.

parce que, si l'on commençait par s'inscrire en faux, il ne serait plus possible de rétrograder et de revenir aux errements de la vérification. ART.

Mais voici une question plus grave ; elle a été fort diversement résolue (1). Avant de la discuter, il est nécessaire de rapporter le texte de l'article 214 du Code.

« Celui qui prétend qu'une pièce signifiée, communiquée ou produite dans le cours de la procédure, est fausse ou falsifiée, peut, s'il y échet, être reçu à s'inscrire en faux, encore que ladite pièce ait été *vérifiée soit avec le demandeur, soit avec le défendeur en faux*, à d'autres fins que celles d'une poursuite de faux principal ou incident, et qu'en conséquence il soit intervenu un jugement sur le fondement de ladite pièce comme véritable. »

Cet article n'est que la reproduction des articles 1 et 2 du titre de l'ordonnance de 1737 sur le faux incident, sauf que l'ordonnance disait : *encore que ladite pièce ait été vérifiée*, MÊME AVEC LE DEMANDEUR EN FAUX.

(1) Voyez M. Dalloz, *Jurisp. génér.*, t. 8, p. 418, colonne 2, à la note; M. Thomines, t. 1, p. 386, et le *Comment.* de M. Pigeau, t. 1, p. 452.

ART. On ne sait pourquoi les rédacteurs du Code avaient, dans leur projet, changé ces derniers mots pour ceux-ci : *même avec le* DÉFENDEUR *en faux*. Le Tribunat « pensa qu'il résultait du projet, comme de l'ordonnance, que, *dans aucun cas*, la vérification de la pièce ne pouvait être un obstacle à la poursuite du faux ; mais que, pour éviter toute équivoque, il valait mieux faire une mention expresse tant du demandeur que du défendeur. » Sur quoi l'article reçut cette addition : *soit avec le demandeur, soit avec le défendeur en faux.*

Jusqu'ici, rien n'est plus clair : une simple vérification d'écriture ne peut, *en aucun cas*, rendre l'inscription irrecevable, soit que cette vérification ait été faite contradictoirement avec celui qui, ne se bornant plus à dénier ou à méconnaître la pièce, veut à présent l'arguer de faux ; soit que la pièce ait été tenue pour vraie, en arrière de lui, suivant le style du palais ; soit, en un mot, qu'il y ait ou non identité de parties. Cela est convenu.

Cependant, si la vérification a eu lieu *aux fins d'une poursuite de faux principal ou incident*, le jugement rendu sur cette poursuite conservera-t-il sa force de chose jugée contre un tiers à qui l'on opposerait ultérieurement la pièce, et qui se proposerait d'en prouver la fausseté? Tels sont, en définitive, les termes de la difficulté. ART.

Je suis persuadé que ni les rédacteurs de l'ordonnance de 1737, ni les rédacteurs du Code de procédure, ne se sont occupés de ce point, et que l'on étend leur expression par-delà leur pensée, en la détachant des règles du droit commun. Les observations du Tribunat prouvent assez clairement que ces mots : *soit avec le demandeur, soit avec le défendeur en faux*, ne se rapportent qu'à *une simple vérification d'écriture* qui aurait précédé l'inscription de faux, et qui n'y peut jamais faire obstacle. Le reste n'est qu'une sorte d'incise qui ne se lie pas autrement à la principale disposition de l'article. Ce serait fort mal raisonner, je crois, que d'en extraire un argumeut *à contrario*, dont la conséquence donnerait une autorité universelle au jugement intervenu en faveur d'une pièce arguée.

Mais il y a plusieurs observations à faire.

Remarquez d'abord que la question ne s'agite que par rapport à un écrit *vérifié*, c'est-à-dire précédemment jugé véritable. Car, si la

ART. pièce avait été déclarée fausse, le jugement profiterait nécessairement à tout le monde, puisqu'il a dû ordonner qu'elle serait rayée,
241. lacérée, supprimée, afin qu'elle ne puisse plus se montrer et servir.

Maintenant distinguez : était-ce aux fins d'une inscription de faux incident, ou d'une accusation de faux principal, que la vérification avait été faite ?

Dans la première hypothèse, je ne vois aucun motif qui permette de faire exception aux principes généraux de la loi civile, laquelle exige, entre autres conditions, pour qu'il y ait autorité de chose jugée, « que la demande soit entre les mêmes parties, et qu'elle soit formée par elles et contre elles en la même qualité (1). »

L'inscription de faux incident civil qu'un autre avait tentée a pu ne pas réussir, parce qu'il ne connaissait pas des faits dont la preuve eût été décisive, ou parce qu'il avait mal dirigé son attaque, mal disposé ses moyens; peut-être y avait-il eu négligence, peut-être aussi collusion. Et si je veux m'inscrire contre un acte que l'on m'oppose, à moi qui ne figurais point au pro-

(1) Code civil, art. 1351.

cès où cet acte a déjà franchi trop heureusement l'écueil d'une impugnation de faux, je n'aurai pas le droit de me défendre personnellement, d'articuler des faits nouveaux, d'offrir des preuves nouvelles ! Ma cause aura été compromise, tranchée, perdue sans moi, et avant qu'elle fût née ! Cette opinion ne me paraît pas soutenable, et je dirai comme le poëte : *Quidquid ostendis mihi sic incredulus odi.* ART.

Dans la seconde hypothèse, celle où une accusation de faux principal a été subie, ce sont d'autres règles et d'autres considérations qui viennent étendre ou restreindre l'autorité de la chose jugée. C'est cette fameuse question de l'influence du *criminel* sur le *civil*, trop agrandie peut-être par la discussion qu'elle suscita entre M. Merlin (1) et M. Toullier (2), si bien résumée depuis dans la *Jurisprudence générale* de M. Dalloz (3), et plus récemment dans le *Traité de l'action criminelle et de l'action civile* de M. Mangin (4).

Où seraient les sûretés de la justice, si les

(1) *Quest. de Droit*, au mot *Faux*, § 6.

(2) Tom. 8, pag. 37, et tom. 10, pag. 364.

(3) Tom. 2, pag. 616 et suiv.

(4) Tom. 2, pag. 377 et suiv.

ART. juridictions n'étaient pas mutuellement soumises à des influences qui dominent ou suspendent leur marche, et les empêchent de s'entre-choquer à chaque pas? Conçoit-on sans effroi les résultats d'un système qui, poussant hors de toutes limites l'indépendance absolue des divers ordres d'action, donnerait à *rejuger* au civil ce qui aurait été déjà jugé au criminel, et permettrait ici de déclarer faux ce qui là vient d'être déclaré vrai, sous le prétexte que l'intérêt public et l'intérêt privé ne se composent pas des éléments identiques qui constituent l'autorité de la chose jugée?

Ainsi M. Toullier, entraîné trop loin par une ardeur de discussion, disait que l'action civile et l'action criminelle n'ont pas le même objet, quoiqu'elles dérivent de la même source; que l'une, l'inscription de faux incident, par exemple, tend uniquement au rejet d'une pièce, et l'autre à l'application d'une peine; que les parties n'y sont pas les mêmes, à moins que le plaignant ne se soit rendu *partie civile* et ne soit intervenu dans le débat criminel. Il est assez généralement reconnu aujourd'hui que c'était une double erreur.

L'article 3 du Code d'instruction criminelle veut que l'exercice de l'action civile soit suspendu, tant qu'il n'a pas été prononcé définitivement sur l'action publique. Et particulièrement, le Code de procédure porte que, dans tous les cas où d'une poursuite de faux incident s'élève une accusation de faux principal, il doit être sursis à statuer sur la première, jusqu'après le jugement de la seconde : *priùs de crimine agitur quàm de causâ civili* (1). Pourquoi cette surséance? pourquoi le criminel tiendrait-il le civil en état, si l'instance civile ne devait pas attendre l'influence du jugement criminel, et si leur objet n'était pas identique? ART.

Cet objet, c'est la recherche et la preuve d'un fait qui blessa du même coup l'intérêt de la société et l'intérêt d'un particulier, et qui fut le générateur des deux actions. Dans le

(1) Voyez ci-dessus, pag. 12.

Je ne répète point que la règle de l'article 3 du Code d'instruction criminelle reçoit exception, lorsque par sa nature l'action civile est préjudicielle à l'action criminelle ; comme lorsqu'il s'agit d'une plainte en suppression d'état (Code civil, art. 326 et 327), ou d'un délit qui n'existe pas si l'inculpé *fecit sed jure fecit*. Alors, c'est le civil qui influe sur le criminel. La réciprocité, dans ces cas d'exception, se fonde toujours sur le même principe, et rentre dans le même ordre d'idées.

ART. procès criminel, le ministère public demande que le délit soit déclaré constant; n'est-ce pas ce que la partie lésée demande aussi dans l'instance civile? Il est vrai que l'un parle pour la vindicte publique, et que l'autre plaide en son nom privé. Mais si les conséquences des deux actions n'ont pas la même portée, elles sont nées de la même cause, de la même pensée; et, sauf la nature des réparations que chacune d'elles réclame, leur but est évidemment le même.

Pour ce qui concerne l'identité des parties, il ne faut pas dire que la victime d'un délit, qui ne s'est point constituée partie civile dans la poursuite criminelle, y demeure absolument étrangère. « Quand le ministère public poursuit la répression des crimes, des délits et des contraventions, il agit aux risques et périls de tous les intéressés; par lui, ils sont réellement parties dans l'instance et dans le jugement qui intervient (1). »

Cependant M. Toullier insistait, prétendant que le ministère public ne pouvait avoir aucun mandat pour agir dans le nom de la partie lésée, ni aucun intérêt dans la réparation du

(1) M. Merlin, *Quest. de Droit*, au mot *Faux*, § 6.

dommage particulier que le délit avait causé, Art.
de même que le plaignant n'avait ni intérêt ni capacité pour demander l'application d'une peine ; que par conséquent l'un ne représentait pas l'autre dans le procès criminel. « Étrange représentant, ajoutait-il, que celui qui n'a point, qui ne peut pas même recevoir le mandat du représenté, ni prendre de conclusions pour lui ! »

Véritablement, le ministère public n'est point le mandataire de la partie pour requérir la réparation civile du dommage qu'elle a souffert.

Mais il la représente, comme il représente la société tout entière, pour faire juger l'existence du fait dommageable.

« Dans nos mœurs, l'action publique qui résulte des délits est encore populaire, en ce sens qu'elle est encore exercée dans l'intérêt de la société. La société, il est vrai, n'est plus représentée à cet égard par le premier venu ; elle ne l'est plus ; elle ne peut plus l'être que par le ministère public ; mais le ministère public n'en est pas moins, parmi nous, le mandataire de tous, comme l'était chez les Romains le particulier qui se constituait accusateur. Et dès lors il faut bien que tous soient

ART. censés avoir été parties, par l'organe du ministère public, dans le procès criminel qu'a subi un accusé. Il faut bien, par conséquent, que le jugement qui statue sur le procès, en condamnant ou en acquittant l'accusé, soit réputé contradictoire avec tous.

» Et n'est-ce pas parce qu'il a toujours été dans l'esprit des lois institutives du ministère public de faire réputer contradictoire avec tous le jugement criminel qui, sur la réquisition du ministère public, mandataire de tous, déclare un délit constant et en condamne l'auteur, que l'article 19 du titre 1er de l'ordonnance de 1737, et l'article 430 du Code du 3 brumaire an IV, voulaient, comme le prescrit encore l'article 463 du Code d'instruction, que lorsque l'accusé d'un crime de faux était déclaré coupable, même sans l'intervention d'aucune partie civile, les pièces jugées fausses, en tout ou en partie, fussent *supprimées, lacérées ou rayées?* Le législateur pouvait-il annoncer d'une manière plus positive que, par cela seul que le faux était jugé constant avec le ministère public, il était censé jugé tel avec tous ceux à qui il importait que les actes qui en étaient infectés ne fussent plus reproduits en justice par l'accusé? Mettre l'accusé hors d'état d'en faire désormais aucun usage *envers qui que ce fût*, n'était-ce pas dire nettement qu'il ne serait plus désormais recevable à soutenir, *envers qui que ce fût*, qu'il ne s'était point rendu coupable de faux (1)? » ART.

Ne croyez pas, au surplus, que le caractère *préjudiciel* de l'instance criminelle provienne uniquement de ce qu'elle tient le procès civil en suspens, et que son influence soit subordonnée à l'existence actuelle de ce procès. Non; l'idée ne serait pas exacte. Il est dans la nature des choses et dans la volonté de la loi, que cette *préjudicialité*, je demande grâce pour le mot, s'étende à toutes les actions, à toutes les questions que son principe *a pu* ou *pourra* faire éclore : c'est un lien de dépendance, comme celui qui rattache successivement à une cause première tous ses effets nés et à naître.

Prenez cet exemple : Un notaire accusé d'avoir commis quelque altération dans un testament, d'avoir frauduleusement constaté l'accomplissement de certaines formalités qui n'avaient pas été remplies, a été acquitté par suite d'une déclaration du jury portant expressément

(1) M. Merlin, *Quest. de Droit*, au mot *Faux*, § 6.

ART. que le testament n'est pas faux. Plus tard, sur les poursuites du légataire, les héritiers du testateur veulent s'inscrire incidemment en faux contre l'acte qui les dépouille. Le pourront-ils? Non. Le jugement du faux principal a fixé préjudiciellement le sort du faux incident, quoique la voie civile n'ait été prise que longtemps après.

On se récriera peut-être, et l'on dira que si ce jugement qui a déclaré l'acte vrai, doit peser de toute son autorité sur l'instance civile, ce n'est que pour le cas où les parties entre lesquelles cette instance est engagée, sont les mêmes que celles qui avaient figuré devant la justice criminelle; qu'il n'en est pas ainsi quand la personne du notaire, entreprise par la poursuite du faux principal, ne se retrouve plus dans les qualités du procès qui se fait à la pièce.

Ce serait oublier ou nier inutilement que le ministère public a seul mission de poursuivre les crimes et les délits, et qu'il les poursuit aux risques, périls et fortune de tous les intéressés, lorsqu'ils ne se rendent pas parties civiles.

Pour concilier l'effet *préjudiciel* d'une action sur une autre, avec la grande règle qui ne soumet à l'autorité de la chose jugée que les personnes entre lesquelles cette chose a été jugée, il suffit que la loi puisse identifier, et identifie en effet, les parties qui figurent dans une poursuite, avec celles qui ont figuré dans une autre (1). Or, c'est cette assimilation, cette fusion, cette fiction légale d'identité qui s'opère par la vertu des articles 239 et 240 du Code de procédure, et par la disposition plus générale de l'article 3 du Code d'instruction criminelle. Vous n'y voyez aucune distinction pour le cas où les parties ne seraient pas réellement les mêmes dans les deux instances, parce que, dans l'une, elles sont toujours représentées par le ministère public. ART.

Mais tout cela s'explique aussi bien par les simples lumières du bon sens que par les arguments de la science. Vous savez qu'en certains cas, c'est l'action civile qui exerce son influence préjudicielle sur l'action publique; j'ai déjà cité l'article 327 du Code civil et l'article 182 du Code forestier. Assurément, le ministère public, restant dans sa sphère de surveillance pour maintenir l'observation des lois, requérir et conclure, ne doit pas être

(1) M. Merlin, *loco citato*.

ART. compté au nombre des parties entre lesquelles se rendent les jugements civils sur les questions d'état et les droits de propriété ; et pourtant les faits positivement décidés par ces jugements ne peuvent plus être niés, ni débattus, quand on arrive devant la justice criminelle. L'influence du civil sur le criminel, et réciproquement, ne tient donc pas essentiellement à ce que les mêmes personnes y soient réellement et nominativement engagées.

Le ministère public a poursuivi seul une accusation de faux principal, et l'on a jugé que l'accusé était coupable. Cet arrêt est un titre irréfragable en faveur de tous ceux qui peuvent avoir un intérêt au rejet de la pièce fausse.

Mais supposez que le contraire soit arrivé : la justice criminelle a déclaré que l'accusé était innocent, et *que la pièce était véritable.* Je ne puis concevoir rien de plus déraisonnablement subversif qu'une doctrine qui permettrait alors à la partie privée de répudier les résultats de l'action publique, de remettre en litige la vérité de la pièce, et de porter ou de continuer devant la justice civile une inscription de faux incident.

On n'aura pas manqué d'observer que la théorie qui vient d'être exposée se fonde sur l'hypothèse d'une formule d'acquittement de laquelle il résulterait que la pièce incriminée *est vraie*, et que le corps de délit n'existe pas (1). ART.

C'est à ce point de vue qu'il faut se placer, pour que le jugement criminel apparaisse comme un monument qui porte l'empreinte d'une vérité publique.

Cependant j'ai dit, dans une des pages qui précèdent, que l'acquittement de l'accusé ne donnait pas toujours gain de cause à la pièce (2). Il peut donc se faire que la chose jugée *au criminel* sur la question préjudicielle, reste sans influence à l'égard de ce qui doit être jugé *au civil*; et cette conséquence se déduit d'un principe qui régit toutes les matières : c'est que l'autorité de la chose jugée doit être limitée à ce qui a été formellement décidé par le jugement.

(1) Telle serait la déclaration négative d'un jury sur une question posée en ces termes : *Le testament dont il s'agit est-il faux quant à la mention qu'il contient de la dictée de ses dispositions par le testateur au notaire ?*

(2) Ci-dessus, pag. 14.

ART. La condamnation prononcée contre une personne accusée de faux rejaillit nécessairement sur la pièce. La personne et la pièce sont jugées en même temps, car, s'il n'y avait pas eu de faux, il n'y aurait pas de faussaire.

Mais la simple déclaration d'un jury portant que *le fait n'est pas constant*, ou que *l'accusé n'est pas coupable*, laisse encore la pièce dans un état de suspicion : il n'y a là d'acquittement que pour la personne.

Déclarer qu'un fait n'est pas constant, c'est n'affirmer rien sur la possibilité de ce fait ; c'est répondre qu'il ne paraît pas suffisamment prouvé.

Déclarer que la personne n'est pas coupable d'avoir commis le faux dont elle est accusée, ce n'est pas nier l'existence du faux ; ce n'est pas prononcer que la pièce arguée est sincère et véritable. Souvent c'est absoudre sur l'intention, parce que les circonstances du fait n'ont décelé aucun des caractères de fraude qui constituent la criminalité.

En justice criminelle, *in pœnalibus*, le doute absout : le partage des voix y vaut un acquittement. Toutefois cette faveur du doute ne va pas jusqu'à forcer les juges civils de tenir un écrit pour véritable, lorsque sur douze jurés, il s'en est trouvé six qui n'étaient pas assez convaincus de sa fausseté. ART.

Le sort de l'action privée est soumis à l'influence préjudicielle de l'action publique, afin que l'une et l'autre ne se heurtent pas dans leur marche et dans leur issue. Mais ce n'est pas l'incertitude qui peut influer : il n'y a plus à craindre ni conflit ni contrariété, quand le jugement criminel a laissé tout entière la question du procès civil ; alors, s'il s'agit de la vérité ou de la fausseté d'un écrit, rien ne s'oppose à ce que l'inscription de faux incident succède à l'accusation de faux principal (1).

J'ai cru que cette excursion sur des limites qui se confondent quelquefois, où l'autorité d'une juridiction à l'égard d'une autre fut naguère le sujet de si vives controverses, ne serait pas sans utilité pour l'intelligence des articles 214 et 240 du Code de procédure civile. Leurs principes générateurs peuvent se résumer ainsi :

Dans les matières de faux, l'action publique

(1) Voyez les arrêts cités par M. Merlin dans ses *Questions de droit*, vº *Faux*, § 6.

ART. est préjudicielle ; elle tient la cause civile en état.

Le jugement de l'action préjudicielle soumet la cause civile à l'influence de son autorité.

Leur objet est identique ; c'est la recherche et la preuve du fait incriminé ; il importe peu que la nature des réparations demandées ne soit pas la même.

L'identité des parties s'y trouve également. « Le ministère public, lorsqu'il poursuit la répression des crimes, des délits et des contraventions, agit aux risques et périls de tous les intéressés ; il les représente dans l'instance, et dans le jugement qui s'ensuit. »

Mais cette autorité de la chose préjudiciellement jugée ne réside que dans ce qui a été explicitement décidé par le jugement.

L'action publique a-t-elle échoué parce que la pièce a été déclarée véritable ? la voie du faux incident est fermée : il y a eu vérification *aux fins d'une poursuite de faux principal.*

Toutefois, il sera permis encore de relever contre cette pièce quelque défaut de forme, ou de l'attaquer pour cause d'erreur, de dol, de violence, etc. ; car le jugement criminel qui a dit qu'elle n'était pas fausse, ne l'a point purgée de tel autre vice dont elle peut être atteinte. Art.

Mais si les jurés n'ont exprimé qu'un doute sur l'existence du faux, ou si l'acquittement de la personne a pu être déterminé par l'absence de quelques-unes des circonstances constitutives de *culpabilité*, la poursuite du faux incident civil sera pleinement recevable, parce que la pièce n'aura point été *vérifiée* dans le procès du faux principal.

« Cette vérification, a dit la Cour suprême, ne peut résulter que d'un arrêt qui prononce *expressément* sur la *vérité* ou la *fausseté* de la pièce (1). »

Maintenant il faut dégager le faux incident civil du concours et des influences de la justice criminelle, pour le mettre en libre pratique et marquer les différentes phases de la procédure qui lui est propre.

On y distingue trois époques. La première se compose de tous les actes antérieurs au jugement qui admet l'inscription. La seconde s'étend depuis la remise au greffe de la pièce arguée, jusqu'au jugement qui déclare la per-

(1) Dalloz, *Rec. périod.* 1825-1-358.

ART. tinence des moyens de faux, et qui en autorise la preuve. La dernière comprend les opérations ordonnées pour la preuve, comme les expertises, les enquêtes, et se termine par le jugement qui vide l'incident.

215. I. Le premier des actes de cette procédure annonce toute l'importance du débat et toute la gravité des suites qu'il peut avoir.

Celui qui se propose d'arguer une pièce est tenu préalablement de sommer l'autre partie qui l'a produite, de déclarer si elle est ou non dans l'intention de s'en servir, avec protestation de s'inscrire en faux, dans le cas où la réponse serait affirmative. Cette disposition charitable n'est pas nouvelle. « C'est une des singularités qui se rencontrent dans l'instance de faux, disait Bornier (1), qu'encore qu'une partie ait produit un faux instrument, si est-ce qu'avant que d'engager plus avant l'instance, l'on commence par faire déclarer au produisant s'il veut s'en servir, et soutenir la pièce par lui produite, ou non ; et s'il déclare vouloir s'en servir, alors commence l'instance de faux, et il s'oblige par telle déclaration de prouver l'acte véritable. »

(1) Sur l'art. 6, tit. 9 de l'ordonnance de 1670.

Ainsi la loi vient en aide au plaideur qui n'a pas assez de confiance dans la trempe de ses armes pour courir les chances d'une lutte pareille, ou qui craint d'attirer sur lui de fâcheuses préventions; car persister à vouloir faire usage d'un acte faux, après avoir été bien et dûment averti, c'est s'exposer au soupçon d'en être l'auteur ou le complice. ART.

La sommation se fait par acte d'avoué à avoué, et la réponse est signifiée de même dans les huit jours suivants. Ce n'est pas à dire que l'avoué puisse répondre pour son client. Rien n'est plus essentiellement personnel et plus profondément intime, que la déclaration de vouloir ou de ne vouloir pas se servir d'un écrit qu'on a produit; elle doit donc être authentiquement assurée, et signée par celui au nom de qui elle est signifiée, ou par un mandataire fondé de sa procuration *spéciale* et authentique. « Cette forme est tellement rigoureuse, disait M. Perrin au Corps législatif, que l'on a vu, sous le régime de l'ordonnance de 1737, une des Cours supérieures du royaume annuler certaine procédure de faux incident, parce qu'on avait pensé pouvoir se contenter de la réponse affirmative de la partie, faite à l'audience, sur l'interpellation du 216

ART. juge. » Je voudrais qu'il fût possible de juger autrement sous le régime du Code, et que l'on procédât chez nous comme à Genève, où les parties sont obligées de venir elles-mêmes devant le tribunal faire leur sommation et leur réponse, s'expliquer de vive voix sur les circonstances qui peuvent se rattacher à la fausseté ou à la sincérité de l'écrit litigieux, et soumettre leur conscience à un examen public et solennel (1).

De ce que la partie sommée de déclarer son intention sur l'emploi de la pièce, doit signer sa réponse, ou la faire signer par un mandataire qu'elle constitue spécialement à cet effet, il suit nécessairement que le délai de huitaine ne serait pas toujours suffisant à raison des distances. Il y faut donc ajouter le supplément réglé par la disposition générale de l'article 1033.

On disputait autrefois sur le point de savoir si, après l'expiration du délai accordé pour répondre, la peine du rejet était encourue de plein droit.

Les parlements donnaient des interpréta-

(1) C'est une opinion que j'ai déjà exprimée tome 3, au chapitre *De la vérification des écritures*, pag. 472.

tions diverses à l'article 12 de la *sage* ordonnance, dont les dispositions ont textuellement passé dans l'article 217 du Code de procédure. ART.

Ainsi, l'on décidait à Dijon qu'en renvoyant le demandeur à se pourvoir à l'audience pour faire ordonner le rejet de la pièce, le législateur avait voulu laisser aux juges la faculté de rejeter ou de ne pas rejeter, suivant que les circonstances l'exigeraient, et non borner leur office à supputer servilement le nombre des jours écoulés.

A Paris, le délai était fatal et péremptoire. On convenait bien que le ministère du juge était nécessaire, mais on prétendait qu'il était forcé, et que la peine étant portée par la loi, le droit de la faire prononcer était acquis dès que la dernière heure du terme était expirée.

D'un côté, l'on trouvait juste d'admettre encore, après le délai, une réponse que des accidents, des obstacles avaient pu empêcher d'arriver à temps, et dont le retard ne pouvait être imputé ni à la négligence, ni à l'esprit de chicane.

De l'autre, on invoquait la nécessité de prévenir les abus, d'éviter les longueurs dans la procédure, et l'arbitraire dans les jugements.

La jurisprudence s'était laissée dominer par

ART. ce dernier système. Plus tard, et sous le Code de procédure, elle adopta ce que M. Carré appelait un juste tempérament (1). Le délai fût réputé simplement *comminatoire*, et la réponse put toujours être signifiée, tant que la partie qui avait fait la sommation, semblait disposée à attendre et ne poursuivait pas; mais il devint fatal, par le seul effet d'un *à-venir* donné pour comparaître à l'audience, et y entendre prononcer le rejet de la pièce. Alors le droit au rejet fut acquis au demandeur, et le juge ne fut plus libre de ne pas rejeter.

M. Merlin a traité cette distinction comme un principe (2); et M. Dalloz a dit également, en rapportant beaucoup d'arrêts à l'appui, que le demandeur, aussitôt qu'il s'était pourvu à l'audience, ne pouvait plus être privé, par une déclaration tardive, du droit acquis au rejet de la pièce (3).

Cependant la question est venüe se représenter dans une espèce nouvelle.

Le sieur Burget, prêtre, était décédé le 4 juillet 1835, laissant un testament authentique,

(1) *Lois de procéd.* tom. 1, pag. 560.

(2) *Questions de droit*, aux mots *Inscription de faux*, § 5.

(3) *Jurisp. génér.* t. 8, p. 434, 438 et suiv.

par lequel il instituait la demoiselle Blaive légataire universelle de tous ses biens, à la charge de plusieurs legs particuliers. ART.

La dame Adam, sœur du testateur, attaqua d'abord le testament pour cause de suggestion et de captation; puis elle manifesta l'intention de s'inscrire en faux. Le 10 juillet 1836, elle fit à tous les légataires sommation de déclarer s'ils entendaient se servir du testament. Le notaire qui l'avait reçu était alors juré aux assises de Tours, et la légataire universelle désirait, avec raison, avoir de lui quelques renseignements, avant de répondre à la sommation. Les légataires particuliers, qui ne savaient pas plus que la légataire universelle ce qui s'était passé quand le testateur avait dicté ses dispositions, avaient un égal intérêt à ne pas s'aventurer dans un pareil procès, sans avoir obtenu les explications qui leur étaient nécessaires. Ajoutez que parmi ces légataires particuliers quelques-uns étaient absents de leurs domiciles, lorsqu'on leur donnait avis de la sommation.

Le 24 juin, l'audience fut poursuivie par l'avoué de la dame Adam, avec *à-venir* pour le 30, afin de faire rejeter le testament du procès.

ART. Ce fut dans cet intervalle du 24 au 30 juin, et le 27 de ce mois, que la légataire universelle et les légataires particuliers déclarèrent, par actes de leurs avoués, qu'ils entendaient se servir du testament.

Le tribunal de Loches considéra « qu'en cette matière de faux incident civil, tout était de rigueur; que le législateur en donnant au demandeur, en cas de silence du défendeur, le droit de se pourvoir à l'audience pour faire ordonner le rejet de la pièce, avait rendu le ministère des magistrats tout à la fois nécessaire et forcé, et qu'ils n'avaient plus qu'à prononcer la peine portée par la loi, lorsqu'ils en étaient légalement requis par le demandeur; que telle était la doctrine enseignée par les auteurs les plus accrédités et consacrée par la jurisprudence, sur l'entente légale des articles 216 et 217 du Code de procédure. »

Le testament fut donc rejeté comme s'il eût été faux.

On me consulta sur l'appel. Voici l'avis que je donnai :

La sommation que prescrit l'article 215 du Code de procédure se fait par acte d'avoué à avoué; toutefois personne ne se hasarderait à prétendre que la réponse ne doit pas émaner de la partie elle-même, puisque cette réponse doit être signée d'elle ou du porteur de sa procuration spéciale et authentique. On a déjà tiré de cette disposition la conséquence que le délai de huit jours donné par l'article 216 devait être augmenté d'un jour par trois myriamètres, à raison de la distance entre le lieu où siége le tribunal et celui où demeure la partie sommée, et qu'il y fallait ajouter pareil délai pour le retour. En vain on a dit que l'augmentation de délai accordée par l'article 1033 ne pouvait se rapporter qu'aux actes faits à *personne* ou *domicile*. L'objection serait bonne s'il s'agissait de l'un de ces actes de procédure que l'avoué peut émettre sans le concours et l'assistance de son client, d'un acte que celui-ci a dû prévoir et pour lequel il a dû donner des instructions et des pouvoirs. Mais la loi ne pouvait obliger un plaideur à se précautionner, dès l'entrée de la cause, contre la menace éventuelle d'une inscription de faux, et à préparer un mandat spécial pour répondre avant d'être interpellé. — ART.

En suivant cette idée, on se trouve naturellement amené à conclure qu'il y a lieu de proroger le délai, si la partie n'a pas reçu à temps l'avis de la sommation, ou si quelques consi-

ART. dérations ne permettent pas d'imputer à faute un retard souvent inévitable.

On reconnaît généralement aujourd'hui qu'il n'y a point de déchéance encourue, tant que l'adversaire ne s'est point pourvu devant le tribunal pour demander le rejet de la pièce. Toute la difficulté gît dans la question de savoir s'il est encore temps de répondre lorsque le demandeur s'est pourvu.

Or, ces opinions qui vont quelquefois se répétant comme la voix des échos, et ces rigueurs de la jurisprudence que l'on se plaît à citer, ouvriraient une large porte aux abus les plus révoltants, si elles obtenaient, en définitive, le crédit dont le tribunal de Loches les a dotées. De deux personnes engagées dans un procès, l'une pourrait épier le moment où l'autre part pour quelque voyage, et lui faire subitement une sommation de déclarer si elle entend se servir du titre sur lequel elle fonde ses prétentions. La réponse ne sera point rendue dans la huitaine, parce que le voyageur, qui ne s'y attendait pas, n'avait pris d'avance aucunes mesures contre la soudaineté de cet incident. Ce n'est pas le seul cas d'empêchement qu'il soit possible de supposer. Cependant, à l'expiration des huit jours, l'audience sera

poursuivie, et il y aura *droit acquis* à la partie Art.
de *forcer* le juge au rejet d'un testament, ou de toute autre pièce également importante ! Cela ne se peut pas.

Observez que si les partisans de cette doctrine, effrayés de pareils résultats, faisaient la moindre concession en faveur de certaines circonstances, ils ruineraient entièrement leur système; car la loi n'ayant rien prévu, rien apprécié, rien déterminé à cet égard, il faudrait nécessairement, et en toute circonstance, s'en rapporter à la sagesse et à la prudence des magistrats. Eh ! quel sens et quelle valeur auraient alors ces mots de *droit acquis* et de *ministère forcé du juge* pour le rejet de la pièce ?

De ce qu'aucune des déchéances prononcées 1029.
dans le Code de procédure ne doit être réputée comminatoire, il ne s'ensuit pas que les juges en doivent prononcer quand la loi n'en prononce pas. L'article 217 ne parle point de déchéance. Il ne peut y avoir de *droits acquis* par la signification d'un simple *à-venir*, mais seulement par la sentence qui les confère en connaissance de cause.

C'est ce que M. Thomines-Desmazures explique fort bien en dix lignes : « Ce délai de

ART. huitaine, dit-il, n'est point fatal. Nulle déchéance n'est prononcée à cette occasion, et il en résulte que, quoique la huitaine soit expirée, le défendeur peut encore faire sa réponse, *tant que le demandeur n'a pas fait* PRONONCER *le rejet de la pièce*, et que même il pourrait revenir par opposition contre le jugement qui, à cause de son silence, aurait rejeté la pièce, et réparer sa faute, sauf les frais que sa négligence aurait occasionnés et auxquels il devrait être condamné (1). »

Cette opinion est celle qu'il faut suivre; on la comprend, elle est claire et raisonnable, elle est en harmonie avec une foule de dispositions analogues du Code de procédure. Concevez-vous que le législateur ait voulu attacher le sort du titre le plus précieux, à une simple faute, à une erreur, à un accident, lorsque, en d'autres circonstances beaucoup moins graves, il a ouvert de larges voies de réparation? Voyez notamment comme sa sollicitude se révèle dans les dispositions touchant les jugements par défaut; voyez toutes les sûretés qu'il y a prodiguées.

M. Carré, M. Merlin, et tous ceux qui se sont

(1) *Comment.* t. 1, p. 389.

rangés à leur avis, auraient bien dû s'expli- ART.
quer sur l'hypothèse d'un jugement qui rejetterait une pièce, alors qu'il n'y aurait eu ni réponse à la sommation, ni conclusions, ni comparution à l'audience. Ce serait évidemment un jugement par défaut. A quel texte pourrait-on emprunter la figure d'une raison, pour prétendre que l'opposition à ce jugement ne serait pas recevable? « Le droit de former opposition à un jugement prononcé contre la partie qui n'a point été entendue dans ses moyens, dérive du droit de défense, et doit être considéré avec la même faveur. L'opposition à toute décision par défaut est de droit commun, et elle doit être admise toutes les fois qu'une loi spéciale ne contient pas de disposition contraire (1). » Le droit de s'opposer étant incontestable pour la partie, le droit d'examiner, d'apprécier et d'admettre les moyens d'opposition ne peut être contesté pour les juges. Le rejet de la pièce n'est donc pas *forcé*, par cela seul qu'il est *demandé*. Il faut qu'il soit *jugé*; il faut même ajouter : sauf les voies ordinaires de recours contre le jugement.

(1) Dalloz, *Jurisp. gén.* t. 9, p. 698.

ART. Je disais, dans ma consultation, que la jurisprudence n'avait point consacré avec autant d'accord que le pensaient les juges de Loches, leur manière d'entendre les articles 216 et 217 du Code de procédure. Et j'opposais surtout un arrêt tout récent de la Cour royale d'Aix, qui venait de traverser les doutes, de subir l'épreuve des anciennes controverses, et de décider *que le délai porté aux articles* 216 *et* 217 *n'était pas fatal; lors même que le demandeur avait fait donner à-venir et poursuivi l'audience, afin de faire rejeter la pièce* (1).

La Cour royale d'Orléans a infirmé le jugement du tribunal de Loches. Elle a considéré, en fait, que le retard apporté à la réponse des légataires était justifié par les circonstances; qu'il avait été causé par l'éloignement de quelques-uns des légataires, et par l'absence du notaire rédacteur du testament, avec lequel ils sentaient le besoin d'avoir des explications, avant de faire face à une poursuite de faux.

(1) Cet arrêt a été rendu le 25 avril 1836 : il se trouve dans le *Mémorial de jurisprudence* publié à Toulouse, par MM. Tajan, Curie-Seimbres et Victor Fous, t. 33, p. 57 et suiv. Voyez aussi un arrêt de la Cour royale de Paris, rapporté dans la *Jurispr. génér.* de Dalloz, t. 8, p. 441.

Il y a eu pourvoi en cassation, mais la Cour suprême en a fait justice par arrêt du 28 août 1837 : « Attendu que, dans le silence de la loi, il ne peut pas être permis au juge de prononcer des nullités et des déchéances que la loi ne prononce pas, comme peine de l'inobservation d'une formalité dans le délai prescrit ; ART.

» Attendu qu'en réglant la procédure à suivre sur les demandes en inscription de faux, les articles 216, 217, 219, 220, 224, 229 et 230 Cod. proc. civ., ne prononcent pas formellement la peine de nullité ou de déchéance, en cas d'inobservation des formalités prescrites;

» Attendu que, en cas de retard du défendeur à déclarer qu'il veut se servir de la pièce arguée de faux, l'article 217, loin de dire que la peine du rejet sera encourue de plein droit, et devra être rigoureusement prononcée par le juge, sans autre examen ni appréciation des causes du retard, autorise seulement le demandeur à se pourvoir à l'audience pour faire ordonner le rejet de la pièce ; d'où il résulte aussi, pour le juge, le droit de statuer sur l'incident, et de juger, d'après les débats des parties, et suivant les circonstances, si la pièce doit être rejetée ou non (1). »

(1) Sirey, 1837—1—862.

Art.

La sommation est-elle définitivement restée sans réponse? A-t-il été répondu qu'on n'avait
217. point l'intention de se servir de la pièce? Dans ces deux cas, l'incident s'évanouit. L'inscription de faux devient sans objet, dès que la pièce est rejetée. Celui qui l'avait montrée ne pourra plus la reproduire au procès, car il vient d'avouer tacitement qu'elle n'était pas sincère : *Si adversarius tuus apud acta præsidis provinciæ, cùm fides instrumenti quod proferebat in dubium revocaretur, non usurum se contestatus est : vereri non debes ne ea scriptura, quam non esse veram etiàm professione ejus constitit, negotium denuò repetatur* (1). Cependant le silence qu'il a gardé, ou l'abandon qu'il a fait de son
217. titre, ne le feront point échapper aux inductions et aux conséquences que l'autre partie croira devoir en tirer. Par exemple : vous avez traduit en justice un particulier pour le faire condamner au paiement d'une somme dont il s'était reconnu débiteur. Il prétend qu'il s'est libéré, et il exhibe une quittance que vous lui auriez donnée. Aussitôt vous lui faites somma-

(1) Loi 3, Cod. *De fide instrumentorum*, etc.

tion de faire connaître s'il entend se servir de cette pièce, lui déclarant, dans le cas où sa réponse serait affirmative, que vous vous inscrirez en faux. Il ne répond pas, ou il répond qu'il ne veut point faire usage de cette quittance : elle est rejetée. Mais il a recours à un autre moyen ; il allègue des articles de compensation. Vous les repoussez, et vous dites que s'il eût eu véritablement une compensation à vous opposer, il ne se serait pas avisé de hasarder une quittance qu'il n'a plus osé soutenir aussitôt qu'on a parlé de faux. De même, vous aurez le droit de former une demande en dommages-intérêts si la production de la pièce a pu nuire à votre crédit et à votre réputation. Il y a beaucoup d'autres cas qu'il serait facile de supposer. ART.

Le droit romain n'admettait pas celui que l'on soupçonnait d'avoir fabriqué une pièce fausse, à la retirer, à déclarer qu'il n'en voulait point faire usage, et à s'en départir, pour se mettre à l'abri des recherches : *Illis prodest instrumenti usu abstinere qui non ipsi falsi machinatores esse dicuntur, et quos periculo solus usus adstrinxerit : cœteri autem qui per scelus in severitatem Corneliæ inciderunt, non possunt defensiones ejus recusando crimen evi-*

ART. *tare* (1). Chez nous, une distinction pareille eût été en désaccord avec la nature du faux incident, qui n'est qu'un procès fait à la pièce, *comme si elle s'était falsifiée ou fabriquée d'elle-même* (2). Mais un soupçon qui s'élève, un regard qui de la pièce se porte vers une personne, un nom qui se prononce, peuvent changer, ainsi qu'on le sait, l'action incidente en une action principale, et faire succéder l'accusation positive d'un crime à l'allégation abstraite d'une fausseté. Ce principe, qui se représente encore ici, fait naître cette autre conséquence : si la déclaration de ne vouloir plus se servir de la pièce arguée, désintéresse la partie privée, et met fin à l'incident, ce renoncement n'a point la puissance d'enchaîner le ministère public, et de paralyser ses poursuites contre l'auteur et les complices présumés du crime. L'ordonnance de 1737 en avait fait une disposition expresse (3). Le Code de procédure l'a répétée implicitement dans son article 250, lequel dit « que le demandeur pourra *toujours* se pourvoir, par la

(1) Loi 8, Cod. *Ad legem Cornel. de falsis.*

(2) Voyez ci-dessus, p. 11.

(3) Voyez les art. 19, 20 et 21 du tit. 2.

voie criminelle, en faux principal. » Ce mot toujours comprend toutes les circonstances, toutes les époques, tous les cas, et même ceux où la pièce est retirée, abandonnée par celui qui l'avait produite. Il en résulte nécessairement que le même droit appartient au ministère public, puisque l'action civile, devant les tribunaux criminels, n'est autre chose qu'un accessoire à l'action publique. ART.

Cependant la Cour de Metz avait jugé que la poursuite du faux principal ne pouvait commencer, lorsqu'il s'agissait d'écritures privées, que du moment où elles étaient employées et soutenues vraies par la personne qui les avait produites; qu'il s'ensuivait que le crime n'était pas consommé, quand cette personne, interpellée par une sommation, répondait qu'elle n'entendait pas les employer et s'en servir; que les pièces ayant été retirées et détruites, il était impossible de constater le délit, attendu que rien ne rappelait ni leur contexture, ni leur configuration, ni leur existence légale. Cette décision fut cassée le 28 octobre 1813, sur les conclusions de M. Merlin. Quant à la disparition des pièces incriminées, la Cour suprême considéra que, si ces pièces ne pouvaient être mises sous les yeux de la

ART. justice, pour y être vérifiées et comparées, il n'en restait pas moins à l'action publique les moyens ordinaires d'instruction et de preuves qui sont communs à tous les crimes en général (1). Il ne s'est plus manifesté de doutes à cet égard.

Mais à la sommation de déclarer s'il entendait se servir de la pièce, celui qui l'avait produite a répondu affirmativement. Sa réponse a été formelle, claire, sans équivoque, ni réserves, ni conditions; autrement il serait censé n'avoir pas répondu : *Nihil interest neget quis an taceat interrogatus, an obscurè respondeat, ut incertum dimittat interrogatorem* (2).

C'est alors que le demandeur, assisté de son avoué (3), se rend au greffe pour y faire son inscription de faux; elle est signée de lui ou de son fondé de pouvoir *spécial* et authentique. L'ordonnance de 1737 ne lui accordait que vingt-quatre heures, après la réponse de l'adversaire, pour aller s'inscrire; faute de

(1) *Jurisp. gén.* de Dalloz, t. 8, p. 399.

(2) L. 11, § 7, *De interrog. in jure faciend.*, etc.

(3) *Tarif*, art. 92.

quoi ce dernier *pouvait* faire ordonner que l'on passerait outre au jugement de la cause (1). « Equivalent extrêmement juste, disait le commentateur, M. Sallé; car si le demandeur peut faire ordonner le rejet de la pièce arguée de faux, lorsque le défendeur ne se met point en règle; de même aussi, *vice versâ*, lorsque le demandeur ne remplit pas ce que la loi lui prescrit, sa demande doit être regardée comme nulle et comme un piége tendu à la justice pour arrêter son cours. » Le Code n'a fixé aucun délai, ce qui ne laisse pas moins subsister, pour la partie qui a déclaré qu'elle voulait se servir de son titre, le droit de poursuivre l'audience sur le fond, si l'inscription de faux se fait trop attendre. Art.

L'inscription est formalisée. Le défi a été porté et accepté, mais la lice n'est pas encore ouverte : il faut que les juges permettent le combat. C'est ici que leur autorité se doit interposer pour décider, *s'il échet*, d'admettre 218.
l'inscription *et de procéder sur icelle*, comme disaient les anciennes ordonnances. A cette fin les parties viennent plaider (2).

(1) Tit. 2, art. 15.

(2) Sous le régime de 1737, l'autorisation de la jus-

ART. Il n'échet pas d'admettre l'inscription de faux, si le procès peut être expédié par tout autre moyen : si la pièce arguée telle qu'elle est présentée se trouve atteinte de quelque vice de forme qui soit de nature à la faire, de prime abord, réputer comme non avenue, ou si elle n'est pas indispensable pour le jugement de l'affaire. Ainsi vous avez produit en justice plusieurs lettres dans lesquelles votre adversaire a reconnu la dette dont vous réclamez le paiement. Mais voici qu'il prétend que l'écriture de deux ou trois de ces lettres est falsifiée, altérée; et puis, après la sommation d'usage, il va s'inscrire en faux. Le tribunal ne s'y arrêtera point, il ne suspendra pas la marche de votre action pour donner cours à l'incident, si le reste de la correspondance suffit pour établir une preuve indubitable de votre droit. Il y avait anciennement un préjugé

tice devait précéder la sommation. « Mais aujourd'hui le magistrat n'intervient que quand l'intérêt se joint à la volonté de celui qui demande de s'inscrire, et cet intérêt n'existe réellement que lorsqu'il est certain qu'on veut lui opposer la pièce. Ce n'est donc qu'à ce moment que le juge est saisi, et qu'il doit prononcer s'il y a lieu d'autoriser. » (Rapport de M. Perrin au Corps législatif.)

contraire ; on répétait comme un adage que le faux, de même que l'usure, infectait toute la masse du procès. « C'est ce que jugea un arrêt rendu en la chambre de l'édit contre Gédéon Sauvage, bourgeois de Bordeaux, qui s'était servi d'un exploit impugné de faux. Le procès m'étant porté, dit Lapeyrère, je trouvai que cet exploit ne faisait rien au procès, et que, même en le rejetant de l'instance, Sauvage avait la meilleure cause du monde. Néanmoins, il la perdit entièrement *en haine de cet exploit qui fut déclaré faux*. Mais nonobstant cette autorité, je ne me départirai point de l'opinion qui est communément reçue. L'arrêt passa avec grande difficulté *et multis contradicentibus* (1). » ART.

L'inscription est admise. Le jugement qui permet de la suivre contient la nomination d'un juge-commissaire chargé de régler, de diriger et de constater les opérations qui seront ultérieurement ordonnées.

Voici venir la seconde époque de la procédure.

II. La pièce dénoncée, attaquée, livrée à

(1) Lapeyrère, lettre F, n° 3 ; d'autres arrêts semblables y sont cités.

ART. toutes les rigueurs d'une procédure spéciale, appartient désormais à la justice. Elle doit
219. être déposée au greffe du tribunal, dans les trois jours de la signification du jugement qui a admis l'inscription : *Ad publicam quæstionem pertinet, itaque in æde sacrâ interìm deponenda est* (1). Le dépôt n'est point un acte qui exige essentiellement l'accession personnelle de la partie, comme la déclaration qu'elle a faite, de vouloir se servir de la pièce arguée. Cette pièce est ordinairement entre les mains de l'avoué; c'est lui qui la met au greffe (2), et qui, dans les trois jours suivants, en avise son adversaire.

Si le dépôt n'est pas effectué dans les trois jours, le demandeur peut se pourvoir à l'au-
220. dience, afin de faire statuer sur le rejet de la pièce. Ici reviennent les questions que je traitais tout à l'heure, par rapport au temps donné pour répondre à la sommation de l'article 215. Le délai est-il fatal, péremptoire? Le demandeur a-t-il gagné le droit au rejet, aussitôt qu'il a requis l'audience pour le faire prononcer? Il doit y avoir même décision où il y a mêmes raisons de décider : dans un cas comme

(1) *L. ult. ff. De tab. exhibendis.*

(2) *Tarif*, art. 91.

dans l'autre, le tribunal est investi du pouvoir de *statuer*, c'est-à-dire de juger, d'après les débats et suivant les circonstances, s'il y a lieu de rejeter ou de ne pas rejeter. ART.

Toutefois, il importe de noter cette différence : au lieu de se pourvoir afin de faire rejeter la pièce, quand elle n'a pas été déposée dans le délai prescrit, le demandeur peut obtenir l'autorisation de la faire mettre lui-même au greffe.

Ce n'est pas à dire que le demandeur aura licence d'aller militairement arracher la pièce du sac de l'autre partie, pour la porter au greffe; évidemment il ne s'agit ici que d'un écrit privé dont il existe plus d'un *original* (1), ou d'un acte authentique dont il y a *minute*, ou bien encore d'une pièce produite dans une instruction par écrit, et qui se trouve aux mains du rapporteur.

Mais quel intérêt peut avoir celui qui s'est inscrit en faux à débourser des frais et à prendre de la peine pour faire remettre lui-même au greffe la pièce arguée, quand il est plus facile et plus court de la faire tout de suite rejeter du procès ?

(1) Code civil, art. 1325.

ART. L'orateur du Tribunat avait prévu la question ; il y répondait en ces termes : « Si le défendeur qui doit opérer le dépôt s'y refuse, se remettra-t-il par là dans la position où il était avant sa déclaration de vouloir se servir de la pièce ? Pourra-t-il, par son refus, conserver à cette pièce sa dangereuse existence, et se ménager le moyen de s'en prévaloir lorsque les preuves seront dépéries ? Non ; le demandeur aura droit alors d'agir suivant son intérêt ; il pourra faire prononcer le rejet, ou être autorisé à faire le dépôt lui-même, aux frais du défendeur (1). »

Ne croyez pas, en effet, que le simple rejet d'une pièce en doive nécessairement et toujours faire supposer la fausseté. Celui qui l'avait produite a pu y renoncer, comptant que d'autres moyens suffiraient à sa cause; mais il n'en résultera pas une prohibition absolue de la reproduire dans un autre procès.

C'est encore un intérêt assez puissant pour le demandeur, que de pousser à la preuve du faux et de le faire constater juridiquement, afin d'en tirer, au besoin, toutes inductions de fait et de droit contre d'autres allégations

(1) *Législ. civ.* etc., de M. Locré, t. 21, p. 608.

et d'autres moyens auxquels la défense voudrait essayer de se prendre. ART.

Vous aurez remarqué, sans doute, que cette option de se faire autoriser à déposer lui-même la pièce au greffe, au lieu de conclure simplement au rejet, n'est point accordée au demandeur, lorsqu'il y a refus de répondre, ou réponse négative à la sommation de l'article 215. La raison de différence vient de ce que la sommation n'était qu'une menace d'inscription. Mais au point où la procédure est rendue, quand l'inscription a été faite et admise, le contrat judiciaire est formé; celui qui commença par braver les périls de l'incident, en affectant l'intention de faire usage de la pièce, ne peut plus se dégager à son gré, ni empêcher la poursuite du faux.

Quant aux frais de l'apport et du dépôt de la pièce au greffe, ils sont, dans le cas dont il s'agit, avancés par le poursuivant, sauf à s'en faire rembourser comme de *frais préjudiciaux*. 220.

On appelle *Frais préjudiciaux*, ou de *contumace*, ceux qu'il faut mettre dehors pour l'accomplissement d'une mesure préparatoire que l'inerte morosité du plaideur, chargé d'y pour-

ART. voir, laisserait longtemps en souffrance. Il est permis de les répéter contre lui, sans attendre l'issue de la contestation; et, pour suppléer en ce point au jugement qui n'est pas encore rendu, on se fait délivrer par le greffier un
220. *Exécutoire de dépens.*

Le Code parle de l'exécutoire de dépens, mais il ne le définit point. C'est aujourd'hui, comme autrefois, un mandement de justice qui contient une taxe de frais, et qui porte injonction au premier huissier requis de contraindre la personne qui doit les supporter à en payer le montant, comme il le pourrait faire en vertu de tout autre titre revêtu de la formule exécutoire. Je reviendrai sur ce sujet au chapitre *de la liquidation des dépens et frais.*

Si l'inscription frappe sur un acte *dont il y a minute*, la comparaison de la copie ou de l'expédition avec l'original peut suffire pour que le faux soit reconnu. En général, c'est à l'original qu'il faut s'attacher quand il existe quelque différence : *Protocollum* (1) *est fons et origo undè sumitur instrumentum, et sic magis origini et fonti quàm rivulis fides adhi-*

(1) *Recentior est hæc vocis* protocollum *acceptio pro primâ* perscriptione, *gallicè* minute. Ducange, *verbo* Protocollum.

benda (1), d'autant que la différence provient ART.
parfois d'une erreur de copiste. « Les copies, lorsque le titre original subsiste, ne font foi que de ce qui est contenu au titre dont la représentation peut toujours être exigée (2). » Il semble donc qu'il n'échet pas de s'inscrire en faux contre une copie dont l'original subsiste et n'est pas représenté, puisque seule elle n'a point de valeur. Mais en supposant l'inscription admise, et soit que la falsification ait altéré l'expédition, soit qu'elle ait dénaturé la minute, il est souvent nécessaire et
toujours convenable de faire apporter l'une et 221.
l'autre au greffe.

L'ordonnance de 1737 portait : « En cas qu'il y ait minute de la pièce inscrite de faux, il sera ordonné, s'il y échet, sur la requête du demandeur, ou même d'office, que le défendeur sera tenu, dans le temps qui lui sera prescrit, de faire apporter ladite minute au greffe, et que les dépositaires d'icelle y seront contraints par les voies et dans les délais marqués (3). » Les rédacteurs du Code de procédure retranchèrent dans l'article 221 ces

(1) Barthole, *in leg.* 47, ff. *De legatis* 2°.

(2) Code civil, art. 1334.

(3) Tit. 2, art. 16.

ART. mots *ou même d'office*. Ce fut, suivant M. Carré, parce que, dans notre organisation actuelle, les magistrats qui sont chargés de vider les affaires privées ne sont pas les mêmes que ceux qui instruisent les affaires criminelles. Au temps de l'ordonnance ces attributions n'étaient pas distinctes; le juge pouvait procéder d'office à la poursuite d'un crime dont la connaissance ou le soupçon se révélaient à lui dans le cours d'un procès civil. Aujourd'hui il est tenu de renvoyer au procureur du roi et au juge d'instruction. M. Carré a conclu du nouvel état de choses, qu'il n'était plus permis aux tribunaux civils d'ordonner, *d'office*, l'apport au greffe de la minute d'un acte argué de faux (1). La conséquence me semble trop absolue. Certes il y aurait un énorme excès de pouvoir, si le but direct, immédiat de cet ordre de propre mouvement était de cumuler les deux juridictions, et de confondre dans la même instance le procès fait à la pièce et le procès fait à son auteur. Mais je ne saurais croire, lors même que la pièce seule est en jugement, que l'on ait voulu défendre à la justice de recourir d'elle-même

(1) *Lois de procéd.* tom. 1, pag. 571.

aux preuves que les plaideurs pourraient apporter et qu'ils n'apportent pas, lui retirer le meilleur moyen de comparer, quand il s'agit de discerner le faux du vrai, lui mesurer la lumière, et la condamner à prononcer sans connaissance de cause. ART.

Comment M. Carré et tous ceux qui ont disserté là-dessus, n'ont-ils pas vu qu'il y avait une raison purement relative, pour que ces mots de l'ancienne loi, *même d'office*, ne dussent plus se retrouver dans la rédaction nouvelle de l'article 221 du Code ?

Aux termes de cet article, c'est le juge-commissaire qui, sur la demande du poursuivant, doit ordonner l'apport de la minute. On conçoit fort bien qu'il ne puisse pas l'ordonner *d'office*, parce qu'il n'est là que pour régler une marche toute prévue, pour donner acte des réquisitions des parties, et non pas pour y suppléer. Toutefois, le tribunal n'en reste pas moins investi du droit de prescrire, sans en être requis, toutes les mesures qu'il croit utiles au triomphe de la vérité. 221.

L'ordonnance disait simplement : « *Il sera ordonné* que le défendeur fera mettre la minute au greffe. » Nulle mention n'y était faite d'un juge commis pour la délivrance de cet ordre ;

ART. et c'est parce qu'il émanait de tout le siége, que l'on avait ajouté la disposition qui permettait de le décerner *même d'office*.

Voici maintenant le tracé de la procédure.

Le demandeur en faux présente sa requête au juge-commissaire, qui, préalablement, fixe un jour auquel les deux parties comparaîtront devant lui, afin de savoir si elles s'accordent sur la nécessité et sur la possibilité de la mesure (1). Dans le cas où des contestations sérieuses s'élèveraient à ce sujet, il en serait référé au tribunal.

Si la requête se trouve bien fondée, l'apport de la minute est ordonné avec injonction au dépositaire de la mettre au greffe, à peine d'y être contraint, par saisie, amende, et même par corps.

L'ordonnance du juge-commissaire, ou la décision du tribunal lorsqu'il y a eu référé, sont d'abord signifiées au défendeur; et comme c'est lui qui doit procurer l'original de son acte, il reporte cette signification à la personne
223. qui le détient. Là se bornent les diligences
224. qu'il est obligé de faire. S'il manque de les accomplir dans le délai prescrit, il s'expose à

(1) *Tarif*, art. 70, § 18 ; 76, § 6, et 92, § 7.

voir rejeter la pièce dont il avait annoncé l'in- ART.
tention de faire usage, et à subir une condamnation de dommages-intérêts (1). Mais il n'est point tenu d'agir avec plus d'insistance, et de se mettre en frais, pour vaincre l'opiniâtreté d'un dépositaire qui refuse d'obéir (2). Toutes les poursuites sont à la charge du demandeur.

Cependant la longueur des délais, l'éloignement des dépositaires, la complication des procédures qu'il faudrait agencer afin de faire sortir la minute des mains où elle est retenue, pourraient nuire à l'instruction du faux incident et entraîner le dépérissement des preuves; il est possible encore que la falsification de la pièce arguée soit de telle nature, que l'apport de l'original ne paraisse pas indispensable pour compléter la conviction des juges; dans
ces cas, la loi s'en rapporte à leur prudence, 222.

(1) Au lieu de requérir le rejet, le demandeur peut conclure à ce qu'il lui soit permis de faire rapporter lui-même la minute. C'est le rappel de ce que j'ai dit ci-dessus, aux pages 81 et 82, pour le dépôt de la pièce au greffe.

(2) Voyez mon troisième volume, pages 522 et suiv., sur les obligations des dépositaires, et sur les précautions qu'ils peuvent ou doivent prendre avant de se dessaisir de leurs minutes.

ART. et leur laisse la faculté d'ordonner que la poursuite du faux sera continuée, sans attendre l'apport de la minute.

Il en doit être de même, à plus forte raison, si cette minute est perdue, si elle a été détruite par un accident, ou soustraite par quelque manœuvre. Autrefois, et conformément à la loi romaine, on recevait le serment du dépositaire sur la perte de la minute, et la nécessité cédait à l'impossibilité, pourvu qu'il n'y eût aucune suspicion de dol : *Sin autem dicat non esse sibi possibile eam ostendere, quia per fortuitos casus ei abrepta sit, tunc subeat sacramentum quod non habeat eamdem chartulam, nec alii eam dederit, nec apud alium voluntate ejus constituta sit, nec dolo malo fecerit quominùs appareat, sed re verâ ipsa chartula sine omni dolo sit deperdita, et productio ejus sibi impossibilis sit; et si tale subeat sacramentum, ab hujus modi necessitate relaxetur* (1). Le Code de procédure dit que le tribunal *statue*
222. *ce qu'il appartient.*

Toutes les difficultés ont été jugées, aplanies. La pièce et sa minute, si minute il y a,

(1) L. 21, Cod. *De fide instrument.*

sont déposées *in æde sacrâ*. Il s'agit mainte- ART.
nant de décrire et de constater leur état.

Celle des parties qui a fait le dépôt doit en aviser l'autre et signifier à son avoué l'acte de remise au greffe, avec sommation d'assister au procès-verbal de description (1).

La loi veut que trois jours après on procède 225.
à cette opération. Il est d'une importance extrême que des titres argués de faux ne restent pas longtemps dans le greffe, sans que l'on s'occupe de faire leur signalement, et de prévenir par cette urgente précaution tous les accidents, tous les doutes, et toutes les récriminations qu'une trop longue attente pourrait favoriser.

Lorsque la pièce et la minute se trouvent déposées en même temps, c'est comme s'il n'y avait qu'un seul acte mis en jugement, et c'est dans le même procès-verbal que devront être consignées les remarques qui sortiront de cet utile rapprochement, de cette simultanéité d'examen.

Mais quand l'apport de la minute ne concourt pas avec l'échéance du délai fixé pour la

(1) Il n'est pas besoin de dire qu'il aura fallu demander préalablement au juge-commissaire et au procureur du roi l'indication du jour et de l'heure.

ART. description, il appartient au tribunal de décider, d'après les circonstances, s'il convient de suspendre l'instruction, ou s'il n'est pas plus expédient de constater d'abord l'état de la copie, sauf à décrire séparément l'original aussitôt qu'il aura été remis.

Vous savez qu'en matière de *simple vérification*, la pièce à vérifier doit également être
196. déposée au greffe, après que son état y a été constaté ; le but principal est d'en assurer l'identité. On n'y met pas un grand apprêt, car la rédaction du procès-verbal est abandonnée au greffier, et rien ne dit même qu'il soit nécessaire d'y appeler la personne qui a dénié ou méconnu l'écriture.

S'agit-il d'une inscription de faux? Vous voyez la procédure déployer ses formes les plus sévères, et demander à la justice ses garanties les plus solennelles. C'est le juge-commissaire qui préside à la description des pièces incri-
227. minées, en présence du procureur du roi, des parties, ou de leurs fondés de procuration authentique et spéciale. Le procès-verbal ne contient pas seulement l'indication de quelques signes auxquels l'identité se pourra reconnaître, comme la dimension, le nombre des pages et des lignes, les mots du commen-

cement et les mots de la fin ; il faut encore y décrire les surcharges, les renvois, les interlignes, les endroits où l'écriture se resserre et ceux où elle s'élargit, les teintes différentes de l'encre, les altérations du papier, ses coupures, ses déchirures, les traces du grattoir, les taches du lavage, la disposition des signatures, *et alia vestigia veritatis* (1). L'œil du ministère public, attentif à tous ces détails, recueille des indices qui croîtront assez peut-être pour arriver à la consistance d'un acte d'accusation : *nam publicè interest crimina non remanere impunita*. C'est dans cette vue de répression et de vindicte publique que tous les jugements, en matière de faux incident, doivent être rendus sur les conclusions du procureur 251.
du roi ; et qu'une transaction sur les poursuites ne peut être ni homologuée, ni exécutée, si elle ne lui a pas été préalablement communiquée. J'expliquerai cela plus loin. 249.

ART.

Les pièces décrites doivent être paraphées par le juge-commissaire et le procureur du roi, par les parties ou par leurs fondés de pouvoirs. S'il y a empêchement ou refus, il en est fait mention.

(1) L. 22, Cod. *Ad legem Cornel. de falsis.*

Art.

Les matériaux de l'instruction sont préparés, ils sont amenés à pied d'œuvre, s'il est permis d'ainsi parler; voici le moment de les employer, et de dresser les *moyens de faux.*
229. Le demandeur est tenu de les signifier à son adversaire, dans les huit jours qui suivent le procès-verbal de description. Toutefois, si deux procès-verbaux ont été faits séparément, l'un pour l'expédition ou la copie, et l'autre pour la minute déposée plus tard, il est juste que l'on ne fasse courir le délai qu'à compter du dernier. L'article 27 de l'ordonnance de 1737 le disait en termes formels. Le Code ne renferme pas une pareille disposition, mais il suffit qu'il autorise le juge à suspendre la procédure. C'est à lui de décider si l'apport de la minute est tellement nécessaire que, sans elle, les moyens ne puissent être *tous* connus et développés. Le demandeur ne peut être obligé de les scinder, il y perdrait beaucoup d'avantages : par rapport à lui, les deux procès-verbaux se confondent pour offrir l'idée d'un seul et même acte (1).

(1) Rapport de l'orateur du Tribunat au Corps législatif.

Les moyens de faux se tirent le plus souvent de l'état matériel de la pièce. Celui qui les rédige ne peut pas avoir cette pièce à son entière disposition, puisqu'elle est confiée à la garde du greffier; mais il lui est permis d'en prendre communication en tout état de cause *sans déplacement*, sans retard, et sauf les précautions que le dépositaire a le droit de prendre pour mettre sa responsabilité à couvert (1). ART.

Ce n'est pas dans un bref et sec démenti donné à l'écriture et aux énonciations de la pièce, ou dans la simple allégation de quelques faits négatifs, que consiste la rédaction des moyens de faux.

« L'esprit du législateur est facile à saisir, disait la Cour de cassation dans un arrêt du 31 janvier 1825 (2), il a voulu que les faits

(1) « Quant aux soustractions, destructions et enlèvements de pièces ou de procédures criminelles, ou d'autres papiers, registres, actes et effets, contenus dans les archives, greffes ou dépôts publics, ou remis à un dépositaire public en cette qualité, les peines seront, contre les greffiers, archivistes, notaires ou autres dépositaires négligents, de trois mois à un an d'emprisonnement, et d'une amende de cent francs à trois cents francs. » Code pénal, art. 254.

(2) Sirey, 25—1—399.

ART. articulés contre l'acte attaqué fussent tellement précisés et circonstanciés, que les magistrats pussent en apprécier le mérite, et les parties elles-mêmes connaître positivement quels sont les seuls points sur lesquels portera la preuve; cette disposition tend en même temps à prévenir toute collusion avec des témoins, que l'on ferait déposer sur des faits inconnus, concertés avec eux après coup, et qui n'auraient pas été annoncés dans les moyens. ».

C'est comme le libelle d'une *Inscription* chez les Romains (1); on y doit exposer par détail les indices que l'état de la pièce a mis en relief, les présomptions tirées de sa nature, de son objet, et de la position des personnes, les circonstances qui ont précédé, accompagné ou suivi son exhibition, le contraste de sa teneur et de ses expressions avec celles d'un autre titre dont toutes les parties reconnaissent la sincérité, les conséquences des preuves acquises, et la portée des preuves offertes. Puis vient le résumé qui, ralliant tous les faits, tous les indices, toutes les présomptions, toutes les circonstances, tous les contrastes et toutes les conséquences, les dispose en fais-

(1) Voyez ci-dessus, p. 25.

ceau pour leur donner une force d'ensemble : *Quæ non prosunt singula, cumulata juvant* (1). Plusieurs vérités séparées, a dit Fontenelle, dès qu'elles sont en assez grand nombre, offrent si vivement leur rapport et leur mutuelle dépendance, qu'il semble qu'après avoir été détachées, par une espèce de violence, les unes d'avec les autres, elles cherchent naturellement à se réunir. ART.

Depuis l'ordonnance de 1535 jusqu'à l'époque du décret du 3 brumaire an II (2), le dé-

(1) Voyez mon troisième volume, p. 531 et suiv.

(2) L'article 9 de la loi du 3 brumaire an II voulait qu'il fût statué dans tous les tribunaux, et *dans toutes les affaires*, sur défenses verbales, ou sur un simple mémoire lu à l'audience par l'un des juges.

L'article 335 du Code des délits et des peines du 3 brumaire an IV portait que le faux incident serait suivi *civilement* devant les tribunaux saisis de l'affaire principale.

De la combinaison de ces deux articles la Cour de cassation inféra, dans un arrêt du 8 brumaire an VII, que l'instruction du faux incident devait être faite verbalement, ou par mémoires lus à l'audience, et qu'en ce point l'ordonnance de 1737 se trouvait rapportée. (Sirey, 1—1—175.)

Mais le 6 pluviôse an II, la même Cour décida, notamment en ce qui concernait le dépôt au greffe de la pièce e faux, que l'ordonnance de 1737 n'avait point

ART. fendeur ne devait recevoir, *en aucun cas*, ni copie, ni communication des moyens de faux. Ils étaient portés au greffe où l'officier du ministère public venait les prendre pour les examiner, et conclure. « C'était, disaient les commentateurs, afin d'empêcher que le défendeur ayant connaissance de ces moyens, ne prît des mesures pour écarter les preuves qui pouvaient en résulter, soit en détournant les pièces de conviction, ou celles de comparaison, soit en tâchant de se concilier les experts, ou de corrompre les témoins. » Tout son droit se réduisait à faire constater, après l'expiration du délai, que les moyens de faux n'avaient pas été fournis, et, dans ce cas, à poursuivre l'audience, afin de faire prononcer, s'il y avait lieu, la déchéance de l'inscription.

L'exposé des moyens de faux était alors comme le signal de la transformation de l'instance civile en une instruction criminelle; il faisait fonction de plainte. Toutes les formes se voilaient; il était interdit à la défense de voir et de parler, de crainte que l'attaque ne

été abrogée, et que c'était même la seule loi qui existât alors sur le mode de procéder en cette matière. (Sirey, 3—1—225.)

pût en être *affaiblie* (1), et que la justice ART.
n'eût un accusé de moins dans ses mystérieux filets.

Aujourd'hui que la publicité rayonne partout, on se croit reporté vers des âges fabuleux d'ignorance et de barbarie, quand on parle de ces procédures cachées : il n'y a pourtant pas cinquante ans qu'elles étaient encore en usage. Avec quelque rigueur que l'on traite ceux qui les avaient maintenues, on ne saurait être injuste à leur égard. Bentham a fort bien dit que les partisans du secret étaient les seuls qui n'eussent jamais le droit de se plaindre de la calomnie.

L'instruction ne se fait donc plus qu'à ciel découvert. Mais, en restituant au défendeur le droit de libre examen, la loi nouvelle lui
impose l'obligation de répondre *par écrit*, 230.
dans les huit jours de la signification qui lui en a été faite, aux moyens de faux relevés par son adversaire.

C'est une disposition toute particulière à la procédure du faux incident que cette nécessité d'une réponse *par écrit*; car, dans les autres matières, il y a pleine faculté de s'en abstenir

(1) Serpillon, sur l'article 28, tit. 2, de l'ordonnance de 1737.

ART. et d'attendre l'audience, pour s'expliquer de vive voix sur ce qui a été signifié à l'appui de la demande (1). Tout est ici d'une extrême gravité, et tout doit être positivement articulé, sérieusement contredit et soigneusement fixé, afin que les juges puissent avoir sous les yeux le pour et le contre, et ne rien admettre ou ne rien repousser qu'après une étude réfléchie.

De même que le défendeur peut, le délai
229. prescrit étant expiré, faire prononcer, *s'il y échet*, la déchéance de l'inscription, quand les moyens de faux ne lui ont pas encore été signifiés ; de même, et par une juste récipro-
230. cité, le demandeur a la faculté de se pourvoir, afin d'obtenir le rejet de la pièce, si la réponse se fait trop attendre.

Ce n'est que trois jours après la signification de cette réponse, lorsqu'elle a été faite à temps, que la partie la plus diligente a droit de poursuivre l'audience. On plaide ; le ministère public donne ses conclusions, et le tribunal statue sur le mérite des moyens de faux. Ils sont admis ou rejetés, soit en totalité, soit en partie : admis, s'ils sont pertinents et con-

(1) Exceptez les causes où une instruction par écrit a été ordonnée.

cluants, et la preuve en est ordonnée; re- Art.
jetés, s'ils sont étrangers à l'affaire et d'une
nature insignifiante pour la preuve du faux;
alors l'inscription tombe et s'évanouit; le 231.
procès principal reprend son cours. Jusque-là
point de difficulté.

Mais la loi ajoute : « Il sera ordonné, s'il y
échet, que lesdits moyens, ou aucuns d'eux,
demeureront *joints*, soit *à l'incident en faux*,
si quelques-uns desdits moyens ont été admis,
soit *à la cause*, ou *au procès principal*, le 231.
tout suivant la qualité desdits moyens et l'exigence des cas. » Cette disposition du Code a
été copiée sur l'article 29, titre 2, de l'ordonnance de 1737. L'article 12, titre 9, de celle
de 1670 portait simplement : « Les juges
pourront joindre les moyens de faux, selon
leur qualité et l'état du procès. ».

Quand échet-il de joindre? Quelle qualité doivent avoir les moyens de faux pour qu'il y ait lieu à jonction? Quels sont ceux qui seront joints à l'*incident*? Quels sont ceux que le *principal* réclame? Il semble que l'on ait choisi tout ce que l'expression a de moins saisissable et de moins défini, pour tracer une ligne de conduite dans la matière la plus grave et la plus rigoureuse.

ART. Si vous cherchez dans les livres quelques-uns de ces exemples où l'on voudrait voir la théorie descendre à l'état d'application, vous y trouverez des idées générales en abondance, et des interprétations un peu plus abstruses que le texte (1). On cite comme une explication satisfaisante ce passage de Duparc-Poullain, que chacun répète avec plus ou moins de synonymie : « Premièrement, entre les moyens de faux, il peut y en avoir dont la validité ou l'invalidité dépende de l'approfondissement des autres moyens que le juge aurait trouvés pertinents et admissibles. En ce cas, il ne peut, en admettant ceux-ci, ni admettre ni rejeter les autres ; et il est juste et même indispensable de les joindre à l'incident de faux. Secondement, les moyens peuvent, par leur qualité, dépendre du procès principal, de sorte qu'il soit nécessaire ou utile de voir ce procès, pour être en état de juger sur leur validité ou invalidité. Alors la jonction au procès principal doit avoir lieu ; et l'examen de ce procès, fait en même temps que celui des moyens de faux, mettra les juges en état de prononcer sur l'admission ou sur le rejet

(1) Voyez cependant ci-après la note de la page 104.

de ces moyens (1). » Je crois que l'explication a besoin d'être expliquée, car elle ne répond à rien si vous l'interrogez sur un point donné. On ne comprend bien le mécanisme d'une opération judiciaire qu'en mettant ses principes en action, en les faisant fonctionner, pour ainsi parler, dans des espèces que la pensée imagine. C'est ce que je vais essayer. ART.

Les moyens de faux se prouvent tant par titres que par témoins et par experts, suivant leur nature (2). Or, parmi ceux qui sont proposés, il en est qui, en les supposant prouvés, pourront rendre inutiles toutes autres vérifications. Par exemple, je soutiens que tel acte est faux; que ma signature a été contrefaite, et qu'il est impossible que ce soit la mienne, parce que le jour où l'on prétend que cet acte a été passé, j'étais fort éloigné du lieu de sa date. Evidemment, si l'*alibi* est constaté par des titres inattaquables, ou par une imposante réunion de témoignages, il ne sera pas nécessaire de recourir aux conjectures des experts pour juger la fausseté de ma signature. Toutefois, en admettant le moyen fondé sur l'*alibi*, le tribunal ne rejettera point

(1) Tome 12, pag. 703.

(2) Voyez mon troisième volume, pag. 475 et suiv.

ART. ceux qui sont tirés de l'état matériel de la pièce, mais *il les joindra à l'incident*, c'est-à-dire qu'il se réservera d'ordonner plus tard la vérification de la signature par experts, pour le cas où l'enquête qu'il ordonne dès à présent, ne produirait pas une preuve suffisante de l'*alibi* (1). C'est toujours l'incident qui marche, et le principal qui s'arrête jusqu'à ce que la question du faux soit jugée.

Voici une autre hypothèse. L'admissibilité d'un moyen de faux peut dépendre de l'examen préalable de quelques circonstances ou de quelques points de droit qui se rattachent à la discussion de la cause principale. Ainsi l'on s'est inscrit en faux contre l'énonciation d'un acte portant qu'il a été reçu par deux notaires, et l'on offre de prouver que l'un des notaires n'y était pas présent; mais, avant que cette offre puisse être prise en considération, il faut vider une grande question, savoir qui doit l'emporter ou de l'autorité de la loi, ou de l'autorité de l'usage. Il y a faux suivant

(1) Cet exemple se trouve dans le Traité de M. Pigeau, tome 1er, pag. 340. C'est le seul qu'il donne; il l'applique soit au cas *de jonction à l'incident*, soit au cas *de jonction au principal*. Je pense que c'est à tort.

les uns, il n'y a pas même nullité suivant les autres (1). ART.

Vous voyez que la question se replie sur les errements de l'instance primitive, et que de sa solution dépendra la pertinence et l'admissibilité du moyen de faux; c'est donc le cas de le joindre *à la cause* ou *au procès principal* (2).

(1) D'un côté : Toullier, t. 8, n° 74, et t. 13, p. 542; Dalloz, *Recueil alphabét.*, t. 10, p. 649; Sirey, t. 26, p. 78; arrêt de la Cour de cassation du 9 août 1836 (Sirey, 36—1—790); arrêt de la Cour royale de Toulouse du 28 novembre 1825 (Dalloz, 26—2—32); arrêt de la Cour royale de Bourges du 30 août 1831 (Dalloz, 32—2—89).

De l'autre : Jousse, *Traité de l'administration de la justice civile*, part. 5, n°s 47 et 50; *Nouveau Denisart*, aux mots *Acte notarié*, § 7, n° 13; Pothier, *Traité des donations testamentaires*, ch. 1er, art. 3, § 1; Favard, t. 1, p. 66; Duranton, t. 13, p. 30; Rolland de Villargue, *Dictionn. du notariat*, aux mots *Notaire en second*, n° 4, et *Jurisprudence du notariat*, art. 1, 243, 1022, 1409, 1464, 1538 et 2030; Carnot, sur l'article 145 du Code pénal; Massé, *Parfait notaire*, t. 1, p. 62; Augan, *Cours de notariat*, p. 35; Garnier-Deschesne, *Traité élémentaire de notariat*, p. 75; arrêt de la Cour de cassation du 14 juillet 1825 (Dalloz, 25—1—362); arrêt de la Cour royale de Bordeaux du 17 juin 1826 (Sirey, 26—2—307); arrêt de la Cour de cassation du 6 août 1833 (Dalloz, 33—1—272).

(2) C'est le vieux style des ordonnances qui se re-

ART. A son tour, la poursuite de l'incident va rester suspendue jusqu'à ce que le tribunal décide, ou qu'il y a lieu de la reprendre, ou qu'il n'est pas besoin de s'y arrêter pour juger le procès principal.

L'analogie pourrait fournir d'autres exemples. Je pense que ceux qui viennent d'être donnés feront assez bien comprendre le vrai sens de la loi. Ainsi les moyens qui tendent plus ou moins directement à la preuve du *fait de la fausseté* sont admis ou joints à *l'incident*. Ceux dont l'importance n'est pas assez caractérisée, assez décisive pour qu'il soit indispensable de surseoir à l'instruction originaire, qui peuvent, suivant les éventualités de la cause, s'y mêler ou même s'y absorber, sont joints au *principal*; bien entendu qu'on y aura, en définitive, tel égard que de raison.

Les moyens de faux que le tribunal admet doivent être expressément énoncés dans le dis-
233. positif de son jugement; il ne sera fait preuve

trouve dans le Code, on ne sait comment. — On distinguait autrefois la *cause* du *procès*. La *cause* était une contestation qui se décidait publiquement à l'audience et sans épices. Le *procès* était ce qui s'instruisait par écrit et se jugeait sur rapport, à huis clos, dans la chambre du conseil.

d'aucun autre, dit la loi. Si la limite n'était pas nettement tracée et fidèlement gardée, on verrait de nouveaux faits se produire dans les enquêtes, et ceux que les juges avaient déjà rejetés se remettre en ligne ; les voies seraient ouvertes à toutes sortes de surprises, et la justice elle-même, jetée hors de la précision de ses premières vues, aurait à lutter contre d'artificieuses préventions. ART.

Anciennement la restriction était entière, absolue, pour tous les genres de preuves. L'ordonnance de 1670 ne distinguait point entre les dépositions des témoins et les opérations des experts. Il était même arrivé que l'on avait pris des experts à partie, pour avoir signalé dans leur rapport des indices de faux auxquels on n'avait pas songé, et qui, par conséquent, n'avaient pu être ni proposés, ni admis. Mais un arrêt du 4 mai 1693 déclara les experts follement intimés, mal pris à partie, et ordonna qu'il serait passé outre à l'instruction et jugement du procès. Blégny, qui écrivait en 1698, rapporte cet arrêt dans son *Traité sur la manière de vérifier les écritures*, et ajoute que la Cour approuva hautement l'exactitude des experts. M. d'Aguesseau a profité de

ART. l'avis pour la rédaction de l'ordonnance de 1737 ; après la disposition qui défend de mettre en preuves d'autres moyens que ceux admis et désignés dans le dispositif du jugement, on lit : « Pourront néanmoins les experts faire les observations dépendantes de leur art qu'ils jugeront à propos, sur les pièces prétendues fausses, sauf aux juges à y avoir tel égard que de raison (1). » Les mêmes mots forment aujourd'hui le texte de l'art. 233 du Code de procédure, et les mêmes raisons le justifient. Quelque prévention que l'on ait, en général, touchant l'art des experts, il n'est pourtant pas impossible qu'il parvienne à découvrir des marques d'altération ou de falsification que leur imperceptibilité a dérobées aux yeux et à la conviction du rédacteur des moyens de faux. Il faut être juste envers tout le monde.

Cependant il ne sera peut-être pas besoin de témoins, ni d'experts. On n'a point oublié qu'en pareille matière les juges ont la faculté d'examiner, de vérifier et de prononcer avec l'unique secours de leurs propres lumières. Il

(1) Tit. 2, art. 31.

suffit que la sentence constate l'examen qu'ils ont fait, et la certitude qu'ils y ont puisée (1) : leur conscience est affranchie du joug de l'expertise par l'article 323 du Code de procédure civile, et c'est inférer de ce principe une conséquence très-raisonnable et très-légitime que de leur reconnaître le droit de vérifier eux-mêmes, de se passer d'experts. ART.

Ainsi le tribunal, statuant sur le mérite des moyens de faux, peut déclarer, non-seulement qu'ils sont pertinents et admissibles, mais qu'ils sont, dès à présent, bien et dûment prouvés. Alors la procédure de l'incident est consommée, et la pièce est jugée.

Si je m'arrêtais à ce brusque dénoûment de l'inscription de faux, je ne pourrais pas entrer dans la troisième époque de la procédure. Je dois donc revenir à ce qui arrive le plus ordinairement, et supposer, pour l'acquit de ma tâche, que les juges se sont bornés à dire que les moyens déduits par le demandeur étaient bons à prouver, soit par titres, soit par témoins, la preuve contraire demeurant toujours réservée à l'autre partie, et qu'en même temps

(1) Voyez mon troisième volume, au chapitre *De la vérification des écritures*, pag. 484 et suiv.

ART. ils ont nommé *d'office* des experts chargés de procéder à l'examen de l'écriture mise en suspicion. Notez qu'on ne nomme point d'experts quand il s'agit d'un faux *moral* ou *intellectuel*, car ce n'est pas l'écriture, c'est la pensée de l'acte qui, dans ce cas, aurait été falsifiée.

III. Le terrain est ici le même que celui sur lequel j'étais placé, lorsque, au chapitre précédent, j'expliquais les divers modes de vérification. A part quelque sévérité de plus dans les formes, il n'y a pas d'autres preuves à invoquer, ni d'autres manières de prouver pour une inscription de faux, que pour une dénégation, ou une méconnaissance d'écriture.

La preuve par titres est toujours celle que fournit la teneur d'un écrit incontesté, par rapport aux énonciations de l'écrit attaqué.

Quant aux enquêtes qui se font pour la simple *vérification*, on a vu que la loi ne prescrit rien de spécial, si ce n'est que la pièce déniée ou méconnue doit être représentée aux témoins et paraphée par eux, afin d'ôter tout prétexte de dire qu'ils ont parlé d'un écrit autre que celui dont est question au procès (1).

(1) Voyez mon troisième volume, pag. 529.

En matière de faux incident, on met plus d'importance aux dépositions des témoins. La justice civile emprunte à l'instruction criminelle ses procédés de recherches et d'investigations : *De singulis circumstantiis testes inquirens, de causis videlicet, personis, loco, tempore, visu, auditu, credulitate, famâ et certitudine cuncta planè circumscribens* (1). L'intérêt du demandeur se borne à ce que le faux soit prouvé, l'intérêt de la société tout entière veut que le faussaire soit découvert. C'est dans cette vue de provoquer et d'obtenir toutes les explications et tous les renseignements possibles, que les dispositions suivantes ont été adoptées : ART.

« En procédant à l'audition des témoins, seront observées les formalités prescrites pour
les enquêtes ; les pièces prétendues fausses leur 234.
seront représentées, et paraphées d'eux, s'ils peuvent ou veulent les parapher ; sinon il en sera fait mention.

» A l'égard des pièces de comparaison et autres qui doivent être représentées aux experts, elles pourront l'être aussi aux témoins, 234.
en tout ou en partie, si le juge-commissaire

(1) *Cap.* 37, *Ext. de Test.*

ART. l'estime convenable ; auquel cas elles seront par eux paraphées, ainsi qu'il est ci-dessus prescrit.

» Si les témoins représentent quelques pièces lors de leur déposition, elles y demeureront jointes, après avoir été paraphées, tant par le juge-commissaire que par lesdits témoins, s'ils peuvent ou veulent le faire ; sinon
235. il en sera fait mention : et si lesdites pièces font preuve du faux ou de la vérité des pièces arguées, elles seront représentées aux autres témoins qui en auraient connaissance, même à ceux précédemment entendus, et elles seront par eux paraphées suivant ce qui est ci-dessus prescrit (1). »

Les enquêtes, pour la preuve des moyens de faux, ont souvent donné sujet de discuter le point de savoir si l'on peut recevoir la déposition des témoins instrumentaires contre les énonciations de l'acte argué.

Il est assez remarquable que la négative ait été plus généralement adoptée dans le temps où la procédure du faux incident civil était tout empreinte de criminalité. « Le notaire,

(1) Voyez la *Législation civile*, etc., de M. Locré, t. 21, p. 456.

les parties et les témoins, ne peuvent plus détruire, par leurs déclarations, l'acte qu'ils ont signé, parce que leur foi est engagée, » disait Danty sur Boiceau (1); et Domat ne pensait pas qu'il fût possible « d'admettre les témoins d'un acte en forme à venir affirmer le contraire (2). » ART.

M. d'Aguesseau rendait également hommage à cette *maxime commune*. Toutefois, il inclinait pour qu'on la renfermât dans certaines bornes, et pour qu'on ne rejetât point absolument des déclarations qui pouvaient du moins faire éclore quelques conjectures ou commencements de preuve, si jamais elles ne formaient seules et par elles-mêmes une preuve tout entière.

Les parlements n'avaient point égard aux démentis que venaient se donner à eux-mêmes des témoins instrumentaires. Voyez les nombreux arrêts rapportés dans la collection du *Nouveau Denizart*, qui fut comme la dernière voix de l'ancienne jurisprudence (3). Le moins vieux de ces arrêts est du mois de février 1786. Il s'agissait d'un testament reçu par deux no-

(1) Préface, n° 33.

(2) *Lois civ.* liv. 3, tit. 6, sect. 2, n° 7.

(3) Tom. 8, pag. 458 et 472.

ART. taires en présence de trois témoins. Un collatéral avait porté plainte en faux principal, « comme étant, ledit testament, faux, en ce qu'il portait que les témoins y dénommés étaient présents lorsqu'il avait été fait et passé, tandis qu'ils n'étaient venus qu'à la clôture de l'acte. » Ces témoins assignés pour être ouïs, déclarèrent, en effet, qu'ils n'avaient point assisté à la dictée du testament et qu'on les avait appelés seulement pour signer; le reste de l'information consistait dans les dépositions de quelques personnes auxquelles ils avaient dit la même chose. Le notaire interjeta appel de la plainte, de ce qui s'en était suivi, demanda la nullité du tout, l'évocation du principal et décharge entière de l'accusation. C'était ainsi que l'on procédait.

M. l'avocat général Séguier donna, dans cette affaire, des conclusions que les recueils du temps s'empressèrent de publier (1). J'en citerai quelques fragments.

« Dès que les signatures sont reconnues, les actes sont la loi invariable, non-seulement des parties contractantes, mais encore de ceux

(1) M. Merlin les a reproduites en entier dans ses *Quest. de droit*, au mot *Témoin*, § 3.

qui les ont signés. A l'égard même d'un acte fait par écritures privées, si l'une des parties veut l'attaquer, même par la voie de faux, on ne l'en croira pas, ni aucun de ceux qui y ont stipulé, sur leur déclaration, que le contenu de cet acte n'est pas conforme à la convention. Et pourquoi? Parce que la signature dément perpétuellement la déclaration, et qu'il faut que ceux qui affirment un fait à la justice n'aient pas déjà attesté le contraire. Lorsqu'un acte reçu par un notaire en présence de témoins est argué de faux, ce ne sont pas non plus les notaires et témoins que l'on peut faire entendre pour prouver cette fausseté, parce que leur déposition serait en contradiction avec ce qui constate leur signature; il faut toujours des témoins étrangers qui prouvent la prévarication des premiers...... ART.

» On ne peut absolument recevoir ni déclaration ni déposition d'un témoin instrumentaire; sa déclaration n'est point juridique : elle est déclarée nulle par la loi, sans qu'il ait à examiner si elle est contraire ou conforme à son premier témoignage. Elle n'y ajoute aucune force si elle contient les mêmes faits; elle ne l'ébranle point si elle en contient de contraires. D'ailleurs, quelle inégalité n'y a-

ART. t-il pas entre la foi due au témoin, lorsqu'il signe un testament comme revêtu d'un caractère légal, comme exerçant une fonction publique, et celle qu'on pourrait ajouter, soit à la déclaration extra-judiciaire du même homme redevenu une personne privée, soit même à ce qu'il déclare sous la religion du serment, lorsqu'il est interrogé par la justice? Pour sentir cette énorme différence, il suffirait de considérer que la loi ne permet pas de douter de ce qu'il a attesté dans la première qualité jusqu'à l'inscription de faux; au lieu qu'elle permet toujours au juge, qu'elle lui recommande même de mesurer la croyance qu'il donnera au témoin qui dépose, sur sa condition, ses mœurs, ses qualités personnelles.....

» Et si les mœurs du témoin doivent influer sur la foi due à sa déposition, quelle idée présente de lui-même le témoin instrumentaire qui vient démentir le contenu de l'acte qu'il a signé? Lorsqu'il signait le testament, la loi, qui consacrait son ministère, le présumait honnête et digne de toute croyance. Le testateur qui l'appelait confirmait, par sa confiance, cette présomption de probité. Mais à l'instant même où il ouvre la bouche pour déposer contradictoirement à ce testament qu'il a signé, il se place dans l'alternative inévitable d'être ou d'avoir été un parjure. La justice indignée voit évidemment que l'homme qui lui parle est un imposteur; sa seule incertitude est de savoir si c'est dans le moment actuel ou à l'époque précédente qu'il l'a trompée; et cette incertitude même fait qu'elle ne peut prononcer la fausseté du premier acte sur la seule confiance de cet être vil, parce que c'est peut-être en disant que l'acte est faux, qu'il commet son mensonge.... » ART.

Cette doctrine ne s'est point affermie sous l'empire de nos Codes; cela tient à un nouvel ordre d'idées touchant la *reprochabilité* des témoins en général, et l'appréciation des témoignages.

La jurisprudence s'est divisée.

D'une part, la Cour de Riom et la Cour de Paris ont jugé comme jugeaient les anciens arrêts (1); et la Cour de Toulouse, en décidant de même, a considéré « qu'il serait d'une immoralité profonde d'admettre pour témoins, à l'effet de détruire un acte de dernière volonté, ceux-là même qui, par leur souscrip-

(1) Sirey, 19—2—260, et 18—2—352.

ART. tion à cet acte, en ont attesté la sincérité; que, d'ailleurs, un acte revêtu des formalités substantielles qui en constituent l'effet, et qui prouvent leur exécution, fait par lui-même preuve de cette exécution, et, comme s'expliquent les interprètes du droit, *facit probationem per se*;..... qu'il serait facile avec des témoins complaisants et même achetés, de renverser l'acte le plus solennel que la loi confie à la volonté de l'homme pour disposer, même lorsqu'il n'est plus, de ses biens; qu'ainsi ce moyen doit être rejeté (1). »

D'une autre part, des arrêts d'Angers (2), de Caen (3), de Nîmes (4) et de Pau (5), ont admis en preuve les dépositions des témoins instrumentaires.

« S'il est vrai, a dit la Cour de Nîmes, qu'en principe général la déposition des témoins instrumentaires ne doit pas mériter grande confiance lorsqu'ils viennent attester en justice le contraire de ce qu'ils ont attesté par leurs signatures, il faut distinguer, cependant, si

(1) Sirey, 29—2—307.
(2) Sirey, 17—2—16.
(3) Sirey, 24—2—269.
(4) Sirey, 35—2—90.
(5) Sirey, 37—2—266.

leur déposition porte sur un fait matériel qui a dû nécessairement les frapper, ou sur un fait qui ne ressort que par induction de l'acte qui leur a été lu ; dans ce dernier cas, leur déposition ne peut être suspecte ; il faut se rappeler surtout que, le plus souvent, les témoins, et dans l'espèce notamment, sont des hommes simples, incapables de comprendre le style du palais et de saisir les conséquences qui ressortent des clauses et formules d'un acte ; l'on conçoit facilement, d'après cela, qu'un témoin interrogé sur un fait de cette nature dépose absolument le contraire de ce qu'atteste sa signature; on ne peut pas conclure de là qu'il est, ou qu'il a été parjure. — Ainsi les dépositions des témoins instrumentaires doivent être lues ; ce principe, méconnu souvent dans l'ancienne jurisprudence, est proclamé maintenant par tous les auteurs et consacré par une jurisprudence constante. » ART.

On pourrait objecter que les hommes simples, ignorants, incapables de comprendre le style des actes, et le sens des mots qui constatent l'accomplissement d'une formalité, ne seront pas meilleurs témoins judiciaires qu'ils n'ont été témoins instrumentaires ; qu'ils ne seront pas plus aptes à rendre compte de ce

ART qu'ils n'ont point compris, qu'ils ne l'ont éte à saisir ce qui s'est dit ou passé devant eux, et que c'est livrer aux plus chétives intelligences le sort des contrats et l'honneur des notaires. Mais ne répondrait-on point que pour mesurer la confiance que mérite leur témoignage, il ne faut pas commencer par l'exclure ?

Selon M. Carré, « le danger auquel s'expose un témoin qui se rétracte, doit faire présumer que la force de la vérité et le remords seuls ont pu arracher un pareil aveu ; et cette considération peut concourir à faire admettre sa déposition pour corroborer les preuves acquises par ailleurs (1). »

Cette considération me touche peu. On sait ce que valent, en fait de témoignage, ces suppositions de remords et autres moralités de ce genre.

Il y a des raisons plus sérieuses pour décider qu'aujourd'hui les dépositions des témoins instrumentaires peuvent suffire, suivant les circonstances, pour faire déclarer un acte faux. Ces raisons ont été données par M. Toullier (2);

(1) *Lois de la proc.* t. 1, p. 590.

(2) Tom. 9, p. 488 et suiv.

son opinion vient d'être consacrée par un arrêt que la Cour suprême a rendu le 12 mars 1838, et que je rapporterai tout à l'heure. ART.

Il faut d'abord distinguer une foule de cas.

Si les faits que les témoins instrumentaires viennent attester ne sont point en opposition avec ce qui est énoncé dans l'acte où ils ont figuré, il semble que rien ne doive s'opposer à ce que leur déclaration soit reçue relativement à des circonstances qui ont besoin d'être prouvées et que la loi permet de prouver. Le tribunal de Schelestadt avait jugé le contraire dans la cause du juif Aaron Feiest-Salomon. Mais son arrêt fut cassé (1).

Supposez qu'une personne soit venue devant un notaire et ses témoins, prenant le nom d'une autre, consentir quittance d'une somme due à celle-ci. La fraude est découverte; le véritable créancier s'inscrit en faux. N'est-il pas juste, légal, indispensable que les témoins dupes d'une apparence trompeuse, purs de toute suspicion de complicité, et le notaire lui-même, s'il n'est coupable que d'un manque de précaution, soient entendus? Car il est dans l'ordre naturel de ces choses qu'ils aient vu seuls comment elles se sont passées.

(1) Sirey, 13—1—174.

ART. Il s'agit d'un faux intellectuel qui transforme la substance d'un acte et ne se trahit par aucune altération visible, palpable, matérielle, que puisse saisir l'art des experts. Ainsi, dans la rédaction d'un contrat, le notaire a frauduleusement dénaturé les stipulations des parties ; puis, en lisant l'acte devant les témoins, sa bouche a rétabli ce que sa main avait changé, et tout le monde a signé. Certes, il faudra que la fraude triomphe, si la différence, entre ce qui a été écrit et ce qui a été dit, ne peut être prouvée par les déclarations des témoins instrumentaires.

Autre hypothèse. Un testament porte qu'il a été *dicté* par le testateur en présence des témoins qui ont signé. Cependant on s'inscrit en faux et l'on soutient qu'il n'y a point eu de dictée, c'est-à-dire, que le testateur n'a point prononcé mot à mot ce que le notaire a écrit, qu'il n'a fait que répondre par des monosyllabes aux interpellations que ce dernier lui adressait.

Si les témoins déposent dans ce sens, devra-t-on toujours les accuser de s'être mis en contradiction avec ce qu'ils avaient attesté? Non; des hommes d'une probité reconnue et d'une intelligence ordinaire ont bien pu ne point attacher à ce mot *dicté* toute la rigueur de son acception technique, et croire qu'il était permis de l'employer, lorsque les dispositions écrites dans le testament se trouvaient de tout point conformes à la volonté du testateur clairement manifestée. C'est l'espèce du dernier arrêt que la Cour de cassation a rendu le 12 mars 1838 : ART.

« Attendu, en droit, que les juges peuvent admettre à déposer, tant en matière civile qu'en matière criminelle, tous les témoins qu'aucune loi expresse ne repousse; — attendu que, dans le cas où un testament est incriminé de faux, aucune loi ne repousse les témoins testamentaires; — attendu que le pouvoir d'admettre à déposer les témoins testamentaires, une fois reconnu aux juges, c'est à eux et à eux seuls qu'il appartient d'apprécier la portée et les résultats de leur déposition, de manière qu'ils peuvent, sur cette déposition unique, et sans le concours d'aucun autre élément de preuve, déclarer la nullité du testament, *cùm vix nisi per testes falsitas probari possit, magis est testibus instrumentariis quàm notario vel instrumento credatur, si vel omnes, vel majore ex parte ab instrumentis scripturæ dissentiant.* (Le prés. Favre, dans

ART. son Code, tit. 4, *Ad leg. Corn. de fals.*, déf. 3); — qu'à la vérité, les juges ne doivent user de ce pouvoir qu'avec une extrême circonspection, dans des cas tout-à-fait particuliers et ainsi fort rares; car, s'il est possible que les dépositions judiciaires assermentées, par lesquelles les témoins testamentaires rétractent ce qu'ils ont précédemment certifié par leur signature, ne soient qu'un hommage franchement rendu à la vérité, il est possible aussi qu'elles soient l'effet de la surprise et de la subornation; mais le refus absolu fait aux juges de pouvoir apprécier ces dépositions pourrait donner lieu à des conséquences désastreuses pour des tiers, auxquels, malgré leur intérêt, il pourrait être impossible de se procurer, hors les témoins instrumentaires eux-mêmes, aucun élément pour prouver le faux dont le testament est entaché.

» Et, attendu qu'il a été reconnu en fait, par l'arrêt attaqué, 1° que les quatre témoins instrumentaires sont unanimement convenus que la testatrice n'avait pas prononcé, en leur présence, ses dispositions, et qu'elle s'était bornée à répondre par des monosyllabes aux interpellations qui lui étaient adressées par le notaire; 2° que leurs dépositions ne peuvent paraître suspectes, en ce qu'elles seraient en contradiction avec le fait de dictée attesté par le testament, parce qu'il est possible que ces individus n'aient pas, dans ce moment, apprécié toute la portée et l'importance du mot *dictée*, et qu'ils aient plus particulièrement porté leur attention sur la volonté de la testatrice que sur la formule de l'acte, dont la rédaction appartient au notaire; 3° enfin, que, d'ailleurs, aucun motif de suspicion n'ayant été allégué contre leur moralité, et la preuve de leur bonne foi résultant de l'ensemble de leurs dépositions, de la manière dont ils ont déposé, et enfin des circonstances de la cause, il s'ensuit que leur témoignage est de nature à porter la conviction dans l'esprit des juges et à faire déclarer constants les faits attestés par leurs dépositions; — que, dans ces circonstances, en décidant que le testament en question n'avait pas été *dicté* par la testatrice, et en prononçant en conséquence la nullité, l'arrêt attaqué n'a violé ni l'article 1319 Cod. civ., ni l'article 283 Cod. proc., invoqués par la demanderesse en cassation, ni aucune autre loi (1). » ART.

Cet arrêt offre un résumé parfait des pré-

(1) Sirey, 38—1—206.

ART. ceptes du droit et des conseils de la sagesse ; il concilie tout, et la loi qui ne permet pas d'exclure les témoins qu'elle n'a point expressément déclarés reprochables ou incapables, et la justice qui veut une entière liberté pour peser les témoignages.

Je ne dois pas reproduire ici ce que l'on a vu au chapitre *de la vérification des écritures*, touchant les hasardeuses difficultés de l'art des experts. J'ajouterai seulement ces réflexions du rapporteur de la loi de procédure civile pour le canton de Genève :

« Quelque conjectural, quelque imparfait que soit ce moyen de preuve, le législateur ne saurait l'interdire sans imprudence.

» Son exclusion favoriserait singulièrement la fraude. Elle enhardirait les faussaires, en privant l'administration de la justice du seul moyen qu'elle ait, dans un grand nombre de cas, pour atteindre le crime. Elle multiplierait plus encore ces dénégations d'écritures, auxquelles des débiteurs déhontés se laisseraient entraîner quand ils auraient la certitude de ne pouvoir être confondus.

» Où serait la force des actes sous seing privé, sans ce moyen de preuve, lorsqu'ils ne seraient pas faits devant témoins, ou lorsque les témoins seraient décédés? ART.

» Les conventions n'offriraient plus de sécurité que lorsqu'elles seraient accompagnées de formalités et d'une publicité que leur nature et les circonstances ne comportent pas toujours.

» Cette obligation de formalités et cette défiance, à laquelle on serait contraint par la loi, auraient, par leurs effets journaliers, l'influence morale la plus fâcheuse; elles produiraient un mal d'une tout autre gravité que celui qui résulterait d'une méprise judiciaire dans un cas possible.

» Au surplus, ces erreurs seront d'autant plus rares, que la loi s'en rapportera plus aux juges.

» Si, libres de ces règles inflexibles, qui les enchaînent d'avance et qui leur imposent l'obligation de se soumettre à la conviction des témoins et des experts, les juges ont le choix des moyens de preuve, s'ils n'ont à suivre que leur conviction personnelle, la première des garanties se trouvera dans leur conscience. »

Tout ce qui a été dit, pour la vérification des écritures, relativement à l'apport ou à

ART. l'envoi des pièces de comparaison, aux fonctions du juge-commissaire, aux limites de ses pouvoirs, et à l'opération des experts, s'applique également à l'expertise du faux incident.

Toutefois, il y a quelques particularités à signaler.

Pour la simple vérification des écritures, on a laissé aux parties le droit de s'accorder sur la nomination des trois experts; mais, en ce qui concerne le faux, ils doivent nécessairement être nommés d'office. Cette disposition se fonde sur ce que la procédure peut conduire à la découverte d'un crime, et sur ce que les parties pourraient nommer des experts qui n'auraient pas les connaissances suffisantes pour éclairer la justice. Comme on leur a conservé le droit de récuser les experts, la nomination d'office ne peut leur causer aucun tort (1).

Les experts ne doivent opérer qu'après l'enquête, si une enquête a été faite; il faut attendre qu'elle soit terminée, pour qu'on fasse
236. passer sous leurs yeux les pièces que les témoins

(1) Voyez les observations du Tribunat, *Législ. civile*, etc., de M. Locré, t. 21, p. 455 et 456.

auraient présentées, et qui seraient de nature Art.
à donner d'utiles renseignements.

On remet aux experts le jugement qui a reconnu l'utilité de l'inscription de faux, les pièces arguées, le procès-verbal de leur état et description, le jugement qui a admis les moyens et ordonné l'expertise, les pièces de comparai- 236.
son, s'il en a été fourni, le procès-verbal de leur présentation et le jugement qui les a reçues. C'est afin qu'ils connaissent tout ce qui a été préparé pour leur opération, tout ce qui peut les conduire à découvrir la vérité ou la fausseté des actes. On ne leur remet point les dépositions des témoins, parce qu'elles pourraient exercer quelque influence sur leur opinion.

Lorsque les procès-verbaux d'enquête et d'expertise ont été levés et signifiés, la partie la plus diligente donne *à-venir*, et poursuit le jugement de l'incident. Il faut bien que l'on sache si la pièce arguée de faux devra rester au procès, avant de passer à la décision de la cause principale.

C'est à ce moment de crise, où l'instruction est achevée, où le débat des preuves éclate à l'audience, que des indices accusateurs peu-

ART. vent s'élever contre une personne qui n'est ni morte, ni couverte par la prescription, et qu'il peut être sursis à prononcer sur le sort de la pièce, jusqu'à ce qu'il ait été prononcé sur la culpabilité du prévenu. Le Code de procédure avait dit que, dans ce cas, le président délivrerait mandat d'amener, et remplirait les fonctions d'officier de police
239. judiciaire; mais cette disposition a été modifiée comme il suit par l'article 462 du Code d'instruction criminelle : « Si une Cour ou un tribunal trouve dans la visite d'un procès, même civil, des indices sur un faux et sur la personne qui l'a commis, l'officier chargé du ministère public ou le président transmettra les pièces au substitut du procureur général près le siége d'instruction, soit du lieu où le délit paraîtra avoir été commis, soit du lieu où le prévenu pourra être saisi, et il pourra même délivrer le mandat d'amener. » Ainsi le président ne peut plus décerner de mandat que pour faire amener devant le procureur du roi la personne désignée, et il n'a pas le droit de procéder à son interrogatoire.

Mais je dois passer outre, si je veux mener à fin la procédure du faux incident civil, et

faire arriver mes explications jusqu'aux con- ART.
séquences et aux effets du jugement qui va être rendu.

La pièce est-elle déclarée fausse? des mesures doivent être prises pour qu'elle ne puisse plus se montrer et servir d'instrument à une fraude nouvelle; le jugement en ordonne
la *suppression*, la *lacération* ou la *radiation*, 241.
en tout ou en partie, et même la *réformation* ou le *rétablissement*.

Suivant M. Carré, la suppression ne serait autre chose que la lacération ou la radiation en entier (1). Je crois que M. Carré a confondu. Chacun de ces mots a son application particulière.

On prononce la *suppression* lorsque des exemplaires, des expéditions, ou des extraits de la pièce fausse sont en diverses mains, et qu'il est impossible de les atteindre pour les lacérer ou les rayer. Supprimer un écrit, c'est le condamner au néant et lui défendre d'en sortir. Il y a même des actes qu'il n'est pas permis de lacérer ni de rayer, quoiqu'ils soient reconnus faux; tel serait un acte de l'état civil. Le jugement de rectification est inscrit sur le

(1) *Lois de la proc.* t. 1, p. 601 à la note.

ART. 857. registre, mais l'acte lui-même ne peut être matériellement ni altéré ni changé. Il demeure *supprimé;* toutefois, il n'en subsistera pas moins dans son entier sur la feuille qu'il occupe.

La pièce déclarée fausse, qui se trouve sous la main de la justice, est détruite par *lacération.*

On se borne à *rayer,* soit en totalité, soit en partie, celle qui est écrite sur un papier où se trouvent d'autres actes.

Quand le sens d'un acte a été faussement changé par la substitution, la transposition, l'omission ou l'addition de quelques mots, on prononce la *réformation.* En d'autres termes, on ordonne que ce qui a été transposé sera remis à sa place, que ce qui a été omis sera écrit, et que le texte véritable sera restitué.

Enfin, si le faux a été commis en effaçant quelque disposition, c'est le cas d'ordonner le *rétablissement* de la disposition effacée.

Toutes ces opérations sont du ministère du greffier; mais il y aurait les plus graves inconvénients à les consommer, tant qu'une voie de recours reste ouverte contre le jugement qui les a ordonnées. Pourrait-on faire revivre une pièce lacérée, ou remettre dans son état primitif celle que la radiation ou la réformation auraient irréparablement détruite ou dénaturée, si le tribunal supérieur venait dire qu'à tort les premiers juges l'avaient déclarée fausse ? Et s'il arrivait que cet arrêt lui-même fût annulé ou rétracté par suite d'un pourvoi en cassation ou en requête civile (1), comment ferait-on pour soumettre à un nouvel examen une pièce qui n'existerait plus, et pour discuter des indices ou des preuves qu'il n'y aurait plus moyen d'appliquer et de vérifier ? ART.

Supposez maintenant que la pièce arguée ait gagné son procès. Les mêmes motifs vont s'opposer à ce qu'elle puisse revenir aux mains de celui qui l'avait produite, avant l'expiration de tous les délais pour la consécration du jugement. Il en faut dire autant à l'égard de toutes les pièces qui ont été apportées dans le cours de l'incident, pour servir à la comparaison des écritures, ou à l'établissement de quelque point de fait. La justice ne doit pas cesser de veiller à la conservation des preuves, jusqu'à l'heure suprême de son dernier arrêt.

(1) Voyez mon premier volume, les premières pages du chap. 15.

ART. Cependant la règle n'est point tellement inflexible, en ce qui touche les actes fournis à l'instruction par les dépositaires et les témoins, qu'il ne soit pas permis aux juges de prendre en considération les motifs légitimes que ces personnes, ou toutes autres y ayant intérêt, peuvent faire valoir, afin d'obtenir plus tôt la remise de leurs pièces : comme s'il s'agissait de poursuivre le paiement d'une dette échue, ou d'interrompre le cours d'une prescription. La loi s'en rapporte à la sagesse et à la prudence du tribunal pour l'appréciation des circonstances et pour les précautions qu'elles réclament.

On voit par ce qui précède, que dans cette lutte si compromettante, où de graves intérêts sont engagés, où le ministère public plonge incessamment son regard, où la justice met sous sa main tout ce qui se produit, s'exhibe
244. et s'apporte, le greffier n'a pas une médiocre part de responsabilité. Ses obligations, à partir du dépôt des pièces impugnées de faux, peuvent se résumer comme il suit :

Il doit faire de ces pièces une bonne et sûre garde, ne les communiquer qu'aux ayant-

droit, ne jamais les perdre de vue, ni per- Art.
mettre qu'elles soient déplacées. 228.

Il ne peut procéder à la lacération, à la radiation de ces pièces, à leur réformation ou 241.
rétablissement, avant que le jugement qui les
a déclarées fausses soit devenu inattaquable.

Il est obligé de retenir les actes et les écrits
qui furent déposés pour servir aux experts 241.
de pièces de comparaison, ou de renseignements aux juges, tant que le tribunal n'en a
pas ordonné la remise.

Enfin, il lui est défendu de délivrer aucune
copie ni expédition des pièces contre lesquelles
l'inscription de faux a été formée, s'il n'y est
formellement autorisé par un jugement; et 245.
les délivrant, en ce cas, il doit faire mention
de l'autorisation et du motif pour lequel
il a fallu la demander, afin que l'on n'ait
pas pour ces copies ou expéditions plus
d'égard que de raison.

Quant aux autres pièces qu'il a reçues en
dépôt, le greffier n'a pas besoin d'un jugement
qui l'y autorise pour en délivrer des expéditions à qui de droit; il n'a d'autres devoirs à
remplir, en ce point, que ceux qui sont impo- 839.
sés à tous les dépositaires publics.

Mais lorsqu'un notaire, avant de se des-

Art. saisir d'une minute dont les juges ont ordonné l'apport au greffe, et dans la crainte qu'elle ne s'égare ou se perde, en a fait une copie dûment certifiée, pour tenir lieu chez lui de la
203. minute jusqu'au renvoi de celle-ci, le greffier, dans l'entre-temps, n'a point qualité pour en donner des expéditions. La consécration de la copie conserve au notaire tous ses droits et tous ses priviléges, comme si la minute n'était point absente (1).

Il se ferait grand abus des inscriptions de faux, on en verrait surgir chaque jour, *morandæ solutionis causâ*, si la témérité de certains plaideurs n'était pas arrêtée par la crainte des condamnations auxquelles ils s'exposent : *si non plerosque solemnis inscriptionis periculum deterreret* (2). Au temps où la peine du talion était encore en usage, ceux qui arguaient un acte de faux étaient tenus de se mettre en prison, après leur inscription faite. Depuis, ils devinrent seulement amendables en cas de défaite : *Non nisi pecuniariam pœnam subire solent*, disait le président Favre (3). L'amende

(1) Voyez le tom. 3, pag. 524.

(2) Voyez ci-dessus, pag. 31.

(3) *Cod. lib.* 9, *tit.* 13, *defin.* 9.

encourue par le demandeur en faux qui *succombe* ne peut être moindre de trois cents francs, indépendamment des dommages-intérêts de l'autre partie. C'est *succomber* que de ne pas réussir, soit à faire déclarer fausse en tout ou en partie, soit à faire rejeter la pièce ou l'une des pièces contre lesquelles on avait été admis à s'inscrire; c'est *succomber* que de se désister, de renoncer volontairement à ce grand appareil de menaces et de poursuites, ou de se laisser tomber en déchéance, pour n'avoir pas satisfait aux diligences et aux formalités prescrites. L'ordonnance de 1737 portait, en outre, que le demandeur en faux serait passible de l'amende toutes les fois que les parties auraient été mises *hors de cour* (1). Le Code de procédure n'y a rien changé, si ce n'est qu'il a dit *hors de procès*. L'emploi de ces mots pouvait convenir à l'impression de criminalité qui enveloppait l'ancienne procédure du faux incident civil. Dans notre système actuel, c'est plus qu'un anachronisme, plus qu'une étrangeté, c'est un non-sens.

ART. 247.

On met ordinairement les parties *hors de cour* ou *de procès*, en matière civile, lorsque

(1) Tit. 2, art. 50.

ART. l'objet du litige paraît trop mince et trop peu digne de l'attention de la justice; c'est l'application de la maxime *De minimis non curat prætor.*

Au criminel, le *hors de cour* exprimait autrefois qu'il n'y avait pas assez de preuves pour asseoir une condamnation ; c'était l'expression d'un doute qui laissait subsister la tache de l'accusation. Cette manière de jugement mitoyen entre l'absolution et la condamnation n'est plus permise aujourd'hui. Voyez le *Répertoire* de M. Merlin, au mot *Doute*, n° 2, et l'arrêt de cassation qu'il rapporte.

Or, je demande comment il est possible de mettre les parties *hors de cour* sur une question de faux incident civil? Le tribunal, en admettant l'inscription, n'a-t-il pas déjà reconnu l'extrême importance du litige, et ne faut-il pas, en définitive, qu'il déclare fausse la pièce incriminée, ou qu'il la déclare véritable; qu'il la rejette du procès, ou qu'il l'y maintienne? Enfin conçoit-on qu'un *hors de cour* se puisse prononcer incidemment, alors que les parties restent encore dans les liens de l'instance principale? Le Tribunat en avait fait l'observation, mais M. Locré nous apprend que *l'on crut devoir s'en tenir à la rédaction de*

l'ordonnance de 1737 (1). Il est malheureux que Art.
les motifs de cette détermination ne se trouvent
nulle part.

L'amende est acquise au fisc, dans tous les
cas prévus par la loi, quels que soient les termes
du jugement, et lors même qu'il serait muet à
cet égard. Le demandeur qui l'a encourue 247.
offrirait vainement, pour y échapper, de se
reprendre à une plainte en faux principal.

Mais pourquoi le défendeur n'est-il pas également passible d'une amende, quand la pièce dont il avait déclaré vouloir se servir vient à être jugée fausse? Cela tient à la nature de l'incident : vous savez que c'est un procès fait à la pièce, et la pièce ne peut pas être abstractivement condamnée à l'amende. Que si des indices s'élèvent pour accuser celui qui l'a produite d'être l'auteur ou le complice du faux, ce sera bien une autre peine que l'amende qu'il devra redouter.

Suivant l'ancien droit français (car, à Rome, il était défendu à l'accusateur de transiger, sous peine de *calomnie*), les parties pouvaient en s'accommodant arrêter les poursuites du mi-

(1) *Législ. civ.*, etc., t. 21, p. 114.

ART. nistère public et les éteindre, pourvu que ces poursuites n'eussent pas pour objet des crimes capitaux ou punissables de peines afflictives.

« Enjoignons à nos procureurs, et à ceux des seigneurs, de poursuivre incessamment ceux qui seront prévenus de crimes capitaux ou auxquels il écherra peine afflictive, nonobstant toutes transactions et cessions de droits faites par les parties. Et à l'égard de tous les autres, les transactions seront exécutées, sans que nos procureurs et ceux des seigneurs puissent en faire aucunes poursuites (1). »

Quand les premières bases du Code criminel furent discutées au Conseil d'état, l'article 4 du projet était ainsi conçu : « La renonciation à l'action civile ne peut arrêter ni suspendre la poursuite d'une contravention ou d'un délit, lorsqu'ils sont de nature à blesser l'ordre public. » La distinction fut critiquée; on fit observer que tous les délits blessent l'ordre public, et l'article demeura réduit à ces termes : « La renonciation à l'action civile ne peut arrêter ni suspendre l'exercice de l'action publique (2). »

(1) Ordonnance de 1670, tit. 25, art. 19.

(2) Art. 4 du Code d'inst. crim. Voyez la *Législ. civ.*, etc., de M. Locré, t. 24, p. 111.

Cette règle n'implique pas nécessairement une défense faite aux parties de transiger sur les réparations *civiles* d'un crime ou d'un délit; il en résulte uniquement que la transaction ne peut, en aucun cas, neutraliser les poursuites du ministère public. L'article 2046 du Code civil l'avait déjà dit. ART.

C'est à savoir maintenant si la libre disposition des intérêts civils est soumise à quelque atteinte dérogatoire, pour ce qui concerne les matières de faux.

Du temps d'Imbert, au xve siècle, il n'était pas permis par l'usance commune de transiger sur un faux; plusieurs arrêts l'avaient ainsi jugé, et toutes les fois qu'une inscription de faux était agitée au Parlement, « la Cour avait accoutumé de faire inhibition aux parties de non transiger sur ledit faux, ce requérant le procureur général du roi (1). »

L'usance commune avait grand besoin d'être révisée, fixée, formulée par les ordonnances qui vinrent successivement réglementer quelques parties de ce mélange abrupte du droit de Rome et des coutumes de France. Il fut dit

(1) *Enchiridion*, aux mots : *En quels cas est permis de transiger*, p. 208 et 209.

ART. dans l'article 52 de celle de 1737 : « Aucunes transactions, soit sur le faux principal, soit sur le faux incident, ne pourront être *exécutées*, si elles n'ont été homologuées en justice après avoir été communiquées à nos procureurs ou à ceux des hauts justiciers, lesquels pourront faire à ce sujet telles réquisitions qu'ils jugeront à propos. » Ce texte est devenu littéralement celui de l'article 249 du Code de procédure civile, hormis les deux ou trois mots qui n'y pouvaient plus figurer.

Suivant M. Carré, qui s'en est rapporté à Serpillon, l'un des commentateurs de l'ordonnance, la transaction devrait être soumise à l'homologation, quand même elle serait intervenue avant que l'inscription de faux eût été admise. Les juges auraient toujours le pouvoir de refuser l'homologation, *encore bien que la transaction ne fût relative qu'à l'intérêt privé*, et, jusque-là, ce serait comme un simple projet de traité, dont l'une ou l'autre des parties aurait toute liberté de se jouer (1).

M. Pigeau ne s'est point arrêté devant l'autorité de Serpillon ; il a mieux saisi l'esprit de

(1) *Lois de la procéd.* t. 1, p. 610 et 611.

la loi, qui n'a eu d'autre vue que d'empêcher l'exécution de la transaction, en ce qui concerne l'intérêt public. Mais il a aussi commis une erreur, en disant que le ministère public peut, nonobstant la transaction, demander la continuation de la procédure, afin de voir s'il n'en résultera point quelque moyen d'enter une poursuite criminelle sur une poursuite civile (1). ART.

Quelle est cette *exécution* pour laquelle il faut attendre les réquisitions du parquet et l'homologation du tribunal? C'est la suppression des pièces qui ont été arguées de faux et qui ont dû être déposées et décrites; c'est la remise ou la réintégration de celles apportées au greffe par des témoins ou autres personnes; c'est enfin la destruction de tout ce qui pourrait conduire à la preuve du crime, à la découverte du coupable ou de ses complices, et fonder une accusation de faux principal.

L'amende est due par celui qui transige sur une inscription de faux qu'il a fait admettre;
car il se désiste. Sous ce rapport encore, il est 247.
nécessaire que la transaction soit examinée par le ministère public et les juges.

(1) *Traité de la proc.* t. 1, p. 344.

ART Mais le ministère public n'a pas le droit de requérir, ni les juges celui d'ordonner que les parties seront tenues de continuer et d'achever, contre leur gré, le procès civil sur lequel elles se sont accordées. Ce serait comme au temps où l'un des successeurs de Charlemagne publiait un capitulaire pour défendre aux officiers de justice de forcer les gens à plaider les uns contre les autres : *Ut nullus ad placitum banniatur, nisi qui causam suam quærit, aut si alter ei quærere debet* (1).

Quant à l'accommodement qui efface l'inscription de faux, avant qu'elle soit admise, je ne puis concevoir que, pour l'exécuter, il faille demander l'assentiment du ministère public et l'homologation du tribunal : il n'y a point encore de communication obligée au parquet, point d'amende encourue, point de pièces déposées, point de jugement qui prescrive de les déposer.

Cependant on objecte que la loi est conçue en termes généraux, et que les parties, soit qu'elles transigent avant, ou après l'admission de l'inscription, ne peuvent jamais se rendre seules arbitres de la poursuite du faux.

(1) *Capitul. Lotharii.* Voy. mon deuxième vol. p. 79.

Le principe que l'on pose pour raisonner ainsi manque de vérité ; la *poursuite du faux incident* ne commence qu'après le jugement qui admet l'inscription et qui nomme un commissaire devant lequel elle sera *poursuivie*. A partir de cette époque seulement, le demandeur qui se désiste volontairement devient passible de l'amende. Et lorsque le législateur a dit : « Aucune transaction *sur la poursuite du faux* ne pourra être exécutée, si elle n'a été homologuée en justice, » il n'a point soumis à cette condition celles qui se sont faites dans un temps où le tribunal n'avait pas encore reconnu l'utilité de *la poursuite*.

ART. 218. 247. 249.

La transaction sur une inscription de faux abolit toujours l'action civile ; son exécution, en ce qui touche les intérêts privés des plaideurs, ne peut être refusée, si ce n'est pour les causes générales de rescision et de nullité. Mais elle ne saurait amortir l'action publique : *ne publica coercitio privatorum pactionibus tollatur* (1). Le *veto* de l'article 249 ne vient pas s'interposer à d'autres fins que de laisser un libre cours aux investigations de la justice criminelle, d'empêcher la disparition des ves-

(1) *L. 5, ff. De pactis dotalibus.*

ART. tiges délateurs, de retenir les pièces produites, de faire apporter celles dont le dépôt avait été ordonné, et de conserver au ministère public les moyens d'intenter, s'il y a lieu, une accusation de faux principal (1).

« Il est permis à un chacun de transiger de tous crimes, pour son intérêt privé, disait Bornier (2), d'autant qu'il reste toujours une partie pour la vengeance et punition du crime, qui est le procureur du roi, lequel peut même se servir de la transaction contre l'accusé, comme impliquant en soi un aveu et confession du crime, *in casu non transigibili et interveniente pretio* (3). »

(1) Voyez dans le même sens le *Traité de l'action publique et de l'action civile*, par M. Mangin, t. 1, p. 56.

(2) Sur l'art. 19, tit. 25 de l'ordonnance de 1670.

(3) *Mynsingeri Observat.*, *centur.* 6, *observ.* 22.

CHAPITRE XVII.

DES ENQUÊTES.

Enquête, *inquisitio*; c'est, dans le langage de la procédure civile, la recherche et l'extraction des preuves par le témoignage oral des hommes. La loi règle les moyens d'en perfectionner l'usage et d'en prévenir les dangers. ART.

L'écriture, dans son application à la conservation des preuves, est comparativement d'une date moderne. Avant qu'elle fût connue, tous les droits, la liberté, la propriété, la condition, la vie même, dépendaient uniquement de la voix des témoins. On a demandé si tous les actes judiciaires antérieurs aux preuves écrites étaient injustes, si la preuve testimoniale était toujours fausse, et si la justice ne marchait qu'au hasard?

Je n'oserais l'affirmer; il y aurait de l'exagération. Ce que je sais, c'est que « moult de

ART. gens étoient déshérités à tort et sans raison, parce que de legier trovoit-on deux homes ou femes de la loi de Rome, ou autre nation, qui s'en parjuroient pour monoie (1). »

Vous savez comment la perplexité de nos aïeux fit succéder au rapport des témoins le serment et les compurgateurs (2). La sûreté ne fut pas plus grande. La justice des hommes avoua son impuissance et s'en remit au jugement de Dieu, « afin que nos sujets, disait Gondebaud, ne fassent plus de serments sur des faits obscurs, et ne se parjurent point sur des faits certains (3). » Ce fut le temps des épreuves et du combat judiciaire.

L'usage du combat fut tour à tour restreint et capricieusement étendu. « On ne savait comment faire : la preuve négative par le serment avait des inconvénients, celle par le duel en avait aussi; on changeait suivant qu'on était plus frappé des uns ou des autres (4). »

On se dégoûta du combat comme des épreuves. Il fallut revenir à la preuve testimoniale : elle reparut avec une faveur nouvelle

(1) *Assises de Jérusalem*, chap. 167.
(2) Voyez l'Introduction, t. 1, chap. 9.
(3) *Lois des Bourguignons*, chap. 45.
(4) *Esprit des lois*, liv. 28, chap. 18.

et le cortége de ses anciens abus ; elle fut même préférée à la preuve écrite, alors que celle-ci commençait à devenir moins rare. « Sçachez que la vive voix passe vigueur de lettres, si les témoins sont contraires aux lettres ; et se doit plus le juge arrester à la déposition des témoins, qui de saine mémoire déposent et rendent sentence de leur déposition, que à la teneur des lettres qui ne rendent cause (1). » Il était passé en proverbe qu'un acte écrit n'était qu'un témoin sourd : *Hinc antiquum de instrumentis adagium ab Erasmo relatum : testimonia surda* (2). On raisonnait quelquefois, dans le XVe siècle, à l'opposite du bon sens ; car la merveille de cet art qui recomposa la parole, fut de la fixer, de l'immobiliser, et de remplacer des signes fugitifs par des preuves permanentes. Les témoins sourds d'Erasme ne furent jamais accessibles aux subornations, ni sujets aux variations. « Je ne commettrai point l'immuable vérité de ma cause à la foi trompeuse des témoins », disait l'orateur de Rome plaidant pour Cœlius : ART.

(1) *Somme rural*, tit. 106.

(2) Préface du Commentaire de Boiceau sur l'art. 54 de l'ordonnance de Moulins, n° 2.

ART. *Equidem vos abducam à testibus, neque hujus judicii veritatem quæ mutari nullo modo potest, in testium voluntate collocari sinam* (1).

Cependant, à mesure que la lumière perçait les ombres, les actes marqués d'un scel authentique, et plus tard les écrits privés furent affranchis de la domination des témoins. Mais aucune loi ne prescrivait encore de rédiger des actes, et ne distinguait ni leur nature ni leur importance. Tout ce qu'on avait négligé d'écrire était abandonné au souvenir trompeur et à la vive voix des hommes.

La justice était retombée dans la tristesse du siècle, comme dit l'apôtre. Le parlement de Toulouse députa son premier président et un ancien conseiller vers l'assemblée des états qui se tenait à Moulins, et, sur leurs remontrances au sujet des abus toujours croissants de la preuve testimoniale, le chancelier de l'Hôpital dressa l'article 54 de l'ordonnance de 1566, qui fut appelée l'ordonnance de Moulins. On voit que je résume ici, en peu de mots, cette discussion historique des preuves à laquelle je suppose qu'on aura bien voulu

(1) *Pro Cœlio.*

donner quelque attention, lorsque je me suis hasardé à exposer mes vues sur l'origine du jury (1). ART.

Les praticiens avaient mal accueilli l'ordonnance de Moulins; elle était, suivant eux, dure, odieuse (2). Les interprétations ennemies harcelaient la jurisprudence; les vieux usages débordaient la nouvelle loi; on rétrécissait chaque jour son application, en l'accusant d'être contraire au droit commun, et, sous le vain prétexte de quelques apparences qu'on alléguait touchant la vérité de ce qui avait été mis en fait, les témoins étaient reçus (3).

Les ordonnances pour la réformation de la justice furent mieux observées à partir du règne de Louis XIV; celle de 1667 vint remettre en vigueur l'œuvre du chancelier de l'Hôpital, remplir les vides que l'expérience des sages avait remarqués, et consacrer les exceptions qu'elle réclamait.

Il faut rapporter les textes et les comparer.

(1) Voyez l'Introd. t. 1, ch. 9.

(2) Boiceau, *Préface*, n° 1.

(3) Bornier, sur les articles 2 et 3 de l'ordonnance de 1667.

ART. L'article 54 de l'ordonnance de Moulins portait simplement : « Pour obvier à la multiplication des faits que l'on a vu ci-devant être mis en avant en jugement, sujets à preuve de témoins et reproches d'iceux dont adviennent plusieurs inconvénients et involutions de procès, avons ordonné et ordonnons que dorénavant, de toutes choses excédant la somme ou valeur de cent livres pour une fois payer, seront passés contrats pardevant notaires et témoins, par lesquels contrats seulement sera faite et reçue toute preuve desdites matières, sans recevoir aucune preuve par témoins outre le contenu audit contrat, ni sur ce qui serait allégué avoir été dit ou convenu avant icelui, lors et depuis; en quoi n'entendons exclure les conventions particulières et autres, qui seraient faites par les parties, sous leurs seings, sceaux et écritures privées. »

Voici les articles 2, 3 et 4 du titre 20 de l'ordonnance de 1667 :

« Seront passez actes pardevant notaires, ou sous signature privée, de toutes choses excédant la somme ou valeur de cent livres, *mesme pour déposts volontaires,* et ne sera reçue aucune preuve par témoins, contre et outre le contenu aux actes, ni sur ce qui serait allégué avoir esté dit avant, lors, ou depuis les actes, encore qu'il s'agist d'une somme ou valeur moindre de cent livres; *sans toutefois rien innover pour ce regard, en ce qui s'observe en la justice des juges et conseils des marchands.* ART.

» N'entendons exclure la preuve par témoins pour dépost nécessaire en cas d'incendie, ruine, tumulte ou naufrage, ni en cas d'accidents imprévus, où on ne pouvait avoir fait des actes, *et aussi lorsqu'il y aura un commencement de preuve par écrit.*

» N'entendons pareillement exclure la preuve par témoins pour déposts faits en logeant dans une hostellerie, entre les mains de l'hoste ou de l'hostesse, qui pourra être ordonnée par le juge, suivant la qualité des personnes et les circonstances du fait. »

Les mêmes dispositions se retrouvent, sauf quelques changements de rédaction, dans les articles 1341, 1347 et 1348 du Code civil.

Quoiqu'il permette d'admettre la preuve par témoins jusqu'à cent cinquante francs, le système du Code n'en est pas moins restrictif; car les cent cinquante francs d'aujourd'hui ne valent certainement pas les cent livres de 1566 et de 1667.

ART. N'était-ce point une superfluité que ces mots de l'ordonnance de 1667 : *mesme pour déposts volontaires?* Le dépôt volontaire n'était-il pas déjà compris dans la disposition générale qui prohibait la preuve par témoins de *toutes choses* dont le créancier avait *pu* et *dû* se procurer une preuve par écrit? « Il y avait là une grande question à décider contre l'opinion d'un grand homme, disait M. de Lamoignon (1). » Cujas avait écrit que c'était blesser l'antique foi du dépôt, que d'exiger des sûretés pour ce qui se fait dans le secret de la plus intime confiance : *Velim excipi a constitutione Caroli IX* (l'ordonnance de Moulins) *sacri arcanique depositi causam* (2). Le vœu du grand homme était un bel hommage rendu à la pureté de l'âge d'or. Mais l'âge d'or était déjà fort loin du siècle de Cujas ; son avis ne fut pas suivi. Observez que le privilége de la preuve orale qu'il réclamait en faveur du dépôt volontaire, supposait que tous les dépositaires pouvaient n'être pas fidèles ; il eût donc été souvent fort difficile de prouver par témoins le secret d'une mysté-

(1) *Procès-verbaux des Conférences*, p. 159.

(2) *Paratitla in lib. 4 Codicis, tit.* 34, *De deposito vel contrà.*

rieuse confiance : *sacri arcanique depositi causam.* Art.

Il convient, avant d'aller plus loin, de donner quelque développement à ces règles générales. Les exceptions viendront après.

La preuve par écrit exclut la preuve contraire par témoins. Elle rend la vérité plus certaine, et surtout elle lui donne cet immense avantage d'une certitude permanente : c'est le triomphe de la civilisation sur la barbarie.

Cependant il fallait assurer cette conquête, et pousser les individus à écrire ou à faire écrire leurs conventions. Telle est l'idée fondamentale du système : elle se résume dans ces mots : la preuve testimoniale ne peut être reçue toutes les fois qu'il a été possible de se procurer une preuve écrite.

En exigeant que les contrats soient écrits, la loi ne frappe point de nullité les conventions verbales, elle ne confond point l'existence du fait avec sa preuve; mais, en cas de procès, elle vous punit d'avoir négligé de prendre la précaution *anti-litigieuse* qu'elle avait commandée. Ne dites pas que ce soit gêner votre liberté; car pour donner à un contrat quelconque la sanction dont il a be-

ART. soin, on ne vous demande qu'une condition qui dépend de vous.

La prohibition serait trop facilement éludée si elle ne s'appliquait littéralement qu'à ce qui est *contenu aux actes*. S'il était permis de faire entendre des témoins *sur ce qui serait allégué avoir été dit avant*, *lors et depuis*, et de prouver ainsi *qu'il a été plus dit qu'écrit*, il n'y aurait point de contrat qui pût se maintenir. Par exemple, un débiteur alléguerait que, *depuis l'acte*, le créancier a fait remise d'une partie de sa dette, ou qu'il a prorogé le terme du paiement. Un créancier prétendrait qu'il a donné quittance sous la foi d'une promesse que le débiteur avait faite, *avant l'acte*, de payer dans quelques jours, et que la dette subsiste encore. Un fermier soutiendrait que le bailleur s'est engagé, *lors de l'acte*, à résilier au bout de trois ans, quoique le bail soit fait pour neuf ans. Ou bien un vendeur dirait que l'acquéreur s'est obligé de payer une certaine somme en sus du prix stipulé *dans l'acte*. Et tous ils amèneraient des témoins. La loi le défend, *encore qu'il s'agisse d'une somme ou valeur moindre de cent cinquante francs*.

Il y avait bien d'autres artifices contre lesquels on devait se mettre en garde. Un plaideur a formé une demande qui excède cent cinquante francs ; toutefois il se ravise et la restreint à une moindre somme : pourra-t-il être admis à la preuve testimoniale ? La négative est établie par l'article 1343 du Code civil. M. Toullier a dit que cet article était de droit nouveau : la remarque est vraie, en ce sens que les ordonnances n'en avaient point fourni le texte ; mais c'était le souffle de leur esprit, et il avait pris la consistance d'un droit fort ancien. Mornac rapporte un arrêt du parlement de Paris qui jugea, lui plaidant en la cause, que la demande ayant été une fois faite au-dessus de cent livres, elle ne pouvait plus être restreinte au-dessous, d'autant que ce n'était que pour être admis à la preuve par témoins en fraude de la loi ; et il en donne cette raison : *Ne aperiatur via quâ, salvis verbis legis, mens ejus circumveniatur* (1). Dans l'origine, la créance excédait cent cinquante francs ; il devait en être passé acte par écrit ; le juge n'aurait pu permettre qu'on la prouvât avec des témoins, et s'il suffisait de la restreindre pour échapper à la prohibition, le détour serait trop aisé.

(1) *Ad legem* 29, *ff. De legibus.*

ART. L'article 1344 du Code civil est une suite naturelle, une seconde déduction du même principe : la demande fût-elle d'une somme moindre de cent cinquante francs, la preuve testimoniale n'en peut être reçue, lorsqu'il est déclaré que cette somme est *le restant ou fait partie d'une créance plus forte qui n'est point prouvée par écrit.* Les ordonnances ne l'avaient point dit, mais c'était l'opinion des auteurs les plus accrédités (1), et ceux qui la trouvaient trop rigoureuse convenaient néanmoins qu'elle était dans le vrai sens de la loi (2). Il faut toujours se reporter au temps où l'obligation a été contractée. Sa valeur primitive dépassait-elle la limite fixée pour l'admission de la preuve testimoniale ? Le créancier était averti qu'il devait se munir d'une preuve écrite. Il importe peu que des paiements partiels soient venus depuis amoindrir la dette et la réduire au-dessous de cent cinquante francs ; ce n'est point une circonstance qui puisse atténuer la faute originairement commise, et favoriser *ex post facto* l'accès d'un genre de preuve sur lequel il était défendu de compter.

(1) Danty sur Boiceau, chap. 18, n° 5.

(2) Poullain-Duparc, *Principes du droit français*, t. 9, chap. 13, n° 11.

Il était souvent arrivé, depuis l'ordonnance de Moulins, que des gens habiles fractionnaient leur demande en plusieurs sommes, dont chacune n'excédait pas cent livres, mais qui jointes ensemble composaient un total fort élevé : puis ils venaient offrir des témoins pour prouver la sincérité de ces créances diverses, alléguant qu'elles étaient nées de différentes causes, en différents temps. Ils se fondaient sur un texte du droit romain, où Gaius avait dit que plusieurs chefs de demande étant formés dans la même instance, le juge pouvait en connaître, quoique leur réunion sortît des limites de sa compétence, pourvu que chacun de ces chefs pris isolément s'y trouvât renfermé : *Si idem cum eodem pluribus actionibus agat, quarum singularum quantitas intrà juridictionem judicantis sit, coacervatio verò omnium excedat modum jurisdictionis ejus, apud eum agi posse Sabino, Cassio, Proculo placuit, quæ sententia rescripto imperatoris Antonini confirmata est* (1). C'était, du temps de Boiceau, une légère question sur laquelle il eût été honteux de trop insister, et l'on décidait généralement, par l'autorité de ART.

(1) *L.* 11, *ff. De jurisdict. omnium jud.*

ART. Gaius, de Sabinus, de Cassius, de Proculus et de l'empereur Antonin, que l'ordonnance de Moulins ne prohibait point la preuve testimoniale dans l'espèce dont il s'agit : *Quod à vulgari distinctione Gaii, aliorumque jurisconsultorum discere facillimè poterimus. Ideoque non pluribus insistendum puto, cum vulgaris inter omnes pragmaticos hæc quæstio videatur* (1). Mieux eût valu s'associer à la pensée du chancelier de l'Hôpital et consulter les doléances des états du royaume sur les ravages de la preuve testimoniale, que de reculer d'une douzaine de siècles, pour y chercher un commentaire. Etait-il moins dangereux de s'en rapporter à la foi des témoins, pour la preuve de la diversité des causes, des temps et des lieux, que pour celle des conventions elles-mêmes? S'il n'est pas probable que l'on s'avise de se mettre en frais de subornation dans le cas d'un mince intérêt, rien n'empêche de le supposer et de le craindre, quand une action découpée en petites sommes se recompose, au moyen d'une agrégation finale, pour élever la demande entière à une valeur considérable.

(1) Boiceau, *cap.* 18, *nis* 11 *et* 12.

En 1667, lorsque fut entreprise la réformation de la justice civile, une expérience de plus de cent années dénonçait cette pratique d'actions multiples comme une révolte ouverte contre le système restrictif de la preuve par témoins. La nouvelle ordonnance y pourvut par la disposition suivante qui forme encore le texte de l'article 1345 du Code civil, sauf la correction du style, et la substitution des cent cinquante francs aux cent livres : « Si dans une mesme instance la partie fait plusieurs demandes, dont il n'y ait point de preuve, ou commencement de preuve par écrit, et que jointes ensemble elles soient au-dessus de cent livres, elles ne pourront estre vérifiées par témoins, encore que ce soit diverses sommes qui viennent de différentes causes, et en différents temps, si ce n'estoit que les droits procédassent par succession, donation ou autrement de personnes différentes (1). » Art.

Il est vrai que M. de Lamoignon n'avait point approuvé cette disposition; la sincérité de son âme qui n'était pas assez prévoyante contre les détours de la fraude, et surtout le culte qu'il rendait à l'ancien droit, peuvent

(1) Art. 5 du tit. 20.

Art. expliquer sa dissidence : il invoquait, comme Boiceau, la loi 11, ff. *de Juridictione.*

M. Toullier a pensé que les arguments du premier président étaient sans réplique (1), et il a fort blâmé la précipitation et l'incurie des rédacteurs du Code civil, qui laissèrent passer dans leur travail *un article si justement critiqué* (2).

J'oserai dire, en toute humilité, que cette critique ne me paraît pas d'une justesse aussi manifeste. Quand bien même il faudrait élever

(1) On aurait pu lui opposer un autre texte du droit romain. Il s'agissait de savoir s'il était permis d'appeler d'une sentence rendue sur une action composée de plusieurs chefs, qui, considérés dans leur ensemble, dépassaient la limite du dernier ressort, mais qui, détachés, se trouvaient chacun d'une valeur inférieure. C'était, comme on le voit, une question de compétence fort analogue à celle de la loi 11, ff. *de Juridictione*, et il semble qu'elle aurait dû recevoir la même solution. Cependant la loi 10, ff. *de Appellationibus et relationibus*, décidait tout le contraire ; elle opérait sur l'ensemble de l'action, et disait qu'il était permis d'appeler : *Si quis, cùm unâ actione ageretur quæ plures species in se habeat, pluribus summis sit condemnatus, quarum singulæ notionem principis non faciunt, omnes autem conjunctæ faciunt : poterit ad principem appellare.*

(2) Tom. 9, n° 48.

au rang des règles du droit commun la loi 11, ff. *de Juridictione*, et l'affranchir de toute controverse, pour une application générale, il en résulterait que l'article 5 du titre 20 de l'ordonnance de 1667 l'avait modifiée par une exception, et que cette exception se retrouve dans l'article 1345 du Code civil. Il était permis aux législateurs de France de déroger à la loi de Rome, c'est ce que personne n'entreprendra de contester. La question se réduirait donc au point de savoir si l'exception était nécessaire, raisonnable. Or, M. Toullier n'enseigne-t-il pas que notre système restrictif de la preuve testimoniale n'est lui-même qu'une exception *au principe qui l'admet dans tous les cas non exceptés* (1), et ne convient-il pas qu'elle était nécessaire (2)? Ceci posé, rien n'était plus raisonnable que d'en assurer les effets, et de pousser les conséquences dans toutes les directions où les déguisements de la fraude pouvaient être prévus. Le sage a dit : Qui veut la fin veut les moyens. ART.

Que si chacune des sommes inférieures à cent cinquante francs procèdent de différentes personnes, par succession, donation ou autre-

(1) Tom. 9, n° 19.

(2) Tom. 9, n°s 15 et 16.

ART. ment, la preuve testimoniale en sera reçue; car ces différentes personnes ne se trouvaient point individuellement dans les prohibitions de la loi, et leur droit a été transmis tel qu'elles auraient pu l'exercer elles-mêmes.

N'objectez pas qu'en définitive la disposition de l'article 1345 du Code ne tend qu'à multiplier les procès et les fraudes; ne dites pas qu'au lieu de cumuler ses demandes dans une même instance, le créancier les divisera, qu'il en composera autant d'actions séparées dont la valeur ne s'élèvera point jusqu'au terme de la prohibition, et qu'il fera impunément dix enquêtes pour une. Non, la loi y a pourvu; l'article 1346 veut, comme le voulait l'ordonnance de 1667, que « toutes les demandes, à quelque titre que ce soit, qui ne sont pas entièrement justifiées par écrit, soient formées par un même exploit, après lequel les autres demandes dont il n'y aura point de preuves par écrit ne seront pas reçues. »

Supposez donc qu'il vous soit dû par le même débiteur deux sommes différentes, l'une de 100 francs et l'autre de 90 francs; vous ne serez point admis à prouver par témoins que ces sommes vous sont dues, si vous les demandez par le même exploit; et si vous procédez par instances séparées, le débiteur, à l'apparition de la seconde, pourra vous payer par une fin de non-recevoir tirée du morcellement de votre action. « L'on ne fait pas assez de réflexion sur cette disposition, disaient les anciens commentateurs; bien des gens, en effet, sont débiteurs de la même personne en différentes petites sommes, sans écrit, et qui, assignés pour l'une de ces sommes, ne penseront point à opposer que le demandeur doit former toutes ses demandes par un seul et même exploit (1). » ART.

Toutefois, la division est *permise* lorsque les créances ne sont point exigibles en même temps; car nul n'est tenu, pour obtenir ce qui est actuellement échu, d'attendre le terme de ce qui n'est point encore dû. Elle est *obligée*, dans le cas où les demandes n'appartiennent pas à la même juridiction.

Cette règle générale, qui prohibe la preuve par témoins de toutes choses excédant une certaine somme ou une certaine valeur, doit naturellement, eu égard aux phases diverses

(1) Rodier, sur l'article 6 du titre 20 de l'ordonnance de 1667.

ART. de son application, admettre plusieurs exceptions. La plus remarquable est celle que produit *le commencement de preuve par écrit*. « On appelle ainsi tout acte par écrit qui est émané de celui contre lequel la demande est formée, ou de celui qu'il représente, et qui rend vraisemblable le fait allégué (1). »

L'ordonnance de Moulins n'en avait point parlé. Il y était dit seulement qu'elle n'entendait pas exclure les preuves des conventions particulières et autres qui seraient faites par les parties sous leurs seings, sceaux et écritures privées ; d'où l'on concluait qu'il était permis d'amener des témoins, en aide d'une écriture privée, *in coadjuvationem scripturæ*, lorsqu'elle ne formait pas par elle-même une preuve suffisante ; et comme l'ordonnance était taxée d'une exorbitante rigueur, il semblait à quelques-uns que, pour l'adoucir, tous prétextes devaient être légitimes. Une écriture quelconque de quelque main qu'elle fût, une ombre de rapport avec la chose litigieuse, c'était assez, et la preuve testimoniale était admise : *Si autem aliqua scriptura*, QUALISCUMQUE *fuerit*, *jam adminiculata sit*

(1) Code civil, art. 1347.

pactis, tametsi aliquibus testibus sit aliquandò juvata, princeps hanc probationem recipit, propter juris præsumptionem quæ pro scripturâ stare videtur (1). Mornac était encore plus facile; il ne demandait que tant soit peu d'écriture, pour donner accès aux témoins : *Si vel tantillùm scripto cui fides adhibeatur de re controversâ constiteret* (2). Mais rien ne peut être comparé, sur ce point, à la doctrine de Henrys, ce jurisconsulte qui, dans son temps, fut en si grand renom, que les biographes ont dit que ses décisions étaient reçues comme des lois. Il discutait le point de savoir si un mari n'ayant reconnu ni par contrat de mariage, ni par testament, ni par aucun autre acte, que sa femme lui eut apporté un trousseau, celle-ci aurait la faculté de prouver par témoins la réalité et la valeur de son apport. « Il semble, dit l'auteur, qu'en France, où la preuve testimoniale n'est pas admise au-dessus de cent livres, la femme ou ses héritiers ne doivent point être reçus à faire cette preuve de l'apport du trousseau. Cependant je crois que la preuve par témoins est recevable en semblable cas,

ART.

(1) Boiceau, part. 2, cap. 1.

(2) *Ad legem* 9, § 3, *ff. de rebus creditis*.

ART. parce qu'il ne s'agit pas d'une somme, mais d'un fait; surtout si les linges et les hardes sont marqués de sa marque, *parce que la marque est une espèce d'écriture qui tient lieu d'un commencement de preuve par écrit.* » Notez que cette marque fut presque toujours l'ouvrage de la femme elle-même. Ce n'était pas la peine d'envoyer des députés aux états de Moulins, s'ils ne devaient en rapporter que de pareils amendements.

D'autres enseignaient qu'une convention écrite de la main d'un tiers était apposable à la personne qui paraissait y être obligée, que c'était un adminicule qui pouvait être renforcé et complété avec des témoins, en leur faisant dire que la convention avait été écrite par l'ordre de cette personne, quoiqu'elle ne l'eût point signée.

Cependant Théveneau, sur ces mots *écritures privées* de l'ordonnance de Moulins, répondait qu'il ne les fallait entendre que des écritures des parties et non d'autres. « Autrement, ajoutait-il, ce serait un moyen d'éluder la loi; il serait facile de faire écrire quelque chose par une main étrangère, et d'avoir des témoins qui déposeraient que le tiers a écrit par exprès commandement de la partie, ce qui entraînerait de très-dangereuses conséquences, et principalement au siècle où nous vivons. » ART.

Avant que dans aucun texte il eût été question de *commencement de preuve par écrit*, Chassanée l'avait mis en action devant le parlement de Paris. C'est encore aujourd'hui l'idée la plus nette, la plus juste et la plus saisissante qui puisse en être donnée, et le type de tous les exemples qui peuvent être imaginés. Un particulier avait déposé une somme d'argent entre les mains d'un autre; celui-ci, se trouvant en demeure de restituer, écrivit au premier *qu'il le satisferait sur ce qu'il savait;* plus tard il nia le dépôt. Un procès s'ensuivit. Chassanée plaidait pour le demandeur qui n'avait d'autre preuve en main que les mots dont je viens de parler, lesquels ne disaient rien ni de dépôt ni d'argent. Cependant une lueur d'obligation sortait des termes vagues et indéfinis de cette lettre. Il était certain que celui qui l'avait écrite s'était engagé envers la personne à qui elle était adressée, soit à payer quelque somme, soit à faire quelque chose. Il n'expliquait point la cause et la nature de la satisfaction promise, et on pouvait présumer qu'il avait affecté de s'envelopper ainsi, dans le double but d'en-

ART. dormir le créancier et de ne pas avouer la dette : toutes ces circonstances rendaient vraisemblable le fait du dépôt, et la lettre formait ce commencement de preuve qui porte à croire, et laisse douter encore : *Suspicio quæ animum judicis aliquo argumento in aliquam partem inclinat, etsi non omnem excludat dubitationem* (1). C'était donc le cas d'admettre la voix des témoins, afin de parfaire la preuve de l'écrit. Chassanée gagna sa cause (2).

Cette exception à la règle prohibitive de la preuve testimoniale fut, pour la première fois, érigée en disposition législative par l'ordonnance de 1667 (3); mais ses rédacteurs eurent le tort de ne pas définir ce qui devait constituer un commencement de preuve par écrit.

(1) Bartolle, *Ad legem* 31, *ff. de jurejurando*.

(2) *Si aliqua ex scripto adminicula suppetant, possunt testibus argumenta confirmari. Et ità ex senatusconsulto parisiensi, agente me, cùm pars cui aderam depositum certæ pecuniæ repeteret, et solam epistolam adversarii proferret, quâ significaverat* SE SATISFACTURUM IN HIS QUÆ SCIRET, *nec debiti mentionem fecisset, aut causam ullam vel summam demonstrasset; evici hujus scripturæ tenorem sufficere ut de cætero posset testibus intentio firmari.* (Chassanée, *Ad leg.* 2, *Cod. de testibus.*)

(3) Titre 20, article 3.

Les commentateurs les plus accrédités s'accordèrent bien à dire qu'il ne pouvait y avoir ni preuve, ni ébauche de preuve, dans un écrit qui ne serait pas émané de la partie contre laquelle la demande avait été formée; que l'écrit d'un tiers ne valait que ce que vaudrait la déposition d'un témoin, et qu'il serait trop dangereusement facile d'éluder l'ordonnance, s'il suffisait de faire écrire par le premier venu quelques lignes relatives à une convention, pour être admis, en définitive, à la prouver avec l'aide de quelques témoins. Toutefois, la *qualiscumque scriptura* de Boiceau et le *tantillum scripturæ* de Mornac conservèrent de nombreux partisans. Comme l'ordonnance de Charles IX, celle de Louis XIV fut expliquée en haine de son esprit, et l'expérience vint répéter aux législateurs qu'il faut définir les termes, sous peine d'être livré aux subtilités des génies inventifs, et de subir l'interprétative barbarie des préjugés, de l'ignorance ou de la mauvaise foi. ART.

Ce conseil a été suivi dans la rédaction de l'article 1347 du Code civil.

La loi nouvelle était à peine promulguée, que l'ancienne jurisprudence reparut avec ses élastiques ambiguïtés.

ART. Il s'agissait de savoir si plusieurs individus avaient fait, en l'an II, une convention pour acquérir en commun, sous le nom de l'un d'eux, un domaine national et le partager ensuite. L'adjudicataire soutenait qu'il avait acquis pour lui seul, et demandait le délaissement à son profit de certaines portions dont les prétendus associés s'étaient mis en possession, et qui, suivant eux, leur étaient échues par l'effet du partage. Il n'y avait point d'acte de société, point d'acte de partage, mais les défendeurs exhibaient des quittances constatant qu'ils avaient versé dans la caisse nationale le prix de leurs lots, et qu'ils en avaient acquitté les impositions foncières. Ils disaient que ces quittances formaient le commencement d'une preuve par écrit, et, pour la compléter, ils offraient de faire entendre des témoins.

Ces offres, auxquelles le tribunal de première instance ne s'arrêta point, furent accueillies par la Cour d'appel.

Il y eut pourvoi en cassation. Le principal moyen était tiré de la violation de l'article 1347 du Code civil, et fondé sur ce que les écrits opposés au demandeur, n'étant pas émanés de lui, ne formaient point un commencement de preuve. On répondait que le Code civil n'existait pas à l'époque de la convention alléguée, et que l'ordonnance de 1667, qui subsistait alors dans toute sa vigueur, n'avait pu être violée, puisqu'elle ne déterminait rien touchant l'origine, la nature, la suffisance et l'efficacité d'un écrit où l'on voulait faire poindre un commencement de preuve. ART.

Véritablement, ce n'était point le Code civil qu'il fallait appliquer, si l'on ne convenait pas qu'il dût être considéré comme la plus saine et la plus légale interprétation de l'ordonnance. En effet, deux choses sont à distinguer en matière de preuves : l'admissibilité du mode, et la forme de procéder après que cette admissibilité a été jugée. La question du mode, celle de savoir, par exemple, si la loi permet, dans tel ou tel cas, de recourir à la preuve testimoniale, appartient au fond du droit; c'est un de ces points que les jurisconsultes appellent *decisoria litis*, et qui doivent être résolus suivant la loi du temps où se sont passés les faits générateurs de l'instance. Mais lorsque l'enquête a été ordonnée, on suit, pour la faire, la loi du temps où l'action s'exerce, parce qu'il ne s'agit plus que des formes et de l'instruction de la procédure,

ART. *ordinatoria litis*. « Tout ce qui touche à l'instruction des affaires, tant qu'elles ne sont pas terminées, se règle d'après les formes nouvelles, sans blesser le principe de la non-rétroactivité que l'on n'a jamais appliqué qu'au fond du droit (1). »

(1) Voyez l'arrêté des consuls du 5 fructidor an IX.

C'est par le même principe que se résout la difficulté de savoir si la règle prohibitive de la preuve testimoniale doit être appliquée chez nous entre étrangers. « Quand il s'agit du style et de la procédure, disait Danty, il faut se conduire suivant la coutume et les lois du pays où le procès est pendant : mais lorsqu'il s'agit du fond et de ce qui est décisif de la contestation, on suit la règle du pays où l'acte a été passé. C'est pourquoi il a été jugé, par deux arrêts que rapporte Brodeau sur Louet, lettre C, n° 42, que la preuve par témoins devait être admise entre deux Anglais plaidant en France, touchant un contrat qu'ils avaient passé en Angleterre, où le droit écrit est suivi. Ainsi on a jugé que l'ordonnance de Moulins ne concerne pas seulement l'instruction de la procédure, mais qu'elle regarde le fond de la contestation.

» Au contraire, si la convention a été passée en France entre deux étrangers, et que le procès y soit pendant, la preuve par témoins n'y doit pas être admise, par la même raison qui veut que ceux qui contractent soient censés contracter suivant les lois du pays où le contrat se passe. »

C'était donc aux dispositions de l'ordonnance qu'on était obligé de remonter, pour juger s'il y avait eu violation expresse de la loi dans l'appréciation que la Cour d'appel avait faite des quittances produites, en les considérant comme des commencements de preuve par écrit. ART.

Le pourvoi fut rejeté :

« Attendu que le mode de preuve d'une convention ne tient pas à la forme de procéder; qu'il se rattache essentiellement au fond; que c'est conséquemment la loi du temps où les parties reportent cette convention, qu'il faut consulter pour l'admission de la preuve offerte ;

» Que si, comme dans l'espèce, la convention alléguée se reporte à une époque à laquelle l'ordonnance de 1667 était en vigueur, c'est l'article 3 du titre 20 de cette ordonnance qui doit être pris pour règle du jugement à prononcer ;

» Que l'ordonnance, en l'article cité, autorisait la preuve par témoins, lorsqu'il y avait un commencement de preuve par écrit, sans donner aucune définition de ce qui devait être entendu par commencement de preuve par

ART. écrit, ce qu'elle avait dès lors laissé à la prudence des magistrats ;

» Que la Cour d'appel de Nîmes, en jugeant, *dans le cas particulier*, que les pièces produites constituaient un commencement de preuve par écrit, ne pouvait dès lors avoir violé aucune loi, en admettant sur ce motif la preuve vocale qui était offerte (1). »

J'ai cité cet arrêt, parce qu'il me fournissait l'occasion de signaler une distinction importante pour l'application des lois, et surtout parce que sa pensée n'a pas été bien comprise. On s'en est servi, ou plutôt on en a abusé, pour décider qu'il était encore permis, par rapport à des faits antérieurs au Code civil, de considérer comme un commencement de preuve l'écrit d'une personne étrangère au procès. Oui, cela est permis, tout autant qu'il est permis de mal juger ; car le *mal jugé* peut échapper à la cassation (2).

L'ordonnance de 1667 n'avait point donné la définition de ce qu'on devait entendre par un *commencement de preuve par écrit*. A cet égard

(1) Sirey, 11—1—269.

(2) Voyez le chapitre 17 de l'Introduction.

deux opinions se combattaient. Le Code civil a consacré par un texte précis celle qui n'admettait, pour valoir comme commencement de preuve, que l'écrit émané de la partie contre laquelle la demande était formée. Or cette préférence, qui intervient et qui interprète, n'est-elle pas une meilleure et plus sûre autorité que celle des commentateurs qui s'agitaient en sens contraire dans un vide qui se trouve aujourd'hui comblé ? Est-ce bien juger que de ranimer une dispute à laquelle les législateurs modernes ont ôté tout prétexte raisonnable ? Est-ce bien juger que de caresser les abus de la preuve testimoniale, et de supposer que l'ordonnance qui les a proscrits ait voulu les favoriser ? ART.

La preuve est mixte quand des témoins sont admis *in coadjuvationem scripturæ*, pour achever ce que l'écrit a commencé. Mais si l'écrit n'est pas émané de la partie à qui vous l'opposez, il ne peut valoir contre elle ni comme preuve, ni comme semi-preuve, ni comme la moindre fraction de preuve écrite. Ce n'est plus qu'une déposition de témoin rédigée par avance, et la preuve devient toute testimoniale, malgré la prohibition de la loi.

ART. La Cour suprême a toujours rejeté les pourvois formés contre des arrêts auxquels on reprochait d'avoir jugé quelque vieille question dans le sens adopté par le Code civil, et contrairement à des opinions d'autrefois. De même il est sans exemple qu'un arrêt ait été cassé pour avoir suivi tel système sur des points d'ancienne controverse, quoique le Code civil eût adopté déjà le système opposé.

C'est qu'il peut y avoir erreur, défaut d'intelligence, mauvais jugement, mais point de violation de loi, là où il n'y avait pas caractère de loi au moment où le droit litigieux s'est formé.

Telle est toute la portée de l'arrêt de rejet que je viens de rapporter.

Cependant on objectera qu'une copie de titre, qui n'est point émanée de la personne à qui on l'oppose, peut, en certain cas, servir de commencement de preuve par écrit. Ceci demande explication.

Observez d'abord qu'il n'y a guère de difficultés sérieuses à prévoir, lorsque le titre original subsiste, car la copie ne fera foi que de ce qu'il contient (1).

(1) Code civil, art. 1334.

Il faut donc supposer que le titre orignal est perdu. Art.

Dans cette hypothèse, la grosse ou première expédition en tient lieu. Les autres copies tirées par l'autorité du juge, parties présentes ou dûment appelées, et celles qui ont été faites sans autorité du juge, mais en présence des parties, ou de leur consentement, ont la même force probante. On présume que les intéressés sont tacitement convenus de s'en rapporter à ces copies comme à l'original; elles sont comme émanées d'eux.

Celles faites sur la minute d'un acte par le notaire qui l'a reçu, ou par l'un de ses successeurs, depuis la délivrance de la grosse, et sans l'autorité du magistrat, ou sans le consentement des parties, font foi quand elles sont anciennes, c'est-à-dire quand elles ont plus de trente ans, parce qu'elles énoncent qu'il y a eu un original en bonne forme, et parce que *in antiquis enuntiativa probant* (1).

Mais, comme a dit Dumoulin, *non sufficeret originale fuisse antiquum si exemplum esset recens*. Une copie faite comme ci-dessus, depuis moins de trente ans, ne pourrait servir

(1) Pothier, *Traité des Obligations*, n° 737.

ART. que de commencement de preuve par écrit (1). Voici la raison que Pothier en donne : « C'est que cette copie prouve bien qu'il y a eu un original sur lequel elle a été tirée ; néanmoins, n'ayant point été tirée avec moi, elle ne prouve point contre moi que l'original, qu'on ne représente pas, avait tous les caractères requis pour faire foi : elle ne prouve point que ma signature, qu'on dit dans cette copie s'être trouvée au bas de l'original, fût effectivement ma signature. Il est vrai que c'est le notaire qui a reçu la minute et qui m'a vu la signer, qui l'atteste; mais un notaire ne peut attester que ce qu'il est requis d'attester par les parties ; *non potest testari nisi de eo de quo rogatur à partibus* (2); il ne peut certifier que ce qu'il voit et entend *propriis sensibus*, au temps qu'il le certifie. Or, au temps qu'il a fait cette copie, il voyait seulement qu'il y avait un original, mais il ne me voyait pas le signer; il n'était point requis par moi d'attester qu'il y eût un original en règle véritablement signé de moi, sur lequel il ait tiré la copie, puisqu'on la suppose tirée en mon

(1) Code civil, art. 1335, n° 2.

(2) Dumoulin.

absence ; et par conséquent il n'a pu donner à cette copie la foi de l'original (1). » Cela n'est point exempt de quelque subtilité. Art.

Je comprends mieux l'insuffisance d'une copie, lorsqu'elle n'a pas été tirée par le notaire qui a reçu l'acte, ou par un de ses successeurs, ou par un officier public, qui en cette qualité se trouve dépositaire de la minute : par exemple, si j'ai fait faire et certifier par un notaire de Poitiers la copie d'une procuration passée en brevet de Paris. Cette copie ne vaudra point comme preuve, mais tout au plus comme commencement de preuve (2).

Il est certain que ces dispositions restent en dehors de la définition donnée par l'art. 1347 du Code civil, si l'on admet, avec M. Toullier, qu'une copie puisse servir de commencement de preuve, sans qu'il soit nécessaire de supposer que l'acte copié était émané de la partie contre laquelle la demande est formée. « Les articles 1335 et 1336 n'exigent point une pareille condition, a dit le savant professeur, et nous ne devons point faire une distinction qui n'est pas dans la loi (3). »

(1) *Traité des Oblig.*, n° 736.

(2) Code civil, art. 1335, n° 3.

(3) Tome 8, n° 433, et tome 9, n° 71.

ART. Cette autorité est bien imposante, mais il est difficile de croire que le législateur ait voulu tacitement et par avance déroger au principe que, dans le même chapitre, il allait poser pour tous les écrits. Ce n'est point une distinction que je fais, c'est l'application d'un texte conçu dans les termes les plus généraux; c'est la conséquence toute naturelle d'une définition nettement exprimée, en vue de mettre fin à de vieilles controverses; c'est enfin le corollaire obligé des articles 1319 et 1322 : les écrits privés, de même que les écrits authentiques, ne font foi de ce qu'ils contiennent qu'entre les parties contractantes, leurs héritiers ou ayant-cause. Une copie n'est pas rejetée de prime abord, parce que le dol et la fausseté ne se présument pas; mais cette présomption de sincérité ne peut équivaloir à la preuve entière qui jaillirait de l'original, s'il était produit : voilà pourquoi la copie ne forme contre la personne à qui elle est opposée qu'un reflet d'émanation, un commencement de preuve, jusqu'à ce que la vive voix des témoins, ou d'autres présomptions graves, précises et concordantes, viennent la compléter (1).

(1) Code civil, art. 1353.

La transcription d'un acte, c'est-à-dire la copie littérale qui, dans certains cas, doit être étendue en entier sur les registres publics à ce destinés (1), ne peut également servir que de commencement de preuve. Il faut même, pour cela, 1° qu'il soit constant que toutes les minutes du notaire, de l'année dans laquelle l'acte paraît avoir été fait, soient perdues, ou que l'on prouve que la perte de la minute de cet acte a été causée par un accident particulier ; 2° qu'il existe un répertoire en règle du notaire qui constate que l'acte a été fait à la même date. Et lorsqu'au moyen du concours de ces deux circonstances, la preuve testimoniale est admise, il est nécessaire que ceux qui ont été témoins de l'acte soient entendus (2). ART.

Cette combinaison a été prise dans le *Traite des Obligations* de Pothier (3), qui l'avait très-sagement imaginée pour mettre d'accord Boiceau et son commentateur (4). Elle se rapporte moins aux dispositions qui concernent

(1) Code civil, art. 2181.

(2) Code civil, art. 1336.

(3) N° 738.

(4) Voyez le *Traité de la Preuve*, etc., partie 1re, chapitre 11, et les additions de Danty sur ce chapitre.

ART. le commencement de preuve par écrit, qu'à celles qui exceptent de la prohibition de la preuve par témoins le cas où le créancier a perdu son tre par suite d'une force majeure, ou d'un événement fortuit, imprévu. J'en parlerai bientôt.

C'était, dans l'ancien droit, une grande question que celle de savoir si le livre d'un marchand fait preuve, contre une personne non marchande, des fournitures qui y sont portées. « Lorsque le marchand est connu pour homme loyal et probe, *quem vocamus liberalem aut legalem*, disait Dumoulin, quoique son livre ne fasse pas une preuve entière, *ni même une demi-preuve*, néanmoins il en résulte une présomption qui suffit pour faire recevoir son serment : *quia rationes ejus, quamvìs non ad plenam probationem, nec omninò semi-plenam inducant, tamen adferunt aliquam præsumptionem ex quâ possit ei deferri juramentum, ità ut per se rationes probent* (1). » Cette doctrine, antérieure à l'ordonnance de Charles IX, a été répétée par Pothier, puis érigée en loi par les rédacteurs du Code civil (2). Je l'ai déjà dit : une mauvaise inter-

(1) Ad lib. 4 Cod.

(2) Art. 1329.

prétation de quelque texte du droit romain, puissamment favorisée par les habitudes du droit canonique, avait enraciné chez nous l'usage du serment supplétif. C'est un désaccord de systèmes que de l'avoir conservé dans la loi nouvelle. Ici, l'on se défie du témoignage des hommes, au point de ne pas admettre la déposition du témoin le plus irréprochable quand il s'agit d'une valeur excédant 150 francs; et là, dans toutes les affaires, on autorise les juges à juger par la bouche d'une partie, qui rarement aura assez de vergogne pour se condamner elle-même! *Iniquum est aliquem suæ rei judicem fieri* (1). Cependant, et comme s'il eût voulu démontrer mieux les vices de ce *jus vagum*, M. Toullier en a poussé les conséquences jusqu'à cette extrémité : « Si la loi permet expressément de déférer au marchand demandeur le serment supplétif, à l'appui de ses livres, lorsqu'il existe en leur faveur vraisemblance et présomption de bonne foi, nous pouvons en conclure qu'elle permet implicitement, par une raison *à fortiori*, l'admission de la preuve ART.

(1) *L. 7, ff. de Judiciis.* Voyez mon 2e volume, pag. 498.

ART. testimoniale *in coadjuvationem scripturæ*; car admettre le témoignage du demandeur ou son serment, pour décision dans sa propre cause, c'est infiniment plus que de lui permettre d'invoquer le témoignage de personnes désintéressées, témoignage qui ne lie point les juges, et qui peut d'ailleurs être balancé par les témoins que le défendeur peut toujours faire entendre. En permettant le plus, la loi est toujours censée permettre le moins : *Non debet cui plùs licet quod minùs est non licere* (1). » A ce compte, les juges ayant toujours la faculté de déférer *d'office* le serment à l'une des parties, quelle que soit la valeur du litige, il s'ensuivrait qu'ils sont toujours autorisés à ordonner, *même d'office*, que des témoins seront entendus, en vertu de l'axiome : *qui peut le plus, peut le moins*. Ainsi disparaissent les règles prohibitives de la preuve testimoniale ; ainsi le commencement de preuve, s'il en est encore besoin, peut sourdre non-seulement d'un écrit émané d'une autre personne que celle contre qui la demande est formée, mais d'un écrit émané de celle-là même qui a formé la demande ; ainsi les lois s'en vont.

(1) Tome 9, n° 70, *in fine*.

Rien ne doit être abandonné à la discrétion des tribunaux, pour l'idonéité de l'écrit d'où l'on veut tirer un commencement de preuve, si ce n'est l'aperçu de ses rapports avec le fait allégué. Le Code n'a pu tarifer les quantités positives ou négatives de la vraisemblance. ART.

Il n'est pas toujours nécessaire qu'un écrit ait été tracé ou signé par la main d'une personne, pour que l'on dise qu'il est *émané* d'elle. Concluez de cette distinction que les clauses d'un acte authentique, les dires consignés en un procès-verbal de bureau de paix ou d'une opération judiciaire, les réponses à un interrogatoire sur faits et articles (1), les requêtes, les mémoires, peuvent servir de commencement de preuve contre ceux qui ont comparu, répondu, ou au nom de qui les significations ont été faites, quoique toutes ces sortes d'écrits ne soient pas de leur main, et lors même qu'ils ne sauraient écrire ni signer.

Je n'ai jamais douté qu'une écriture qui n'est ni déniée ni méconnue, et qui contient des énonciations propres à rendre vraisemblable le fait allégué, ne fût un commencement de preuve selon la loi, quand bien même

(1) Voyez ci-après, chap. 26.

ART. on aurait dû y ajouter quelque forme de plus, pour lui donner la valeur d'une preuve complète : tel un billet non entièrement écrit de la main qui l'a signé, et sur lequel ne se trouve pas l'approbation de la somme en toutes lettres ; tel encore un acte synallagmatique qui ne porte pas la mention qu'il a été fait double. Il n'y a plus rien à dire sur ce point, depuis la réfutation que M. Toullier a faite de l'opinion contraire de M. Duranton (1). Les fluctuations de la jurisprudence ont cessé, elle tend à consacrer le système du professeur de Rennes.

La Cour de cassation a jugé avec grande raison qu'un acte privé dont l'écriture est déniée ou méconnue ne peut servir de commencement de preuve (2). C'est une observation que Danty n'avait pas manqué de faire (3). M. Toullier l'a combattue, *propter præsumptionem juris quæ pro scripturâ stare videtur* (4). Ces mots de Boiceau qu'il a invoqués, n'ont aucun trait à ce côté de la question. La pré-

(1) Voyez M. Toullier, n°s 81 et 82.

(2) Sirey, 6—1—183.

(3) *Additions au chap.* 1er *du Comment. de Boiceau*, 2e *partie*, n° 1er.

(4) Tom. 9, n° 64.

somption qui revêt un écrit de l'apparence d'une preuve, lorsqu'il est émané de la personne contre laquelle la demande est formée, se subordonne nécessairement à l'existence d'une cause première, à la réalité, à la vérité de l'écrit. Si cet écrit est faux, il n'y aura plus rien d'apparent, de commencé, plus d'émanation, plus de présomption. Il faut que la cause soit vérifiée, avant de calculer la portée de l'effet. ART.

La loi défend la preuve testimoniale, parce qu'elle veut que l'on passe des actes ; elle ne la défend plus, toutes les fois qu'il n'a pas été possible d'avoir *facilement* une preuve littérale. C'est l'expression de Pothier; elle indique très-bien qu'il ne s'agit ici que d'une impossibilité morale, d'une grande difficulté locale ou momentanée, d'un grand embarras de se procurer un écrit.

Le Code civil en donne les exemples suivants :

1° L'obligation qui naît d'un quasi-contrat : quelqu'un, en mon absence, et sans que j'y aie consenti, a fait valoir mes terres ; il en a recueilli les fruits et les a vendus. Il me doit rendre compte de cette administration.

ART. S'il dénie, quelle autre preuve pourrais-je avoir contre lui, que la déposition des témoins qui l'ont vu cultiver et recueillir, puisque je n'y étais pas? Ou bien je demande réparation d'un délit, d'un quasi-délit : certes, il y aura impunité, s'il ne m'est pas permis d'amener devant la justice les témoins du fait; car, d'ordinaire, les gens n'annoncent point par des écrits les méchantes actions, les soustractions, les fraudes, les simulations et les dommages qu'ils se proposent de commettre (1).

2° Les dépôts nécessaires faits en cas d'incendie, ruine, tumulte et naufrage : *In his enim locus vel tempus non patitur plenius deliberandi consilium* (2). Chenu rapporte un arrêt du mois d'août 1573, qui, nonobstant la prohibition de l'ordonnance de Moulins, permit aux enfants d'un huguenot, tué à la Saint-Barthélemy, de prouver par témoins le dépôt que leur père avait fait, le jour même du massacre, entre les mains d'un homme qui le niait. *Meritò has causas deponendi separavit prætor, quæ contineat for-*

(1) Art. 1348, n° 1.
(2) *L. 1, ff. de Exercitoria actione.*

tuitam causam depositionis ex necessitate descendentem, non ex voluntate proficiscentem... Hæc autem separatio justam rationem habet, cùm verò extante necessitate deponitur, crescit perfidiæ crimen et publica utilitas coercenda est, vindicandæ reipublicæ causâ (1). C'est une espèce de dépôt nécessaire que celui fait par un voyageur en logeant dans une hôtellerie (2). La nécessité de s'en rapporter à la bonne foi des hôtes est considérée comme une autre impossibilité de preuve littérale : *Necesse est plerumquè eorum fidem sequi et res eorum custodiæ committere* (3). Toutefois, la preuve testimoniale ne doit être reçue, en ce cas, qu'avec une sage réserve, *suivant la qualité des personnes et les circonstances du fait*. Supposez qu'un aventurier, mal famé, ou mal aisé, vienne prétendre qu'il a porté chez son hôte de l'argent ou des effets d'une valeur considérable, on ne permettra point à cet homme d'amener des témoins qui pourraient s'entendre avec lui pour ruiner un hon- Art.

(1) *L.* 1, § 2 *et* 4, *ff. Depositi.*

(2) Art. 1348, n° 2.

(3) *L.* 1, § 1, *ff. Nautæ, caupones, stabularii, ut recepta restituant.*

ART. nête aubergiste (1). Le Code dit : *les dépôts faits par un voyageur* EN LOGEANT *dans une hôtellerie*; d'où il suit que si vous allez déposer de l'argent ou des marchandises chez un hôtelier de la ville que vous habitez, sans prendre de lui une reconnaissance, vous ne serez pas admis à prouver ce dépôt par témoins, car c'était un dépôt ordinaire, vous n'y étiez point astreint par la nécessité, et vous devez vous imputer votre défaut de précaution. Ce fut ainsi jugé par arrêt du 21 mai 1594 (2.)

3° « Les obligations contractées en cas d'accidents imprévus, où l'on ne pourrait pas avoir fait des actes par écrit (3). » Cette disposition est un dédoublement de l'article 3, titre 20 de l'ordonnance de 1667 : « N'entendons exclure la preuve par témoins pour dépôts nécessaires en cas d'incendie, ruine, tumulte et naufrage, NI *en cas d'accidents imprévus où on ne pourrait avoir fait des actes.* » La rédaction était un peu confuse, elle n'était pas élégante; mais, à mon sens, c'était comme

(1) Voyez Rodier, sur l'article 4, titre 20 de l'ordonnance de 1667.

(2) Chenu, *Centurie*, 1, *quest. dernière.*

(3) Art. 1348, n° 3.

si l'on eût dit : N'entendons pas non plus exclure la preuve par témoins, en cas d'accidents imprévus, etc. Danty ne l'avait pas compris autrement; après avoir parlé des exceptions relatives aux dépôts nécessaires et aux choses apportées dans une hôtellerie, il ajoutait : « L'ordonnance de 1667 excepte *aussi, en général*, tous les cas d'accidents imprévus auxquels on ne pourrait avoir fait des actes, ce que celle de Moulins n'avait point expliqué (1). » Cependant M. Toullier a beaucoup exalté le paragraphe 3 de l'article 1348 du Code civil; il l'a considéré comme une précieuse innovation, comme la réparation merveilleuse d'un fâcheux oubli. Je crois qu'il y a erreur dans cette distribution d'éloges et de blâme, et que l'ordonnance avait également pourvu à toutes les difficultés et à toutes les exigences des preuves, pour les dépôts confiés, comme pour les obligations contractées dans les cas de nécessité et d'événements imprévus, quels qu'ils fussent, heureux ou malheureux. ART.

Ainsi, je trouve, en voyageant sur un chemin peu fréquenté, et loin de toute habitation, un homme que je connais; il est presque nu,

(1) *Observ. générales sur la preuve par témoins*, p. 12, nº 20.

ART. des voleurs viennent de le dépouiller. J'ouvre ma bourse, et je lui prête ce qu'il lui faut d'argent pour se vêtir et continuer sa route. Nous n'avions là ni plume, ni encre, ni papier. Cet homme meurt, et ses héritiers refusent de reconnaître cette dette sacrée, parce que je n'en ai pas la preuve écrite. Ne devrai-je pas être admis à prouver le prêt par le témoignage des personnes qui m'accompagnaient, ou de celles qui en ont recueilli l'aveu de la bouche de l'emprunteur? Sans aucun doute, a dit M. Toullier (1); et je pense de même. Mais cette justice m'aurait été tout aussi bien assurée par l'ancienne que par la nouvelle loi.

4° La perte d'un titre par suite d'un cas fortuit, imprévu et résultant d'une force majeure. « La même raison qui oblige à recevoir la preuve testimoniale des faits dont la partie qui les allègue n'a pu se procurer un acte, oblige aussi d'admettre à cette preuve celui qui, par un cas fortuit et imprévu, a perdu le titre qui lui servait de preuve littérale...

» Mais, pour que le juge puisse admettre la preuve par témoins, il faut que le cas for-

(1) Tom. 9, n° 199.

tuit qui a donné lieu à la perte de titres soit constant. Par exemple, il faut qu'il soit reconnu, ou que je sois en état de prouver que ma maison a été incendiée ou pillée, pour que je puisse être reçu particulièrement à la preuve testimoniale des prêts d'argent, ou des paiements dont je prétends avoir perdu les billets ou les quittances dans l'incendie ou le pillage de ma maison. ART.

» Si celui qui demande à faire la preuve testimoniale allègue seulement qu'il a perdu ses titres, sans qu'il y ait aucun fait de force majeure constaté, par lequel la perte serait arrivée, il n'y peut être reçu. Autrement l'ordonnance qui défend la preuve par témoins, pour prévenir les subornations, deviendrait illusoire; car il ne serait pas plus difficile à quelqu'un qui voudrait prouver par témoins quelque prêt ou quelque paiement qu'il n'aurait pas fait, de suborner des gens qui déposeraient qu'ils ont vu entre ses mains des obligations ou des quittances, comme d'en suborner qui diraient qu'ils ont vu compter l'argent (1). »

C'est le résumé de la législation de tous les

(1) Pothier, *Traité des Oblig.*, n° 781.

ART. âges et de tous les pays. *Actorum namque interitu veritas convelli non solet.* Voyez les titres du Digeste et du Code *de Fide instrumentorum et amissione eorum.* Il y avait une formule de Marculfe dans laquelle on disait : *Dùm instrumenta cremata esse cognovimus, per hunc præceptum plenius Din ei nomine circà eum suffultum atque confirmatum absque ullius inquietudine, vel refragatione teneat et possideat.* Les lettres que le prince octroyait, en pareil cas, *post inquisitionem*, s'appelaient *præcepta de chartis combustis* (1).

Comment se doit faire cette preuve? Faut-il que les témoins déposent qu'ils étaient présents lorsque le titre a été pris, ou brûlé, ou déchiré? Boiceau répond à ces questions : « Il n'est pas nécessaire que les témoins déposent précisément et par détail de la manière en laquelle la perte est arrivée; mais il suffira qu'ils affirment avoir autrefois vu le titre, et qu'ils en ont lu ou entendu lire le contenu, *se olim vidisse instrumentum et ejus tenorem legisse, audivisse, aut percepisse;* qu'ils savent l'endroit où le propriétaire de ce titre avait coutume de placer ses papiers, *scire quo loco*

(1) Liv. 1er *des Formules*, chap. 33, et les notes de M. Bignon sur ce chapitre.

dominus instrumenti omnia sua instrumenta condere solebat ; et que depuis ils ont vu la maison périr par un incendie, ou qu'ils l'ont vu piller par des gens de guerre ou des voleurs ; que l'endroit où étaient les papiers n'a point été épargné, qu'il a été brûlé, ou forcé, etc. ; *locumque instrumentorum effractum ; et instrumenta capta, fracta, dispersa, aut flammis tradita* (1). » On n'a rien écrit de mieux ni sur les ordonnances, ni sur le Code. ART.

En matière commerciale, les juges ont conservé le privilége de pouvoir admettre la preuve testimoniale, quelle que soit la valeur du litige, et sans qu'il soit besoin d'un commencement de preuve par écrit.

M. de Lamoignon disait dans la conférence tenue pour l'examen du titre 20 de l'ordonnance : « A l'égard de l'exception que l'on fait pour les juges consuls, encore que l'article ne décide rien précisément (il renvoyait aux anciens usages), ils croiront avoir un titre qu'ils expliqueront en leur faveur ; on a toléré qu'ils aient reçu la preuve par témoins au-dessus de 100 livres, lorsqu'on a cru qu'ils

(1) Lib. 1, cap. 15, *in fine*.

Art. étaient aidés par quelques adminicules; mais il serait dangereux d'en faire un article de l'ordonnance, parce qu'ils en pourraient abuser.... Que ce qui était de meilleur en ce qui concernait cette juridiction, c'est que tant qu'elle en userait bien, elle se maintiendrait, et qu'elle ne saurait subsister en faisant mal. »

L'exception a été confirmée, et la juridiction subsiste.

Néanmoins, la faculté d'entendre des témoins cesse dans les tribunaux de commerce, pour certains cas où la loi exige des actes, comme pour les sociétés en commandite et collectives, les assurances, les contrats à la grosse, etc.

J'ai cru qu'il convenait d'exposer les principes du droit civil touchant la preuve testimoniale, avant d'aborder le système d'action qui va les animer et s'unir à leurs fins. La disposition de ces règles de détail et de ces formes d'application resterait incomprise, si l'on ne connaissait pas la pensée qui doit présider à leur mouvement, à leur accord. Quel motif trouveriez-vous, par exemple, à ce bref agencement de délais que la partie la plus diligente fait courir contre elle-même, et à la rigoureuse précision avec laquelle ils doivent être observés, si la loi ne vous avait pas dit d'avance tous ses soupçons, toutes ses craintes, et ses défiantes précautions contre l'influence des suggestions et les tentatives de subornation? C'est ce qui m'a fait entrer dans les explications préliminaires auxquelles je viens de me livrer. Il me fallait éclaircir mon horizon de procédure, et le purger de ces nuages de caprices et de préjugés, de ces milieux trompeurs où tant de réfractions différentes dénaturent les lignes et les formes. J'ai eu quelquefois la témérité de ne pas suivre les opinions de notre Pothier moderne; mais je me suis attaché à ce qui m'a paru le plus strictement conforme à l'intention de la loi, en dépit des interprétations ennemies que l'ordonnance de Moulins eut à subir. Je crois que la doctrine de M. Toullier incline trop, quelquefois, pour l'admissibilité de la preuve testimoniale; il n'en avait peut-être pas vu les abus de si près. ART.

Jusqu'à la publication du Code civil, les tribunaux de Genève avaient eu à faire l'application de deux systèmes opposés : l'un pour le pays de Gex où l'ordonnance de 1667

ART. était en vigueur, l'autre pour la Savoie où la preuve par témoins était admise sans aucune limite. « Il nous a été facile d'en comparer les résultats, disait M. Bellot (1), et de nous convaincre que rien ne contribue plus à favoriser l'esprit processif, à démoraliser plaideurs et témoins, que l'admission illimitée et l'usage trop fréquent de la preuve par témoins. »

Tout doit se lier et s'appuyer dans l'ordre général des lois. Le meilleur fruit de celles qui répandent aujourd'hui l'instruction, serait de faire observer plus sévèrement la prohibition de la preuve vocale, de rendre ses restrictions plus étroites et son emploi plus rare. C'est ainsi que les enquêtes *par turbes* furent abolies après la rédaction et la réformation des coutumes (2).

(1) *Exposé des motifs* de la loi de procédure pour le canton de Genève.

(2) Les enquêtes par turbes avaient lieu lorsqu'il s'agissait de vérifier une coutume non écrite, ou l'usage, le style d'une juridiction. Il fallait une troupe ou *turbe* de dix personnes pour représenter la déposition d'un témoin; par conséquent, l'enquête ne pouvait faire preuve, suivant le système du temps, si deux turbes au moins n'étaient pas amenées.

On distingue encore aujourd'hui deux sortes d'enquêtes : l'enquête par écrit et l'enquête verbale. ART.

Dans la première, le tribunal n'entend point les témoins; c'est un de ses membres, et quelquefois un magistrat étranger, qui reçoit les dépositions à huis clos, et c'est sur la lecture du procès-verbal où elles sont écrites, que le jugement est rendu. Celle-ci appartient à l'instruction ordinaire.

La seconde se fait à l'audience; la vive voix des témoins y frappe l'oreille des juges et du public. Celle-là appartient à l'instruction sommaire.

Ce chapitre est spécialement consacré aux règles de l'enquête par écrit.

La délégation d'un commissaire pour ouïr les témoins est d'un usage beaucoup plus ancien que le secret de leur audition. Ce ne furent point les effets d'une même cause; chacun de ces traits de nos vieilles mœurs judiciaires a sa source particulière.

Un capitulaire de l'année 829 prescrivait aux envoyés royaux, *missi dominici*, de choisir dans chaque comté les hommes les meilleurs et les plus sincères pour faire les enquêtes,

ART. rapporter la vérité des choses, et aider les comtes à rendre la justice : *Ut in omne comitatu hi qui meliores et veraciores inveniri possunt, eligantur à Missis nostris, ad inquisitiones faciendas et rei veritatem discendam ; et adjutores comitum sint ad justitias faciendas* (1). La même prescription se retrouvait dans les capitulaires de Charles le Chauve (2), et dans la loi des Lombards (3).

Pour les affaires des évêques, des abbés et des grands, qui se portaient à la cour du roi, le comte du palais faisait lui-même les enquêtes et venait rapporter au conseil ce qui lui en était apparu. Plus tard on nomma des commissaires particuliers, des auditeurs, qui furent chargés d'aller procéder, dans les provinces, aux enquêtes que la cour avait ordonnées. « Telles manières de gens qui sont baillies pour oir tesmoins sont appelés auditeurs, pour che que ils doivent oir che que les témoins diront, et fere escrire leur dit, et sceler de leurs sceaux, et rapporter le dit des tesmoins escrit et scélé en jugement par devant les jugeurs à qui la querelle appartient

(1) *Capitul. Ludovici Pii*, tit. 2, cap. 3.

(2) Tit. 45, cap. 11.

(3) Tit. 41, cap. 4.

à jugier (1). » Philippe le Long défendit aux auditeurs de mener avec eux un train trop considérable (2). ART.

Dans les causes des gens de petit état, *pauperum et minùs potentium*, que le comte palatin avait le pouvoir d'expédier seul (3), il déléguait à son tour des enquêteurs pour examiner et entendre les témoins.

Les enquêtes furent assez rares tant que subsista l'usage du combat; mais elles durent se multiplier à l'infini, après que saint Louis *eut mis prueve de tesmoins en lieu de bataille*.

Or, il arriva que les baillis, les prévôts et leurs lieutenants en vinrent à confier à leurs clercs ou à leurs familiers l'examen et l'audition des témoins, ce qui donna sujet à beaucoup de plaintes (4). Une réforme s'ensuivit. Les commissaires aux enquêtes furent choisis parmi les conseillers de la cour, et les magistrats furent partagés en deux classes, celle des

(1) Beaumanoir, chap. 40.

(2) Ordonn. du 17 novembre 1318, art. 8.

(3) *Nec ullus comes palatii nostri potentiorum causas sine nostrâ jussione præsumat; sed tantùm ad pauperum et minus potentium justitias faciendas sibi sciat esse vacandum. Capitul.*, lib. 3, cap. 77.

(4) Ordonn. du 25 février 1318, art. 11.

ART. *enquêteurs* ou *rapporteurs*, et celle des *regardeurs* ou *jugeurs*. Ce fut l'origine de la chambre des enquêtes dans les parlements. Philippe le Long voulût qu'il y eût deux chambres aux enquêtes, une pour délivrer toutes les enquêtes du temps passé, et l'autre pour délivrer celles qui se feraient à l'avenir (1). Le nombre de ces chambres a été successivement augmenté et réduit; il en existait trois au parlement de Paris, à l'époque de la révolution.

L'édit de Nantes avait créé des adjoints aux enquêtes. L'adjoint devait être de la religion réformée, quand le commissaire enquêteur était catholique, et catholique quand l'autre ne l'était pas. Ces adjoints, conservés par l'ordonnance de 1667, furent supprimés le 22 octobre 1685, par l'édit de révocation, *attendu que la cause, qui était la diversité des religions, avait cessé.*

Dans les premiers temps, cette forme de procéder par commissaires s'accordait parfaitement avec la publicité des enquêtes. Il fallait bien que le témoignage fût dit tout haut et devant tous, car le plaideur, s'il ne voulait pas de suite perdre son procès, devait se hâter

(1) Ordonn. du 2 décembre 1319.

d'arrêter le second témoin qui déposait contre lui, et l'appeler au combat comme faux et parjure. « Par un tesmoin n'estoit pas la querelle perdue ni gaignée ; mais par deux l'estoit èle, si on lessoit passer le deuxiesme. Autant valoient deux bons tesmoins, pour une querelle gaignier, que vingt (1). » ART.

Le secret des enquêtes et leur rédaction par écrit datent donc de la désuétude des gages de bataille (2). Il y avait alors une bonne raison pour ne pas remettre en présence les parties et les témoins ; c'était la crainte de réveiller les souvenirs du champ clos, et de voir se renouveler l'ardeur des provocations. Peut-être aussi ce fut un coin de son voile que la juridiction ecclésiastique vint jeter sur les cours laies.

Cependant, lorsque les juges consuls furent institués, on trouva bon qu'ils entendissent les témoins à l'audience ; et par la suite, cette forme plus simple, plus expéditive, fut étendue aux enquêtes des matières sommaires, dans tous les siéges de justice, mais non pas

(1) Beaumanoir, chap. 41, p. 215.

(2) Voyez *l'Introduction*, t. 1er, p. 189.

ART. dans les cours et les présidiaux, à cause de leur dignité (1).

Au civil, comme au criminel, le secret, ce fut la règle; la publicité, ce fut l'exception.

Dans la dernière moitié du XVIIIe siècle, des voix puissantes s'étaient élevées de la France et de l'Italie pour attaquer notre système d'instruction criminelle; elles opposaient au secret de la procédure, aux dépositions écrites, aux preuves artificielles ou légales, tous les avantages de la publicité, du débat oral, et de la conviction naturelle. L'opinion se trouvait toute formée, quand éclatèrent les événements de 1789, et l'Assemblée constituante n'eut qu'à revêtir ces vœux de la forme des lois.

Toutefois, la pratique des enquêtes secrètes, bannie des procès criminels, fut maintenue pour les affaires civiles, comme si elle pouvait en même temps être fausse et vraie. Le décret du 6 mars 1791 décida que, jusqu'à nouvel ordre, les avoués suivraient exactement la procédure établie par l'ordonnance de 1667.

(1) Ordonn. de 1667, tit. 17, art. 8.

Vous vous rappelez cette constitution de 1793 qui voulait que toutes les contestations entre particuliers fussent décidées *sur défenses verbales, ou sur simples mémoires, sans procédure et sans frais* (1). Pour faire jouir sans retard les citoyens de cet immense bienfait, la Convention nationale improvisa le fameux décret du 3 brumaire an II, lequel renfermait, en dix-sept petits articles, tout ce qui devait suffire pour l'instruction et le jugement des affaires civiles, sans compter les dispositions transitoires. Mais elle ne s'expliquait point sur le mode de procéder aux enquêtes : on fut obligé d'en référer au législateur. Un autre décret du 7 fructidor an III vint résoudre les doutes, et déclarer qu'à l'avenir, dans toutes les matières civiles, sans aucune distinction, les témoins seraient entendus à l'audience publique, parties présentes ou dûment appelées. Le principe était bon, mais les garanties et les règles d'exécution manquaient. On avait substitué à l'excessive multiplicité des formes et des procédures, l'arbitraire d'une chimérique simplicité, et chacun avait fini par enquêter à sa guise. Il fallut, après le rétablis- ART.

(1) Voyez *l'Introduction*, t. 1er, chap. 13.

ART. sement des avoués (1), que le gouvernement prît un arrêté pour valider les enquêtes qui avaient eu lieu depuis la publication du décret du 3 brumaire an II, soit qu'elles eussent été faites à l'audience conformément à la loi du 7 fructidor an III, soit qu'il y eût été procédé hors de l'audience, par un commissaire, sans l'assistance des parties, et dans toute la rigueur des formes prescrites par l'ordonnance de 1667.

L'ordonnance avait repris son empire provisoire. Toutefois, les parties et leurs avoués continuaient d'assister aux dépositions des témoins : le bon sens public avait conservé ce reste de conquête, et peut-être l'aurait-il perdu dans les discussions du Code de procédure au Conseil d'état, si ce n'eût été la faveur de sa possession.

Voici l'extrait de sa séance du 21 floréal an XIII :

« L'article 262 (portant que les témoins seront entendus en présence des parties) est discuté.

» M. l'Archichancelier craint que la présence de la partie ne gêne les témoins.

(1) *Ibidem.*

» M. Treilhard dit que *maintenant la partie est appelée*, et que l'on n'a pas jusqu'ici trouvé d'inconvénient à lui donner cette garantie. Si elle en abusait pour troubler l'enquête, on lui appliquerait les dispositions subséquentes qui remédient à ce désordre. Art.

» M. l'Archichancelier dit que, dans les procès criminels, l'accusé peut avoir intérêt à ce que les témoins déposent en sa présence, mais que, dans les contestations civiles, le même intérêt n'existe pas. L'enquête est écrite, communiquée à la partie, qui la pèse, la discute, et qui a même la ressource d'une contre-enquête : elle a donc, sans être présente, toute la garantie qu'elle peut désirer.

» M. Galli dit que, dans les principes du droit commun, la partie ne doit pas être appelée à l'enquête.

» M. Treilhard dit que la présence de la partie lui donne l'avantage de provoquer des interpellations qui obligent le témoin de s'expliquer et de réparer ainsi le défaut de développements ou le manque de mémoire. Si on ne redoute pas cet inconvénient au criminel, comment le redouterait-on dans les contestations civiles?

» M. le Grand-juge ministre de la justice

ART. dit que cet inconvénient est peut-être plus réel qu'on ne le suppose. Il est dans la société des hommes qui ont sur d'autres une si grande influence, que leur présence seule suffit pour tenir la vérité captive.

» M. l'Archichancelier ne disconvient pas qu'il peut être utile à la partie d'être mise en état de faire des interpellations aux témoins, mais il examine la question sous le rapport de la publicité. Dans les procès criminels on ne s'arrête pas aux inconvénients qu'elle peut avoir, parce que l'intérêt de l'accusé doit l'emporter sur toute autre considération. Dans les contestations civiles, il n'y a pas d'intérêt prépondérant; les garanties doivent être égales entre les deux parties. Cependant celle-là aurait certainement plus d'avantage, qui, par sa présence, pourrait embarrasser des témoins peu exercés ou faciles à intimider, et empêcher ainsi l'enquête d'être concluante; qui donnerait au juge, s'il était dans ses intérêts, le plus de facilité de rendre les dépositions insignifiantes. Son absence, au contraire, ne lui porte pas préjudice, puisque l'enquête n'établit pas une preuve qu'il lui soit défendu de combattre par des raisonnements, et de ruiner même par une contre-enquête. Ainsi le secret de l'enquête n'a rien de dangereux, et la publicité de l'enquête a des inconvénients. ART.

» M. Defermon répond, quant à la facilité qu'a le juge de favoriser la partie, que la présence de celle-ci n'y ajoute rien, et que même, lorsque le juge est seul avec les témoins, il n'en devient que plus libre pour diriger leurs dépositions et pour en dicter jusqu'aux termes. On est donc forcé, dans tous les cas, de s'en rapporter au juge. Mais, du moins, si la partie est là, elle pourra, en provoquant des interpellations, mettre au jour la vérité.

» M. l'Archichancelier dit que la conséquence naturelle de ce système de la publicité de l'enquête serait de ne rien écrire, et de faire venir les témoins à l'audience.

» M. le Grand-juge dit qu'une seule circonstance le détermine à adopter l'article; *c'est que ce qu'il prescrit se pratique;* qu'autrement il n'hésiterait pas à le rejeter.

» M. Regnaud (de Saint-Jean-d'Angély) dit qu'il *serait à désirer* qu'on *pût* appeler les témoins à l'audience, et prononcer, aussitôt après les dépositions, sur chaque fait articulé. Ces formes diminueraient beaucoup les frais.

ART. » M. l'Archichancelier dit que ce mode ne pourrait s'adapter ni aux questions d'état, ni en général aux affaires non sommaires.

» M. Treilhard dit que la section a cru remplacer suffisamment la publicité de l'audience, qui n'est pas sans difficulté, par la présence de la partie à l'enquête.

» L'article est adopté (1). »

Il n'y avait là rien de sérieux, d'approfondi : ce n'était que des lieux communs du vieux temps.

Sauf la présence des parties aux dépositions, le titre du Code sur les enquêtes n'est que la copie des anciennes ordonnances. C'est encore le juge A qui recueille les preuves et souvent ne juge pas; puis les juges B et C qui font le jugement, et n'ont pas entendu un seul des témoins. M. l'Archichancelier était pourtant le même qui, à la tribune de la Convention nationale, avait reproduit la proposition d'importer chez nous le jury anglais, avec toutes ses publicités, pour la décision des affaires civiles.

L'orateur qui vint présenter au Corps légis-

(1) *Législ. civ. comm., etc.*, de M. Locré, tom. 21, pag. 293 et suiv.

latif le vœu du Tribunat sur le titre des Enquêtes loua beaucoup la circonspection des auteurs du projet ; il fut même plus loin qu'eux : à la gêne que la publicité des enquêtes pourrait imposer aux témoins, il ajouta *l'inconvenance et les entraves que ce mode apporterait à l'administration de la justice* (1). ART.

Aujourd'hui les meilleurs esprits sont unanimes sur les avantages de la publicité (2). Tout a été exposé, pesé, reconnu ; il n'y a plus qu'à résumer.

Si la liberté réclamée pour les témoins est celle qui permet de dire, non tout ce qu'ils savent, mais tout ce qu'ils veulent, le secret doit leur être fort avantageux, et ils doivent attacher beaucoup de prix à cette attention délicate qui les met à couvert du contrôle et même des regards du public.

Il faut avoir le témoin devant soi, pour mesurer la confiance qu'on doit prendre en lui. Jamais la lecture seule d'une déposition ne donnera une juste idée de l'intelligence et du caractère de celui qui l'a faite, du calme

(1) *Législat. civ., etc.*, de M. Locré, tom. 21, pag. 617.

(2) Voyez M. Toullier, tom. 9, nº 324 et suivants ; M. Bellot, dans son *Exposé* sur le titre de l'enquête, etc.

ART. ou de l'emportement de son témoignage, de son apprêt ou de sa naïveté.

C'est une tâche fort difficile que d'écrire la déposition d'un témoin, de lui conserver toute sa physionomie, de n'exprimer ni plus ni moins, et de rendre le degré précis de sa conviction. Calculez toutes les nuances que présentent certains mots; la valeur que leur donne telle ou telle manière de les proférer; la différence qui existe entre les habitudes de l'homme qui dépose, et celles du juge qui rédige; la variété du sens qu'ils attachent aux mêmes termes; et dites si vous pouvez raisonnablement vous flatter de recueillir dans la lecture d'un procès-verbal d'enquête cette certitude morale qu'il faut avoir pour décider en sécurité de conscience. « Pour ce que, disait Théveneau, l'inversion des paroles est quelquefois de grande conséquence : et ceci est à noter, pour ce qu'il y a beaucoup de commissaires qui veulent être veus bien coucher et en bons termes les dépositions des témoins, et ne prennent pas garde au préjudice qu'ils font aux parties, en cela regardant à leur gloire et vanité, et non à la justice (1). »

(1) Sur les art. 11 et 12 de l'ordonn. de 1525.

Le chancelier de l'Hôpital aurait dû corriger le mode d'enquêter, en même temps qu'il restreignait la faculté de prouver. La forme n'était pas moins dangereuse que le fond. Au lieu de compléter son œuvre, nous l'avons bigarrée sans trop savoir pourquoi. En ce point, nous ne sommes guère plus avancés qu'au seizième siècle. ART.

Pourquoi ce qui est bon, salutaire, précieux dans les cours d'assises, dans les tribunaux correctionnels, dans les tribunaux de commerce, serait-il mauvais, inconvenant, dangereux dans les tribunaux civils? Pourquoi ce qui est utile, expédient pour les matières sommaires, se changerait-il, dans le même tribunal, en abus, en entraves, pour les affaires ordinaires? Pourquoi une forme d'enquête qui donne assez de garanties pour débattre une question de vie ou de mort, ou pour constater un marché de quelques millions, ne serait-elle ni assez sûre, ni assez digne pour établir la possession trentenaire d'un sillon de terre?

Le secret des enquêtes avait donné naissance à ce qu'on appelait le système *des preuves légales*. Le juge était obligé de tenir pour vrai

ART. un fait attesté par deux témoins *univoques*; il ne devait pas peser les témoignages, mais les compter. « De là, dit M. Merlin, ces manières de parler si communes alors : *Je suis convaincu comme juge, mais je ne le suis pas comme homme*, ou bien, *je suis convaincu comme homme, mais je ne le suis pas comme juge.* Grâce au progrès des lumières, il en est autrement dans la législation actuelle (1). »

Ce progrès des lumières n'est que le retour à la jurisprudence classique de Rome, et les instructions que nos législateurs ont faites pour les jurés (2) sont renouvelées de celles que l'empereur Adrien donnait aux magistrats de ses provinces. Il écrivait à Vivius Varus : *Tu magis scire potes, quanta fides adhibenda est testibus : qui et cujus dignitatis, et cujus æstimationis sint : et qui simpliciter visi sint dicere, utrum unum eumdemque meditatum sermonem attulerint ; an ad ea quæ interrogaveras, ex tempore verisimilia responderint.* — A Valerius Verus : *Quæ argumenta ad quem modum probandæ cuique rei sufficiant, nullo*

(1) *Répertoire*, v° *Preuve*, sect. 3, § 5.

(2) Loi du 16 septembre 1791, et Cod. d'instr. crim., art. 342.

certo modo satis definiri potest..... Hoc ergò solum tibi rescribere possum summatim, non utique ad unam probationis speciem cognitionem statim alligari debere, SED EX SENTENTIA ANIMI TUI ÆSTIMARE OPORTERE QUID AUT CREDAS AUT PARUM PROBATUM TIBI OPINARIS. — A Junius Rufinus : *Testibus se, non testimoniis crediturum.* — A Gabinius Maximus : *Alia est auctoritas præsentium testium, alia testimoniorum quæ recitari solent* (1). On appelait *testimonia* les attestations écrites données hors la présence du juge. L'empereur ajoutait à ses conseils l'autorité de son exemple : *Quod crimina objecerit apud me Alexander Apro, et quia non probabat, nec testes producebat, sed* TESTIMONIIS *uti volebat*, QUIBUS APUD ME LOCUS NON EST, NAM IPSOS INTERROGARE SOLEO : *quem remisi ad provinciæ præsidem*, etc. ART.

Il y a bientôt cinquante années que nos tribunaux criminels ne sont plus asservis à la conviction factice qu'ils étaient obligés de subir; il leur est permis de voir eux-mêmes les témoins, et de former leur jugement sur ce qu'ils entendent, sur ce qu'ils observent, dans toute l'étendue et dans toute la liberté de leur raison.

(1) *L.* 3, *ff. de Testibus*, § 1, 2, 3 et 4.

ART. On a demandé si les tribunaux civils avaient été compris dans cet affranchissement. Le Code de procédure n'en a rien dit; mais il a abrogé toutes les anciennes lois, coutumes, usages et règlements relatifs aux enquêtes, par la disposition générale de son article 1041; d'un autre côté, le Code civil a permis aux magistrats de se laisser inspirer par des présomptions graves, précises et concordantes (1); toutes les inductions sont donc favorables au parti de la sagesse et du bon sens.

On a fait mieux à Genève : pour ôter tout prétexte d'incertitude, la loi de procédure a dit que les juges apprécieraient les diverses circonstances corroboratives et infirmatives des témoignages (2). Mais, chez nous, quand l'esprit des Codes se serait encore plus clairement manifesté, il se mentirait tous les jours à lui-même; car la fausse doctrine des *preuves légales* est une conséquence nécessaire du secret des témoignages. Tant qu'un juge n'entendra d'une enquête que la lecture du procès-verbal; tant que la présence des témoins lui sera dérobée; tant qu'il ne lui sera

(1) Art. 1353.

(2) Art. 190.

ART.

pas donné d'observer leur contenance, leur visage, leur regard, le ton de leur voix et leur manière de dire; tant qu'il ne lui sera pas permis de les confronter, d'éclaircir leur premières réponses par de nouvelles questions, de dissiper les doutes que font naître des expressions impropres, des circonstances plus ou moins expliquées; quel jugement voulez-vous qu'il porte sur les faits litigieux? A quels signes pourra-t-il reconnaître la vérité? Il comptera, ne pouvant mieux faire, et il dira *oui*, s'il y a plus de témoins pour *oui* que pour *non*. On rend beaucoup de sentences qui ne sont pas autrement motivées. Il faut convenir aussi qu'il est infiniment plus court et plus aisé de compter que de comparer.

L'esprit de réforme s'est pris, dans ces derniers temps, à beaucoup de choses touchant l'administration de la justice, qui certes n'offraient point autant d'abus à corriger, et de dangers à prévenir, que notre système mi-parti d'enquêtes publiques et d'enquêtes secrètes. Dieu veuille que l'on s'avise enfin d'y songer sérieusement, et que l'on vienne à reconnaître que l'exception vaut infiniment mieux que la règle!

Cependant l'empire des lois ne s'étend pas

Art. au-delà de ce qui est possible. Un témoin se trouve hors d'état de se rendre à l'audience, il faut bien qu'un délégué aille recevoir sa déposition et qu'elle soit écrite, pour être rapportée au tribunal. Un jugement rendu sur une enquête publique n'est pas toujours en dernier ressort; il est nécessaire que les éléments qui ont formé la conviction des premiers juges puissent être soumis, en cas de recours, à l'examen des magistrats supérieurs, sans qu'on soit obligé de faire faire aux témoins un nouveau voyage plus long et plus dispendieux.

39. C'est pour cela que dans les justices de paix,
432. dans les tribunaux de commerce, et dans les
412. tribunaux civils, en matière sommaire, lorsque la cause ne se juge qu'à la charge d'appel, le greffier écrit ce que disent les témoins. La publicité des témoignages donne au procès-verbal, lorsque procès-verbal est rédigé, quelque chose de plus authentique, de plus certain, de plus garanti.

Il y aura donc encore, quoi qu'il advienne, des enquêtes par écrit; et, quand bien même la loi ne subsisterait pas telle qu'elle est, il ne serait pas moins indispensable d'étudier et de connaître les formes de ces enquêtes. Ces formes, ou plutôt ces précautions, sont relatives

aux faits à prouver, au temps donné pour Art.
faire l'enquête, aux témoins, aux reproches qui peuvent être fournis contre eux, et aux dépositions.

Les faits dont une partie demande à faire preuve doivent être succinctement *articulés*,
c'est-à-dire, proposés, déduits, spécifiés, article par article, afin que le mérite de chacun d'eux puisse être apprécié, et que le champ de la preuve soit exactement préparé, limité : *ne circà probationem allegationis supervacuæ et inutilis, judex laboret.* 252.

Avant 1667, il fallait écrire des requêtes, des répliques et des dupliques, jusqu'à ce que les plaideurs se fussent accordés au greffe sur les faits à prouver ; jugez du temps et des frais ! C'est pour extirper les vices de cette vieille pratique, que l'ordonnance a dit, et que le Code de procédure a répété que les faits seraient articulés par un simple acte de conclusion, sans écriture ni requête, sans y mettre aucune raison de droit, aucun développement. Il n'échet d'abord que d'exposer ce que l'on veut prouver, sauf à tirer après les conséquences. L'article 71 du tarif alloue aux avoués, pour cet acte, un droit fixe qui ne peut jamais

ART. être augmenté, quelle que soit l'importance de l'affaire.

La réponse contient l'aveu ou la dénégation
252. des faits, ou quelque débat sur leur pertinence et leur admissibilité; elle est rédigée avec la même briéveté et signifiée dans la même forme. La loi donne trois jours pour la faire; mais la prorogation de ce délai n'éprouve ordinairement aucune difficulté, lorsque la partie est éloignée du lieu où siége le tribunal, car l'avoué ne peut de son chef ni reconnaître ni dénier.

Si le temps fixé expire sans qu'il y ait eu de réponse, les juges *peuvent* tenir les faits pour *confessés et avérés*. Ce n'est point une obligation qui leur est imposée, c'est une faculté qu'ils ont, et dont ils ne doivent user qu'avec prudence et circonspection. Il y a même des affaires où l'aveu, et à plus forte raison le silence de la partie interpellée, ne dispense point le tribunal d'ordonner l'enquête; telles sont celles où l'ordre public et les intérêts des tiers pourraient être compromis par quelque
870. collusion, comme les séparations de corps, les séparations de biens, etc.

S'il arrive que les juges aient remarqué, dans les plaidoiries ou dans les écritures d'un procès, des faits que les parties ont allégués, mais qu'elles n'ont pas formellement offert de prouver, et qu'ils en aient été touchés, ils peuvent *d'office* en ordonner la preuve. Cependant il faut que ces faits soient déniés, autrement la preuve serait inutile : dans ce cas, avant de dire qu'enquête sera faite, le tribunal pourvoit à ce que les parties soient tenues de venir s'expliquer par aveu ou dénégation. ART.

Il ne suffit point que les faits soient déniés pour qu'une enquête doive s'ensuivre; il faut encore qu'ils soient admissibles et que la loi n'en défende pas la preuve. Ils sont admissibles, lorsqu'en les supposant prouvés, leur influence sur la cause doit être, en définitive, concluante et sérieuse; lorsqu'ils ont un rapport précis avec l'objet de la demande, *cùm intentioni præbeant adminiculum* (1), et lorsqu'ils ne sont pas dénués de vraisemblance. Quant aux règles prohibitives de la preuve testimoniale et à leurs exceptions, on les connaît déjà.

Tout jugement qui, avant de faire droit, ordonne une preuve, est un jugement interlo-

(1) L. 21, *Cod. de probationibus.*

ART. cutoire : *judex interlocutus est*. Or, il n'est pas rare que le juge, qui d'abord avait cru à la nécessité de cette preuve, revienne à d'autres considérations et prononce à la fin par des motifs tout-à-fait indépendants de ses résultats. Ce qui n'est que *préjugé* n'est jamais irréparable, de là cette maxime : *l'interlocutoire ne lie pas le juge*. Vous en tirerez de plus fort la conséquence que, si le tribunal est libre de juger sans s'arrêter à une enquête après l'avoir ordonnée, il doit toujours être le maître de ne pas l'ordonner.

« L'article 54 de l'ordonnance de Moulins, disait l'annotateur de Louet, est une loi qui regarde en sa constitution et en sa fin l'intérêt, le profit et l'utilité publique, le bien et le soulagement des sujets du roi, étant faite pour l'abréviation des procès et pour éviter aux inconvénients qui surviennent par la trop grande facilité des témoins (1). » Cette doctrine était généralement adoptée, et tous les auteurs en inféraient que non-seulement les juges ne devaient point recevoir la preuve testimoniale, hors des cas d'exception, quoique la partie intéressée à la repousser ne s'y op-

(1) Lettre D, n° 33.

posât point, mais qu'ils ne le pouvaient pas lors même que cette partie consentait expressément à ce que la preuve fût admise. La jurisprudence des parlements y était conforme, sauf un arrêt *solitaire* de Toulouse cité par Rodier (1). ART.

Cependant Jousse (2) et Duparc-Poullain (3), qui vinrent après, pensèrent que la défense de recevoir la preuve testimoniale pour des choses excédant la valeur de cent livres, était purement relative, et que les plaideurs y pouvaient déroger.

Ce simple aspect de la question a séduit M. Carré (4), M. Duranton (5), M. Dalloz (6) et quelques autres. La Cour de Bourges a jugé dans le même sens (7). Mais M. Toullier avait réfuté d'avance ces opinions, en réfutant celle

(1) Voyez Vrevin, Theveneau, Danty, Bornier, Rodier, etc., et M. Merlin, *Répert.*, au mot *Preuve*, sect. 2, § 3, art. 1, nos 28 et suiv.

(2) Sur l'art. 2 du tit. 20 de l'ord. de 1667.

(3) *Principes du droit*, t. 9, n° 40.

(4) *Lois de la procéd.* t. 1, p. 628.

(5) N° 1388.

(6) *Jurisp. génér.* t. 10, p. 720.

(7) *Recueil périod.* de Dalloz, 1827-2-105.

ART. de *son savant maître*, qui leur servait de type (1).

On n'a pas assez remarqué, dans ces derniers temps, que ces mots de l'ordonnance de Moulins : *Sans recevoir aucune preuve par témoins* (2), s'adressaient directement aux juges, et non aux parties qui offrent la preuve et ne la reçoivent pas ; que l'ordonnance de 1667 exprimait nettement la même idée, en disant : *Ne sera reçue aucune preuve par témoins* (3) ; et que le Code civil l'a exactement répétée dans son article 1341 : *Il n'est reçu aucune preuve par témoins....*, et dans son article 1717, au titre du Louage : *La preuve ne peut être reçue par témoins....*

Or, je cherche vainement une source où les parties pourraient puiser quelque simulacre de droit, pour dispenser le juge d'obéir à un ordre que la loi lui adresse personnellement, *qui ad judicem dirigitur*, comme disait Anselmo (4).

Je conçois que l'on puisse, à ses risques et

(1) T. 9, n°s 40 et suiv.

(2) Voyez ci-dessus, p. 152.

(3) *Ibidem.*

(4) Sur l'art. 19 de l'édit perpétuel des archiducs de Flandres.

périls, critiquer une disposition législative et former des vœux pour qu'elle soit améliorée ou changée. J'ai moi-même usé de cette liberté quand mes convictions m'y ont poussé ; mais jusqu'à ce que les améliorations ou les changements aient été décrétés, l'autorité de la loi réside dans ce qu'elle est et non dans ce qu'elle devrait être. Je conteste fort cette mission que se donnent la doctrine et la jurisprudence de remplacer, à leur gré, l'œuvre du législateur par de dissolvantes théories. N'est-ce pas ainsi que l'on a dénaturé l'essai de conciliation? Ce n'est plus qu'une simple formalité dont l'inobservation opère seulement une nullité d'intérêt privé, et que les parties peuvent couvrir, quoique l'article 48 du Code de procédure porte : « Aucune demande principale, etc., *ne sera reçue* dans les tribunaux de première instance, que le défendeur n'ait été préalablement appelé en conciliation devant le juge de paix, ou que les parties n'y aient volontairement comparu (1). » C'est comme si l'on disait que les parties peuvent, par leurs conventions, substituer, dans les actes qu'elles passent, des solennités de fantaisie aux solennités ART.

(1) Voyez mon 2e vol. chap. Ier.

ART. prescrites par la loi. Je l'ai déjà dit : changer, substituer, ce n'est pas interpréter ; démolir, ce n'est pas commenter.

« Loin qu'il soit évident que la défense de recevoir la preuve testimoniale dans les cas prohibés n'intéresse que les parties plaidantes, il nous paraît évident à nous, a dit M. Toullier discutant l'opinion de Duparc-Poullain, qu'elle intéresse toute la société. Cette défense a été faite d'abord pour obvier à cette multitude de procès dispendieux et compliqués que faisait naître l'admission de la preuve testimoniale, dans les cas où l'on avait pu s'en procurer une littérale : procès dont la multiplicité et l'importance portaient le trouble dans le sein de la société, en divisant, non-seulement les individus, mais encore les familles et les amis, qui ne manquent jamais de prendre parti pour ou contre l'une des parties belligérantes, premier motif qui intéresse la paix de la société.

» De plus, la défense de recevoir la preuve par témoins, quand on a pu se procurer une preuve écrite, a eu pour objet de rendre moins fréquents les faux témoignages et les subornations de témoins ; et certes ce second motif n'intéresse pas seulement les parties plaidantes, il intéresse encore la morale publique (1). » ART.

Ainsi la loi est sage, prévoyante, elle est souverainement anti-litigieuse ; et ce serait provoquer sans profit les dangers et les troubles, que de la briser, en la voulant étendre, quand sa lettre pure et transparente forme une sauvegarde si précieuse contre les calculs de la corruption et les chances des enquêtes.

Une autre question se rattache à celle-ci : Vous avez laissé exécuter et exécuté vous-même un jugement interlocutoire qui, nonobstant la prohibition de la loi, avait admis une preuve par témoins ; le jugement définitif qui vous condamne est basé sur le résultat de l'enquête : serez-vous recevable à en appeler ? Cette question doit se décider plus particulièrement par l'explication des deux paragraphes de l'article 451 du Code de procédure. Je la traiterai au chapitre de l'Appel.

Les préliminaires de l'enquête sont réglés : les faits articulés ont été déniés ; ils étaient admissibles ; la loi n'en défendait pas la preuve ; elle pouvait être ordonnée, et je suppose que c'est ce que le tribunal a fait.

(1) T. 9, n° 41. Voyez aussi le *Répertoire* de M. Merlin, *loco citato*.

Art. Le jugement qui autorise la preuve s'appelait autrefois *appointement de contrariété*, par allusion aux termes de la procédure que l'on suivait, en matière d'enquêtes, avant l'ordonnance de 1667. Ce jugement doit contenir :

1° Les faits à prouver, c'est-à-dire ceux qui
255. ont été admis. Souvent des faits ne se tiennent point ensemble ; ils sont sans rapport, sans connexité ; les uns sont concluants, les autres ne le sont pas, et les juges font leur choix. C'est ce choix qui résume les faits à prouver, c'est sur ces faits insérés au jugement que les témoins auront à rendre témoignage, c'est contre ces faits que le défendeur devra diriger sa preuve contraire. C'est la sphère de l'enquête ; il y aurait confusion, déception, surprise, si ses limites étaient incertaines. Ricard, en son *Traité des donations*, croyait que l'on devait avoir égard à la preuve des faits décisifs que pourrait offrir une enquête, quoiqu'ils n'eussent point été mis dans l'appointement de contrariété (1). Une pareille erreur n'aurait pas mérité d'être relevée, si ce n'eût été le nom de celui qui l'avait commise (2).

(1) T. 1, part. 3, chap. 1, n° 33.

(2) Voyez Rodier, sur l'art. 1 du tit. 22 de l'ord. de 1667.

L'autorité du jugement réside dans le dispositif ; là doivent être insérés les faits à prouver. Aussi verrez-vous, lorsque le moment sera venu d'assigner les témoins, qu'on leur donnera, avec l'assignation, copie *du dispositif* en ce qui concerne les faits admis, afin qu'ils puissent connaître l'objet précis de l'enquête, la nature et l'étendue du tribut que la justice exige de leurs souvenirs et de leur conscience. ART.

Il est donc évident que le jugement qui ordonnerait une preuve, sans exprimer ce qui est à prouver, serait essentiellement nul ; il ne jugerait rien.

Mais si les faits admis, au lieu d'être insérés dans le dispositif, se trouvaient mêlés, dans les qualités du jugement, à l'exposition des points de fait et de droit, la nullité devrait-elle être également prononcée? Il semble que rien de plus oiseux ne puisse être posé ; car, pour que cette difficulté survienne, il faut, ou que les juges n'aient pas lu la loi, ou qu'ils n'aient pas voulu l'exécuter. Toutefois le cas s'était présenté sous l'ordonnance de 1667 : un arrêt rendu par la grand'chambre du parlement de Toulouse, le 24 mai 1751, avait appointé les parties en faits contraires, sans les spécifier.

ART. Ces faits étaient énoncés seulement dans les libelles et instructions du procès, et l'on pouvait dire : *Idem est esse certum per se, vel per relationem ad aliud certum.* Mais on reconnut après les enquêtes, et en les jugeant, que l'arrêt avait été mal dressé, et qu'il eût été mieux d'y détailler les faits, parce que, dit Rodier, les parties avaient embrassé dans leur enquête un grand nombre de faits étrangers (1). Il ne s'est pas moins rencontré, depuis le Code de procédure, des esprits rebelles qui, dans leur outrecuidance, ont pensé que ce serait assez bien, si le dispositif énonçait que le tribunal a admis *la preuve des faits articulés en la requête du demandeur.* La Cour de cassation a jugé que ce n'était point une nullité ; que c'était une irrégularité que l'on avait pu réparer par la notification aux témoins et du jugement et de la requête (2). Mais voyez combien d'écritures et de frais auraient été épargnés, si l'on eût daigné se conformer aux dispositions si simples et si faciles de la loi !

(1) *Ibidem.*

(2) Sirey, 28-1-75. Voyez un arrêt de Colmar du 4 juin 1835, rapporté au *Journal de procéd.* de M. Bioche, n° 211.

2° Le jugement doit contenir la nomination d'un juge-commissaire chargé d'ouvrir les enquêtes, de recevoir les dépositions des témoins et les observations des parties, de constater les difficultés qui peuvent s'élever, et de surveiller tous les détails de l'opération. Il serait désirable que le tribunal y fût toujours représenté par l'un des magistrats qui ont pris part à l'interlocutoire; les choses seraient conduites avec une sagacité mieux éclairée, et dans une direction plus conforme aux idées qui déterminèrent l'admission de la preuve. Mais cet avantage pourrait être trop chèrement acheté lorsque les témoins sont fort éloignés : *testes non temerè evocandi sunt per longum iter* (1); et d'ailleurs il se compense souvent par la commodité de procéder à une enquête dans les lieux où les faits à prouver se sont passés, où réside le plus grand nombre des témoins, où la preuve doit être plus facile et plus sûre. Dans ces cas, il est permis aux juges de renvoyer l'enquête devant un autre tribunal plus voisin des personnes et des localités, et c'est cet autre tribunal qui désigne un de ses membres pour en-

ART. 255.

(1) L. 3, *ff. De testibus*, § 6.

ART. tendre les témoins (1). Cette faculté a reçu plus d'extension encore par l'une des dispositions générales qui terminent le Code de procédure, laquelle porte que toutes les fois qu'il s'agira de faire une enquête, ou une opération quelconque en vertu d'un jugement, et que les parties ou les lieux contentieux seront trop éloignés, les juges pourront commettre un tri-
1035. bunal voisin, un juge, ou même un juge de paix, suivant l'exigence des cas, et qu'ils pourront même autoriser ce tribunal à nommer, soit un de ses membres, soit un juge de paix, pour procéder aux opérations ordonnées.

Il y avait là matière à controverse, et l'on n'a pas manqué de soulever cette question : Le juge de paix commis pour faire une enquête doit-il suivre et faire accomplir, à peine de nullité, toutes les formalités qui auraient dû être observées au sein du tribunal, s'il n'y eût pas eu de délégation extraordinaire ? N'a-t-il pas fait tout ce qui peut être exigé de son mi-

(1) Il faut alors lever une expédition du jugement qui a ordonné l'enquête et l'adresser à un avoué attaché au tribunal désigné. Cet avoué présente une requête à son tribunal, il y joint l'expédition du jugement, et obtient ainsi la nomination d'un juge-commissaire.

nistère, lorsqu'en recevant cette commission, il l'a exécutée dans la familière simplicité des formes de sa juridiction? ART.

Autant valait demander si la délégation peut changer la nature de l'affaire, et priver les plaideurs des garanties que la loi leur assure inviolablement devant leurs juges naturels. Ce n'est pas pour se faire une conviction, ce n'est pas pour juger, que le juge de paix reçoit le mandat de procéder à une enquête; c'est pour y tenir la place du magistrat qui lui-même aurait recueilli les dépositions, s'il n'eût pas été trop dispendieux de faire voyager les témoins: *partibus ejus fungitur;* il est revêtu des pouvoirs attachés à cette charge temporaire qu'il exerce; il doit en remplir tous les devoirs. Il n'use pas de sa propre juridiction, mais de celle du juge qui l'a commis: *qui mandatam juridictionem suscepit, proprium nihil habet, sed ejus, qui mandavit, juridictione utitur* (1). Le parlement de Paris avait adressé une commission aux juges de Rome, appelés *auditores rotæ*, pour y faire une enquête. Les commissaires voulurent interroger les témoins par serment sur plusieurs faits concernant *leur vie*,

(1) L. 1, § 1, *De officio ejus cui mandata est jurisdictio.*

ART. *qualité et religion*, comme c'était l'usage au tribunal de ces auditeurs. Le demandeur s'y opposa. Les auditeurs ayant ordonné que les témoins répondraient sur lesdits faits, il y eut appel en la Cour. Par l'arrêt qui intervint, le parlement dit qu'il avait été mal jugé, et que les témoins seraient ouïs et examinés suivant les formes observées en sa juridiction (1). Mais la jurisprudence nouvelle s'est divisée sur ce point comme sur tant d'autres, qui n'étaient pas plus douteux; elle paraît enfin fixée par un arrêt de la Cour de cassation du 22 juillet 1828 (2).

Si, avant ou pendant l'enquête, le juge-commissaire se trouvait empêché, le jugement qui l'a ordonnée deviendrait inexécutable : on pourrait alors présenter requête au président, afin qu'il en désignât un autre. Cette voie semble tout naturellement indiquée par les dispositions analogues de l'article 110 du Code de procédure, au titre *Des Délibérés et Instructions par écrit*, pour le remplacement du rapporteur qui ne peut faire le rapport. La partie la plus diligente pourrait également poursuivre l'audience par un simple acte, et demander au

(1) Charondas, livre 4 de ses Rép., rép. 33.

(2) Sirey, 28-1-282.

tribunal la nomination d'un nouveau juge-commissaire, sauf à requérir en même temps, suivant les circonstances, une prorogation de délai pour la continuation de l'enquête, dans le cas où elle aurait été commencée. C'est ce qui se pratique le plus ordinairement. Art.

Il est bon de noter ici que l'on s'exposerait à faire œuvre nulle, si l'enquête était poursuivie ou reprise, sans que le jugement portant nomination du nouveau juge-commissaire ait été préalablement signifié d'avoué à avoué, comme le prescrivent les termes généraux de l'article 147 (1).

Je passe sur quelques aspérités que des fouilles trop minutieuses avaient laissées sur ce terrain. Elles se sont à peu près aplanies par l'usage, et les doutes qui en étaient sortis se sont accessoirement fondus dans la solution des questions principales.

La preuve contraire est de droit : c'est-à-dire 256.
qu'elle peut être faite par le défendeur, quand bien même le jugement qui ordonne l'enquête serait muet à cet égard ; c'est-à-dire encore qu'il n'est pas nécessaire que les faits con-

(1) Arrêt de la Cour de cassation du 18 janvier 1837. Sirey, 37-1-794.

ART. traires soient préalablement articulés. Les faits directs que le demandeur a posés et que les juges ont admis, servent de texte et de base à la contradiction de son adversaire : le droit naturel donne à celui-ci la faculté d'amener aussi des témoins pour détruire, pour atténuer, et pour expliquer ce qui a été allégué contre lui.

La loi romaine disait : *Actor, quod adseverat, probare se non posse profitendo, reum necessitate monstrandi contrarium non adstringit: cùm per rerum naturam factum negantis probatio nulla sit* (1). Ce serait une chose fort irrationnelle, en effet, que d'entreprendre de prouver une *négative*, quand il n'y a point *d'affirmative* dont la preuve soit offerte. Mais on a découpé cette loi, et l'on a fait de sa conclusion une maxime générale : *Per rerum naturam factum negantis probatio nulla est.* Cependant la négative d'un fait se résout presque toujours implicitement dans l'affirmation d'un fait contraire ; et le droit romain lui-même en donne plusieurs exemples. Si l'on vous oppose un testament, vous pouvez prouver que le testateur n'était pas sain d'esprit : *Adseve-*

(1) L. 23, *Cod. De probationibus.*

rationi tuæ mentis eum compotem fuisse negantis, fidem adesse probari convenit (1). Si l'on soutient qu'une stipulation a été faite entre vous et une autre personne, tel jour, en tel lieu, vous pouvez prouver que vous étiez absent, ou que cette personne n'y était pas : *Si is qui dicit sese, vel adversarium abfuisse, liquidis, ac manifestissimis probationibus, et meliùs quidem, si per scripturam, vel saltem per testes undiquè idoneos, et omni exceptione majores ostenderit, sese, vel adversarium suum eo die civitate abfuisse* (2). ART.

« Li clercs dient que negative ne doit pas cheoir en preuve, quant li diffendiere en fet *nianché* (dénégation) simplement... et si devons savoir que toutes les resons du defendeur pour detruire les resons au demandeur, lesquèles resons si sont de fait, chéent en preuve... comme si aucun propose contre moi que je battis Jehan le lendemain de la Toussaint à Clermont, eure de prime, ou que je fis aucun autre fet a tel jour et a telle eure, et que je nie que je ne le fis pas, et avecque

(1) L. 5, *Cod. De codicillis.*

(2) L. 14, *in fine*, *Cod. De contrahendâ, vel committendâ stipulatione.*

ART. la *nianche*, je affirme que au jour et a l'eure qui est nommée que je dui che fére, je etais a Paris pour plédier, ou pour téle besoigne que je avois a fére, et que là me virent grand plante de bones gens; dont peut on veoir que téle negative chéet en preuve (1). »

De même, aux *Assises de Jérusalem*: « Nul ne peut faire preuve de *non* que par le semblant. Je dis que tel home n'est pas né de loyau mariage, et suis prest a prover coment que il estoit né avant que son pere epousast sa mère. En ceste manière, ou par semblant, peut-on prover le *non* (2). »

Le *semblant* n'était autre, comme vous voyez, que la conversion toute naturelle de la négative en affirmative. Il y a dans ce naïf bon sens des anciens âges la plus complète réfutation du dogme jurisprudentiel qui rejette la preuve d'un fait négatif, *per rerum naturam*. Tout ce qui peut être énoncé par une proposition est un fait. C'est un fait que j'ai été en tel lieu; c'est un fait que je n'y ai pas été. Il n'y a point de préférence à donner, de plein droit, aux témoins qui affirment, sur les témoins qui nient, lorsque ceux-ci, comme ceux-là, rendent rai-

(1) Beaumanoir, chap. 39.

(2) Chap. 65.

son de leur témoignage ; il n'y a qu'à comparer, estimer et juger. Art.

La loi civile a restreint l'usage de la preuve testimoniale ; la loi de procédure a prescrit des délais de rigueur pour commencer et pour finir les enquêtes. Ainsi devaient-elles s'accorder afin d'affaiblir le danger, de laisser moins de temps aux tentatives de subornation, et de rendre la voix des témoins plus spontanée et moins corruptible.

Toutefois, il faut en convenir, le but n'a pas été complètement atteint. Vous verrez que les délais ne commencent à courir que du jour de la signification du jugement, et qu'il n'y a point de temps fixé pour que cette signification soit faite. Vous verrez que l'enquête doit être commencée dans la huitaine de la signification du jugement, lorsqu'elle se fait dans le lieu où siége le tribunal ou dans la distance de trois myriamètres, et que l'étendue du délai est laissée à la discrétion des juges, quand la distance est plus grande. Vous verrez enfin que les voies ordinaires de recours sont ouvertes contre le jugement qui a permis la preuve des faits, et que, sous tous ces rap-

ART. ports, les précautions du législateur peuvent être souvent éludées.

Avant d'aborder les détails, je vais rapporter ici les observations du Tribunat sur les idées principales qui doivent présider à la confection des enquêtes. C'est une espèce de sommaire des règles que je me propose d'expliquer.

« L'enquête est une, elle se compose de la preuve directe et de la preuve contraire.

» La preuve directe et la preuve contraire doivent être assujéties aux mêmes conditions.

» Elles ne peuvent pas être faites dans le même temps : c'est physiquement impossible; mais du moins elles doivent être faites dans les mêmes délais respectifs.

» Le délai doit être considéré sous les deux rapports :

» 1° De l'époque à laquelle on doit commencer;

» 2° De l'époque à laquelle on doit parachever.

» La première époque, celle où l'on doit commencer, est commune aux deux parties, *dans la huitaine de la signification du jugement.*

» Chaque partie est obligée de recourir, *dans le même délai de huitaine*, au juge-commissaire, pour avoir permission d'assigner les témoins à jour et à heure fixes. On dit *chaque partie*, car il est impossible que la même ordonnance règle tout pour les deux parties. Il faut d'ailleurs deux procès-verbaux. ART.

» Le juge-commissaire fixe les jour et heure.

» Le délai de huitaine dans lequel chaque partie doit parachever, date de l'audition du premier témoin respectif.

» Si les deux procès-verbaux devaient être clos dans le délai de huitaine à dater de l'audition du premier témoin, quelle que fût la partie à la requête de qui il a été entendu, il pourrait arriver qu'une partie, qui profiterait du premier moment pour faire commencer l'enquête, priverait l'autre partie d'une grande portion du délai que la loi lui accorde.

» Vainement dirait-on que cette partie pourrait demander une prorogation : 1° le tribunal n'est pas toujours obligé de l'accorder ; 2° ne vaut-il pas mieux prévenir les frais et les embarras autant que possible (1)? »

(1) *Législ. civile*, etc., de M. Locré, t. 21, p. 460.

ART. L'enquête doit donc être commencée dans
la huitaine du jour où le jugement a été signifié par l'avoué de l'une des parties à l'avoué
257. de l'autre, quand elle se fait au lieu où ce
jugement a été rendu, ou dans la distance de
trois myriamètres. Cela s'applique aux jugements contradictoires. Mais il peut arriver,
lors même que l'enquête a été contradictoirement ordonnée, que le défendeur se trouve
dépourvu d'avoué, par exemple, si celui qu'il
avait est mort ou interdit, ou s'il s'est démis
de ses fonctions. Il peut arriver encore que le
165. jugement soit réputé contradictoire, lorsque,
sur son opposition à un premier jugement
153. par défaut, une partie s'est laissé *débouter*
sans comparaître (1), ou bien lorsqu'il s'agit
d'un jugement rendu après réassignation, sur
défaut joint (2). Dans ces cas, qu'il faut se
257. garder de confondre avec celui d'un jugement
par défaut contre lequel l'opposition reste ouverte, le délai pour commencer l'enquête court
seulement à partir de la signification du jugement à personne ou domicile.

(1) Voyez mon 3e volume, p. 155.
(2) *Ibidem*, p. 33 et suiv.

Cependant il n'est pas rare qu'une enquête ART.
soit à faire, en vertu d'un véritable jugement par défaut. S'il est reconnu que des faits énoncés dans un ajournement acquièrent, en général, une assez forte présomption de vérité contre la partie qui ne comparaît pas, pour que le tribunal doive se dispenser de faire appeler des témoins, on sait qu'il n'en est pas de même quand l'ordre public est en cause. Le silence ne peut y tenir lieu de preuve.

Or, dans le cas d'une enquête ordonnée *par défaut*, quel jour s'ouvrira le délai pour
la commencer? Le jour de l'expiration du délai 257.
de l'opposition, dit la loi.

Cela se comprend et s'applique aisément, lorsque le jugement qui admet les faits est rendu par défaut, *faute de conclure*, c'est-à-dire *contre avoué* (1). La signification du jugement à l'avoué fait courir un premier délai de huitaine pendant lequel l'opposition peut être faite (2). Le terme étant expiré sans qu'il y ait eu opposition, elle n'est plus recevable.
C'est alors que court immédiatement un se- 157.

(1) Voyez mon 3e volume, p. 29 et 118.

(2) *Ibidem*, p. 130 et suiv.

ART. cond délai de huitaine pour commencer l'enquête.

Mais vous n'avez point oublié que les jugements et les arrêts rendus par défaut, faute de constitution d'avoué, c'est-à-dire rendus *contre partie*, sont comme non avenus, s'ils n'ont pas été exécutés dans les six mois de leur
156. obtention, et que l'opposition est recevable
158. jusqu'à l'exécution : vous vous rappelez aussi
159. les circonstances qui caractérisent l'exécution, et qui mettent la personne condamnée assez violemment en demeure, pour qu'elle ne puisse l'ignorer, et différer plus longtemps son opposition.

Évidemment cette exécution forcée n'est pas praticable, si le jugement ne porte point une condamnation qui puisse frapper, par quelque voie de contrainte, la personne ou les biens du défaillant. Tel n'est pas le jugement qui ordonne une enquête et réserve les dépens ; son exécution ne gît que dans la confection de l'enquête. Maintenant voici comme argumenteraient les gens dont l'inflexible logique veut aller au bout de toutes choses : le délai pour commencer une enquête contre une partie qui n'a point constitué d'avoué court seulement du jour où l'opposition au jugement par défaut, qui a permis la preuve, n'est plus recevable; or, l'opposition est recevable jusqu'à ce que l'exécution soit consommée, donc le délai pour commencer l'enquête, en ce cas, ne s'ouvre qu'après que l'enquête est faite. Ce serait trop absurde. ART.

Je crois avoir démontré, en traitant des *Jugements par défaut et Oppositions*, que cette innovation du Code de procédure, qui étend jusqu'aux dernières rigueurs de l'exécution le degré de certitude requise pour que le jugement soit réputé connu de la partie condamnée, n'avait pas toujours été sainement comprise. Dans mes hypothèses d'application, j'ai résolu d'avance, comme il suit, la question qui se présente ici : S'il s'agit d'une demande en interdiction, d'une séparation entre époux, le défaut de comparution du défendeur ne dispense pas le tribunal d'ordonner la preuve des faits allégués; les dépens sont réservés en définitive, et le jugement qui ne contient pas de condamnation ne peut être exécuté par aucune voie de contrainte. Toutefois il recevra l'exécution que sa nature comporte, par les diligences qui seront faites pour parvenir à l'audition des témoins. L'exécution sera *tout ce*

Art. *qu'elle peut être*; elle sera connue *autant qu'elle peut l'être*. Il faut bien qu'il y ait moyen de faire marcher les affaires à leur terme (1).

Vous signifierez donc le jugement à la personne ou au domicile du défaillant; puis vous laisserez écouler les huit jours pendant lesquels l'exécution des jugements par défaut doit
155. rester suspendue (2); cette huitaine étant expirée sans qu'il y ait eu opposition, vous prendrez l'ordonnance du juge-commissaire pour faire assigner vos témoins, comme bientôt je l'expliquerai; l'enquête sera *censée* commen-
259. cée, le jugement sera *censé* exécuté, et l'opposition ne sera plus recevable. Il est bien entendu que si l'opposition était formée dans la huitaine, ou même avant l'ordonnance du juge-commissaire, l'exécution du jugement demeurerait de nouveau suspendue. Dès que l'on est obligé de suspendre pendant huit jours, dans l'attente de cette opposition, à plus forte raison ne doit-on point passer outre quand elle arrive à temps. Alors le délai, pour commencer l'enquête, ne pourra courir que du jour où l'avoué de l'opposant aura reçu la signification

(1) Voyez mon 3e volume, p. 80, 84 et 152.

(2) A moins qu'en cas d'urgence l'exécution provisoire n'ait été ordonnée.

du jugement portant *débouté* de l'opposition. ART.

C'est à ce parti qu'on a dû s'arrêter. C'est une exception qu'il a fallu créer, parce que sa nécessité n'avait pas été prévue : *Angustia prudentiæ humanæ casus omnes quos tempus reperit non potest capere*, a dit Bacon, et parce que le juge ne peut refuser de juger, sous prétexte du silence, de l'obscurité ou de l'insuffisance de la loi (1). J'ai eu plus d'une fois occasion d'en faire la remarque : ce n'est pas chose facile que de raccommoder les lois, de mêler de jeunes systèmes à l'économie des anciennes dispositions, d'animer de la même vie les âges divers de cet assemblage d'articles, de coordonner leurs rapports et de les faire fonctionner à l'unisson. L'Évangile conseille de ne pas coudre un morceau neuf à de vieux vêtements, et de ne pas verser du vin nouveau dans de vieilles outres : *Alioquin rumpuntur utres, et vinum effunditur et utres pereunt* (2).

L'enquête doit-elle se faire devant un autre tribunal que celui qui l'a ordonnée, et à une distance au-delà de trois myriamètres? le délai de huitaine ne suffit plus pour la commencer,

(1) Code civ. art. 4.

(2) *Matth.* cap. IX, 16 et 17.

ART. et pour requérir l'ordonnance du juge-commissaire, qui peut n'être pas encore connu, si cet autre tribunal a été chargé de le désigner.
258. Dans ces cas seulement, la loi laisse aux juges qui ont permis la preuve, le soin de fixer par leur jugement un délai plus long, eu égard à l'éloignement des lieux et à la difficulté des communications.

C'est la signification du jugement qui ouvre le cours du délai, et la loi veut que ce délai
257. courre également contre la partie qui a fait la signification. Si l'on se fût tenu, comme au temps de l'ordonnance, dans les termes de la maxime commune : *nul ne se forclot soi-même*, vous auriez vu le plaideur le plus diligent s'empresser de mettre étroitement son adversaire en demeure de commencer l'enquête, et se ménager à lui-même plus de temps, pour circonvenir et endoctriner les témoins. N'était-il pas fort inutile d'ailleurs d'obliger le défendeur à reporter au demandeur la signification que celui-ci venait de lui faire, et de perdre à la fois du temps et des frais ? Les enquêtes doivent être respectivement commencées dans le même délai, et ce délai devient commun du jour où l'une des parties a signifié le jugement à l'autre. C'est un meilleur ordre de choses.

L'ordonnance de 1667 voulait qu'il fût procédé aux enquêtes, *nonobstant opposition ou appellation* (1). Mais cette disposition n'était pas observée dans tous les ressorts. A Toulouse, on ne passait outre qu'après en avoir obtenu la permission du juge supérieur (2). C'était aussi l'avis de Pothier que le délai, pour commencer l'enquête, ne devait courir que du jour où l'arrêt confirmatif de l'appointement de contrariété aurait été signifié, attendu que l'appelant n'aurait pu faire sa contre-enquête sans renoncer à son recours : quant à l'autre partie, il est vrai qu'elle eût été libre d'amener ses témoins par provision ; mais on ne lui faisait point un crime d'avoir prudemment déféré à l'appel (3). Sous quelques rapports, il y avait du spécieux dans ces considérations ; toutefois elles étouffaient l'esprit de l'ordonnance qui visait à resserrer la gêne des délais, afin de laisser moins de facilités aux manœuvres de subornation. ART.

Le système du Code de procédure, en ce qui concerne l'appel de l'appointement de con-

(1) Tit. 22, art. 2 et 9.

(2) Rodier, sur l'art. 2 du tit. 22 de l'ordon.

(3) *Traité de la procéd. civ.* 1re part., chap. 3, art. 4, § 2.

ART. trariété, est tout différent. Il importe de le bien comprendre.

Vous savez que le délai pour commencer l'enquête court seulement du jour de l'expiration des délais *de l'opposition* : le législateur n'a point ajouté *ou de l'appel*, ce qui aurait suffi pour étendre l'exception à ce cas. De là cette conséquence toute frappante, que l'on n'a point entendu suspendre l'enquête pendant le délai de l'appel, comme on l'a fait pour les délais de l'opposition. Et le motif n'est pas difficile à saisir : le recours de l'opposition est plus favorable; ses délais sont brefs; ils ne peuvent retarder considérablement l'ouverture de l'enquête, lors même que le jugement par défaut qui l'a ordonnée, a été rendu *faute de comparution*. Au contraire, le délai de l'appel est fort long : autre chose est de suspendre pendant huit jours, ou de suspendre pendant trois mois.

Le délai pour commencer l'enquête n'est donc pas suspendu pendant le délai de l'appel. Il y a deux arrêts de la Cour de cassation qui l'ont ainsi jugé. Le dernier est du 9 mars 1836 (1).

(1) *Journal des Avoués*, t. 28, p. 73 et suiv., et t. 50, p. 337 et suiv.

Cependant ne confondez point. De ce que le délai pour commencer l'enquête n'est pas suspendu pendant la durée *du délai de l'appel*, il ne s'ensuit pas que l'enquête puisse être commencée *nonobstant l'appel* (1). C'est ici surtout que l'explication est nécessaire. ART.

L'article 457 du Code de procédure dit que l'appel des jugements définitifs ou interlocutoires est suspensif. Oui, mais notez que ce n'est pas la faculté d'appeler qui suspend; c'est l'acte d'appel.

Tant qu'un jugement n'est pas attaqué, quoiqu'il puisse l'être, il a sa force *actuelle* de chose jugée, il est *exécutoire*. La possibilité d'un appel n'est point une présomption de droit qui ait la vertu d'arrêter l'exécution. Ouvrez *l'Exposé des motifs* sur le titre *de l'Appel*, par M. Bigot de Préameneu, vous y verrez « qu'il résulte évidemment des dispositions du Code que tout jugement *en premier ressort* a la force de chose jugée *lorsqu'il n'est pas encore attaqué*, ou lorsqu'il ne peut plus l'être (2). »

(1) A moins que le jugement ne soit exécutoire par provision.

(2) C'est une citation que l'on a pu déjà remarquer

ART. Je l'ai dit ailleurs : En premier ressort, la force de chose jugée subsiste jusqu'à ce qu'il y ait appel ; alors elle s'évanouit ; c'est à recommencer. En dernier ressort, elle est irrévocable. Voilà tout (1).

Mais il en est qui se récrient, et qui demandent s'il est permis de restreindre ce droit sacré, ce privilége que la loi confère, ce temps qu'elle a jugé moralement nécessaire pour délibérer sur les chances d'un appel, et pour faire tous les actes et toutes les démarches qui s'y rapportent ? Sans aucun doute : Si j'ai gagné ma cause en première instance, je ne serai point obligé, pour faire exécuter la sentence contre mon adversaire, d'attendre l'expiration des trois mois. Il faudra bien qu'il abrége lui-même ce délai, qu'il se hâte de me faire signifier son appel, s'il veut m'arrêter et empêcher l'exécution. De même pour les jugements par défaut : Le Code veut que l'opposition de la partie qui n'a point comparu soit recevable jusqu'à l'exécution ; il est donc permis de faire exécuter pendant le délai de l'opposition.

dans mon 3e volume, au chapitre *Des Jugements par défaut et Oppositions.*

(1) *Ibidem.*

Ces principes étant rétablis, je vais les appliquer à la procédure des enquêtes. ART.

J'ai besoin de répéter que l'enquête est *censée* commencée pour chacune des parties, par l'ordonnance que leur délivre le juge-commissaire, à l'effet d'assigner les témoins.

Cette exécution a un caractère tout particulier. Ce n'est point une exécution pratiquée par l'une des parties contre l'autre, comme serait une saisie de meubles ou d'immeubles; c'est une charge imposée à l'une et à l'autre, pour la preuve respective des faits articulés par l'une, et des faits opposés par l'autre: *onus probandi*. Le jugement ne condamne ni l'une ni l'autre; celle qui le signifie fait courir le délai contre elle-même. Pour les exécutions ordinaires, il faut, outre la signification à avoué, une signification à personne ou domicile, un commandement, un itératif commandement: ici la simple signification à avoué suffit; elle met la partie en demeure de commencer l'enquête dans les huit jours qui suivent, si elle n'interjette pas appel.

Mais cette partie n'aura donc pas ses trois mois pour appeler? Elle pourra les avoir tout entiers, si elle veut courir les risques d'une déchéance, dans le cas où l'appointement de

ART. contrariété viendrait à être confirmé; car elle aura laissé passer les délais pour commencer son enquête, tandis que l'adversaire aura fait la sienne. *Melius est occurrere in tempore, quam post exitum vindicare.*

Elle sera donc forcée de donner les mains à l'exécution d'un jugement qu'elle se propose d'attaquer, et d'acquiescer à l'admission d'une preuve qu'elle croit inadmissible? Non, pourvu qu'elle interjette son appel avant l'expiration du délai dans lequel l'enquête doit être commencée, c'est-à-dire, dans lequel doit être prise l'ordonnance du juge-commissaire. Alors tout restera suspendu jusqu'à ce que la Cour d'appel ait prononcé.

Cela rentre dans les termes du droit commun. On peut poursuivre l'exécution d'un jugement, avant que les voies de recours soient fermées. C'est au plaideur qui veut appeler de sa condamnation, à se presser, à devancer le terme des délais, s'il tient à ne pas entendre sur la place publique crier l'enchère de ses meubles, ou à ne pas voir au coin des rues placarder la saisie de ses immeubles.

Le jugement qui avait ordonné l'enquête est-il confirmé? Les parties reviennent pour son exécution devant le tribunal de première instance; elles se retrouvent au point où elles étaient lorsque l'appel vint tout arrêter et suspendre. L'arrêt confirmatif doit bien être signifié à l'avoué d'appel, conformément à la règle générale de l'article 147, mais ce n'est pas cette signification qui rouvre le délai; car la Cour n'a point ordonné une enquête, elle n'a fait que mettre un appel au néant. C'est l'avoué de première instance qu'il faut légalement avertir, par la signification de l'arrêt, que le délai pour commencer l'enquête va reprendre son cours. La même marche est naturellement indiquée en cas de désistement d'appel : on signifie le désistement et l'acceptation de l'intimé à l'avoué de première instance, attendu qu'il est réputé ne pas savoir ce qui a pu se passer hors de la juridiction de son tribunal. Art.

C'est parce que l'appel est essentiellement suspensif, qu'il a fallu marquer dans la loi les cas exceptionnels où l'exécution du jugement attaqué ne serait pas suspendue, et pourrait être provisoirement permise. Ces cas sont spécifiés au titre *Des Jugements*, article 135 du Code de procédure. Il résulte de la discussion au Conseil d'état que cet article est rigoureusement *limitatif;* on retrancha du projet une

ART. disposition, qui semblait laisser aux tribunaux la faculté d'ordonner l'exécution provisoire de leurs sentences, dans d'autres cas non exprimés (1).

Si les juges ont omis de prononcer l'exécution provisoire alors qu'ils le devaient, il ne leur est pas permis d'y suppléer par un second jugement. Mais, sur l'appel, on peut demander à la Cour l'autorisation de faire exécuter provisoirement, jusqu'à ce que vienne son arrêt sur le fond (2).

La confection d'une enquête n'est point, de sa nature, un cas d'exécution provisoire. Pour qu'elle obtienne cette faveur, il faut que l'affaire dans laquelle la preuve testimoniale a été admise, se trouve classée parmi les exceptions de la loi. Exemple : Il y a procès au sujet de certaines réparations urgentes ; le propriétaire soutient qu'elles ont été causées par le fait du locataire; celui-ci dénie ce qu'on lui impute ; la preuve est admise. Les juges peuvent dire que l'enquête se fera nonobstant appel, parce que l'article 135, n° 2, permet d'ordonner l'exécution provisoire *lorsqu'il*

(1) Voyez mon 2e volume, chap. 8, p. 577.

(2) *Ibidem*, p. 579.

s'agit de réparations urgentes. Mais en toutes autres matières, qui ne sont point particulièrement affranchies de la règle, l'enquête suit le sort du principal. ART.

Cependant des auteurs prétendent que, sans avoir égard à la nature de l'affaire, il est toujours permis d'ordonner qu'une enquête sera faite par provision et nonobstant l'appel, si les témoins sont âgés, malades, ou obligés de faire un voyage. Des Cours royales l'ont ainsi jugé (1). C'est usurper la puissance de la loi; c'est ajouter arbitrairement aux exceptions qu'elle a déterminées, et renverser les barrières qu'elle a posées. Les sages de notre temps ont voulu faire revivre, à peu près, les anciennes enquêtes *d'examen à futur*, « quoique l'article 1er du titre 13 de l'ordonnance de 1667 les ait formellement abrogées, et que le Code de procédure ne les ait point rétablies », a dit naïvement M. Carré (2).

L'usage de ces sortes d'enquêtes nous était venu d'une mauvaise interprétation de quel-

(1) Voyez deux arrêts de la Cour de Nîmes des 6 janvier et 20 mars 1808, Sirey, 14-2-424, et un arrêt de Rennes, cité par M. Carré, *Lois de la procéd.*, tom. 1, p. 640.

(2) *Lois de la procéd.*, t. 1, p. 641.

ART. ques textes du droit romain, que les Décrétales avaient suivie.

On les faisait par prévision, et sans examen préalable des faits, avant d'intenter l'action, quelquefois après l'introduction de l'instance, mais toujours avant la contestation en cause, sous le prétexte qu'il y avait lieu de craindre le dépérissement de la preuve. On y procédait en vertu de lettres obtenues aux chancelleries des parlements; ces lettres se vendaient et se délivraient au greffe : *imò ratio erat ad eruscandas pecunias.* L'enquêteur qui recevait les dépositions, les tenait closes et scellées, jusqu'à ce que le temps de les produire fût arrivé; et si, à ce temps, les témoins étaient encore vivants, ou revenus au pays, on les faisait récoler ou *réouir*, après la contestation de la cause (1).

Des plaintes nombreuses accusaient ces enquêtes anticipées, de sacrifier à d'astucieux calculs ce qui restait de garanties contre les dangers de la preuve testimoniale. Les commissaires chargés de rédiger le projet de l'ordonnance, avaient dressé douze articles pour y porter quelque remède; mais M. de Lamoi-

(1) *Practique* d'Imbert, liv. 1, chap. 43, n° 6.

gnon dit à la Conférence : *Centum lituris mederi non possis, unâ possis facile ;* abrogez d'un seul mot les enquêtes *d'examen à futur.* Il ajouta « qu'il était extrêmement périlleux, avant que des faits fussent reçus, et avant qu'une cause fût contestée, de faire des preuves telles que l'on voulait par une enquête, sans que la partie pût en faire au contraire, et de se donner cette liberté, en vertu de lettres qui s'accordaient dans toutes les chancelleries du royaume, sans aucune connaissance de cause ; que l'on voyait tous les jours que les témoins moribonds recouvraient leur santé, et que les grands voyageurs étaient de retour de leurs courses, aussitôt que leur déposition était achevée ; que sous ces prétextes illusoires, par lesquels les juges se trompaient eux-mêmes volontairement, ils donnaient de grandes pentes aux affaires ; que ces enquêtes étant faites, on ne manquait pas de dire qu'elles ne devraient être ouvertes qu'autant que les faits auraient été reçus ; et néanmoins, en disant cela, on les produisait, et on les voyait dans les procès par écrit ; on les mettait entre les mains des gens du roi, pour les causes d'audience, lesquels, en déclamant toujours contre cet abus, ne laissaient pas d'en faire le

ART. rapport; que même toutes les défenses qui seraient faites de les ouvrir n'empêcheraient jamais qu'on ne sût ce qu'elles contiennent, et qu'elles ne fissent une impression très-forte dans l'esprit des juges. Que les parties qui savaient qu'il y avait un sac au greffe, contenant une pièce importante pour leur cause, trouvaient mille moyens de la mettre en usage; que les juges sollicitaient eux-mêmes de la voir, comme si elle pouvait servir à leur instruction et à découvrir la vérité; que l'expérience avait fait voir jusqu'ici que les enquêtes d'examen à futur étaient, ou inutiles, si l'on en usait bien, ou très-dangereuses, si l'on en abusait, comme il arrivait ordinairement. »

Après ces observations, *toutes enquêtes d'examen à futur* furent abrogées; il fut défendu à *tous juges* de les ordonner et d'y avoir égard, à peine de nullité.

Voilà ces nuages lointains qu'on essaie de nous ramener, cette vieille poussière que l'on se plaît à secouer sur les préceptes d'une expérience consacrée, sur les textes vivants de la loi. Il est vrai qu'on ne va point encore jusqu'à prétendre qu'il soit permis de faire une enquête de précaution, avant d'entamer l'instance, ou avant de faire juger la pertinence et l'admissibilité des faits ; mais on s'émeut en considération du dépérissement possible d'une preuve admise, et suspendue par l'appel de l'interlocutoire ; on veut que la Cour royale ait toute liberté d'autoriser provisoirement l'audition des témoins, sauf à dire après, s'il y échet, qu'il avait été mal jugé et que la preuve n'était pas recevable. Si vous objectez qu'aujourd'hui l'on ne peut procéder à l'exécution provisoire d'une sentence, hors des cas déterminés par l'article 135 ; qu'une enquête ne forme point par elle-même une exception qui doive rompre l'effet suspensif de l'appel ; on vous répondra *qu'il est des circonstances où l'on peut encore admettre les enquêtes d'examen à futur, que l'ordonnance avait formellement abrogées, et que le Code n'a point rétablies* (1). On vous citera Rodier, lequel rapporte que le parlement de Toulouse permettait de faire enquête en attendant que l'appel fût jugé (2). Je le crois bien ; du temps de Rodier, les enquêtes devaient se poursuivre *nonobstant oppositions*, APPELLATIONS, *récusations*, etc., et sans y préjudicier ; c'était un

ART.

(1) M. Carré, *Lois de la procéd.*, t. 1, p. 641.
(2) *Ibidem.*

ART. reste d'abus que l'ordonnance avait laissé subsister. Mais, au parlement de Toulouse, il était d'usage d'ajouter l'autorité de la Cour à l'autorité de la loi, et il fallait, pour passer outre, demander l'autorisation surérogatoire du juge supérieur, ce qui s'obtenait fort aisément, dit l'auteur (1).

En résultat : le Code ne dit point que les enquêtes ordonnées en première instance se feront nonobstant *appellation*; il ne met point la confection des enquêtes au nombre des cas d'exécution provisoire; il ne veut point que l'on puisse se décider, en appel, à confirmer un interlocutoire, parce que l'enquête se trouvera toute faite, ce qui n'est pas d'une médiocre influence. Quant au dépérissement des preuves, c'est un malheur qui peut arriver à tout moment, et si c'était assez de dire qu'on en a peur, tout le monde se placerait hors de la règle. Est-il rien de plus facile, d'ailleurs, que d'indiquer comme témoins nécessaires, un vieillard, un voyageur, qui n'auraient rien à dire, mais qui serviraient de prétexte pour dépêcher provisoirement la preuve (2)?

(1) Rodier, sur l'art. 2 du tit. 22 de l'ord.

(2) Voyez le *Comment.* de M. Pigeau, t. 1, p. 498 et

ART.

Il est temps de commencer l'enquête. A prendre les mots dans leur acception naturelle, une enquête commence par le serment et par la déposition du premier témoin. C'était ainsi qu'on l'entendait autrefois. Mais il arrivait que les parties se trouvaient trop étroitement gênées, relativement au délai, quand elles avaient des témoins éloignés à faire venir ; alors, et pour se donner plus d'aisance, on assignait une personne quelconque qui venait déclarer qu'elle ne savait rien, et l'enquête était légalement commencée.

Le système du Code a rendu ce manége inutile. L'enquête est censée commencée par l'or- 259.
donnance que chacune des parties obtient du juge-commissaire, pour assigner les témoins aux jour, heure et lieu qu'il indique : ce doit être le jour le plus convenable, eu égard au plus ou moins d'éloignement de la demeure des parties et des témoins.

Cette ordonnance marque donc le commencement de l'enquête : l'une et l'autre des parties sont obligées de la prendre dans le même délai, celui fixé par la loi, ou par le juge-

499 ; et la *Jurisp. générale* de M. Dalloz, t. 6, p. 852 et 853.

ART. ment; car il court à la fois contre l'une et contre l'autre. Vous concevez que le juge-commissaire n'indique pas la même heure ou le même jour, pour l'audition des témoins de l'enquête et de la contre-enquête; car, ainsi que l'observait fort bien le Tribunat, il serait physiquement impossible de les faire déposer tous à la fois (1).

Vous verrez plus loin que l'audition du pre-
278. mier témoin de chacune des enquêtes fait seulement courir le délai dans lequel elles doivent être respectivement parachevées.

Reprenons : L'enquête est *censée* commencée pour chaque partie, par l'ordonnance du juge-commissaire; en conséquence, ajoute la loi, il ouvrira les procès-verbaux respectifs par la mention de la réquisition et de la délivrance de son ordonnance.

Cette disposition ne s'exécute pas d'une manière uniforme dans tous les tribunaux.

Il en est où le juge-commissaire fait l'ouverture du procès-verbal d'enquête, en même temps qu'il délivre l'ordonnance pour assigner les témoins; c'est-à-dire qu'il commence son procès-verbal dès cet instant, en faisant men-

(1) Voyez ci-dessus, p. 242.

tion de la comparution de l'avoué qui vient lui présenter la requête, et de l'ordonnance par laquelle il y fait droit; puis, au jour qu'il a fixé pour entendre les témoins, le procès-verbal se reprend, et se continue par un *Advenant*. ART.

D'autres juges-commissaires n'*ouvrent réellement* le procès-verbal que le jour où les témoins comparaissent; mais en l'*ouvrant*, ils relatent la requête qui leur avait été présentée, et l'ordonnance qui l'avait suivie.

Dans l'une, comme dans l'autre de ces manières de procéder, l'enquête est toujours *censée* commencée par la délivrance de l'ordonnance.

La première s'est établie d'après les formules que des auteurs s'empressèrent de publier, aussitôt que parut le Code de procédure. Je ne la critique pas; mais je ne pense point qu'il faille absolument l'admettre et rejeter l'autre (1).

Il serait même possible de soutenir, avec quelque avantage, que la seconde est plus conforme à l'esprit et à la lettre de la loi.

En effet, les opérations de l'enquête ne sont

(1) Sirey, 28-2-351.

ART. pas *réellement* commencées, elles sont *censées* commencées quand le juge-commissaire délivre son ordonnance. C'est une fiction qui sert à déterminer le cours du délai.

Comme le procès-verbal doit contenir tout ce qui est relatif à l'enquête, il est *censé* ouvert le jour de l'ordonnance : le Code ne dit point qu'il faut *réellement* l'ouvrir au même instant. Au contraire, l'article 259 ne parle *au présent* que dans sa première disposition : *L'enquête est censée commencée pour chacune des parties par l'ordonnance qu'elle* OBTIENT *du juge-commissaire.* Cet article n'ajoute pas : *en conséquence le juge* OUVRE *son procès-verbal*, ce qui eût été la seule expression naturellement convenable, si le procès-verbal devait s'ouvrir de suite; mais il dit : *en conséquence, le juge* OUVRIRA *les procès-verbaux respectifs par la mention de la réquisition et de la délivrance de son ordonnance*. En conséquence de quoi? de la fiction qui fait remonter le commencement de l'enquête au jour où il délivre son ordonnance. Il *ouvrira* le procès-verbal, lorsque les témoins viendront prêter serment et déposer, et, en *l'ouvrant*, il relatera comment il avait été précédemment requis de donner cette ordonnance, et comment il l'avait donnée.

L'article 259 peut être fort bien entendu dans ce sens, et il n'y a pas le moindre inconvénient à l'exécuter de même (1). Art.

Je crois que la partie qui n'aurait pas fait venir les témoins au jour fixé par le juge-commissaire, ne serait pas recevable à demander une nouvelle ordonnance, quoiqu'elle fût encore dans le délai pour commencer l'enquête. Elle-même a fait sa loi ; elle a réglé son temps, en n'usant pas de la totalité du délai, lorsqu'elle a requis la permission d'assigner ; elle a volontairement renoncé à l'excédant. Une enquête ne peut être commencée deux fois, ni réellement, ni fictivement, à moins qu'une force majeure, une impossibilité absolue n'ait pas permis de donner suite à la première ordonnance (2).

Les témoins sont assignés à personne ou domicile : ceux qui demeurent au lieu où se fera l'enquête, ou dans un rayon de trois myriamètres, doivent l'être un jour *au moins* 260.
avant leur audition. On ajoute un autre jour, par trois myriamètres, pour ceux dont le do-

(1) Sirey, 28-2-251.

(2) Voyez les arrêts rapportés par M. Dalloz, *Jurisp. génér.*, t. 6, p. 857 et 858. M. Carré professe une opinion contraire.

ART. micile est plus éloigné. S'il est bon quelquefois qu'un témoin ne sache pas trop tôt qu'il est appelé à déposer, il faut toujours lui donner le temps d'arriver.

Chaque témoin reçoit, avec son assignation, copie du dispositif du jugement qui a ordonné la preuve, *en ce qui concerne les faits admis*, et de l'ordonnance du juge-commissaire.

Toutes ces formalités sont prescrites à peine de nullité, non pas de l'enquête entière, mais des dépositions des témoins envers lesquels elles n'auraient pas été observées.

Vous savez que l'on a accordé aux plaideurs la faveur d'assister aux enquêtes. Voici les dispositions du Code à cet égard : « La partie
261. sera assignée, pour être présente à l'enquête, au domicile de son avoué, si elle en a constitué, sinon à son domicile ; le tout trois jours *au moins* avant l'audition : les noms, professions et demeures des témoins à produire contre elle, lui seront notifiés ; le tout à peine de nullité (1). »

(1) Dans la première rédaction de l'article 261 et de celui qui précède, on avait ajouté le mot *franc* au nombre de jours composant les délais ; mais il a été retranché sur les observations du Tribunat, attendu que par une disposition générale, celle de l'article 1033, le Code

Il n'y a peut-être pas de texte qui ait été plus étrangement méconnu, plus controversé, plus tiraillé, plus maltraité de tout point. ART.

Il faut d'abord expliquer son esprit, l'utilité de son but, et les rapports de ses parties entre elles. On jugera mieux des outrages qui lui ont été faits.

Rarement la personne contre qui se fait une enquête, connaît assez bien les droits qu'elle peut exercer et les obligations qu'elle doit remplir, pour n'avoir pas besoin d'un guide qui l'éclaire et la dirige. On ne saurait prévoir tout ce que le hasard ou la fraude peuvent jeter d'embarras dans la marche des affaires. C'est par ce motif que le domicile de cette personne est fictivement transféré chez l'avoué qu'elle a constitué, lequel recevra pour elle la notification de la liste des témoins, et l'assignation qui lui sera donnée, afin qu'elle assiste à leur audition.

Si cette disposition n'existait pas, il ne serait point impossible que le demandeur qui poursuit l'enquête, profitât de l'instant où l'autre partie se trouverait absente, pour l'assigner et lui notifier la liste des témoins, et que la si-

devait dire que le jour de l'assignation et celui de l'échéance ne sont jamais complets.

ART. gnification ne lui fût pas fidèlement remise. La brièveté des délais aidant, l'enquête se ferait sans contradicteur, et les témoins les plus suspects déposeraient sans craindre interpellations ni reproches. Mais il y a toute sécurité alors que, de par la loi, le domicile de la partie est élu chez l'avoué. L'attente, l'intérêt du moment tiennent l'officier ministériel en éveil ; les précautions sont prises pour qu'il sache où prendre son client, et ses habitudes au palais, ses relations journalières au greffe, ne permettraient pas qu'on lui dérobât les approches de l'enquête.

La partie doit être avisée des noms, professions et demeures des témoins qui lui seront opposés, afin qu'elle puisse connaître leur qualité et vérifier leur idonéité. Or elle besognerait peut-être fort inutilement, si, recevant la notification de première main, et loin de son avoué, elle se mettait en frais de recherches, et ne savait pas la nature et les motifs des reproches qu'il est permis de proposer contre un témoin, *vitia et impugnationes testium* ; ou bien elle perdrait un temps précieux, s'il lui fallait d'abord venir demander des conseils, et retourner ensuite à ses informations. La loi y pourvoit encore au moyen de cette substitution du domicile légal de l'avoué, au domicile réel de la partie, pour la remise de l'assignation et de la notification. L'avoué chez qui elles sont directement signifiées, les transmet aussitôt, avec ses instructions sur l'espèce et la portée des renseignements qu'il conviendra de se procurer. ART.

C'est dans la forme ordinaire des ajournements que doit être rédigée l'assignation pour assister à l'enquête; l'exploit est revêtu de toutes les formalités prescrites par l'article 61; il est fait au domicile de l'avoué, comme si c'était là le véritable domicile du plaideur qu'on assigne.

Telle a été, ce me semble, la pensée du législateur. Elle respire dans son texte, qui enseigne en même temps qu'il commande; on la devinerait, lors même qu'elle ne serait pas aussi transparente, par ses affinités avec les principes généraux du Code (1), comme on conjecture les dispositions d'une personne raisonnable avec laquelle on a vécu, et dont on connaît les maximes. Vous aurez donc grande peine à croire à toutes les déviations que je vais signaler.

(1) Voyez mon 2e volume, chap. 7, p. 457.

ART. On a jugé *en principe* qu'une sommation faite à l'avoué, de se trouver à l'audition des témoins *et d'y faire trouver sa partie, si bon lui semble*, remplissait suffisamment le vœu de la loi (1). C'était charger l'avoué d'assigner son client, car la loi veut que le client soit assigné. C'était confondre la simple signification à avoué avec l'assignation à la partie.

On a jugé que c'était assez de laisser une seule copie de l'assignation et de la notification de la liste des témoins, au domicile de l'avoué, quoiqu'il représentât un certain nombre de défendeurs (2). Si toutes les parties n'eussent pas été réputées, par la force de la loi, demeurer dans la maison de leur avoué, l'exploit n'aurait-il pas dû être porté séparément au domicile particulier de chacune d'elles? Une seule copie ne peut être légalement adressée qu'à une seule des personnes comprises dans l'assignation; cette personne seule connaîtra donc le jour de l'ouverture de l'enquête et les noms des témoins: les autres seront exposées au danger de rester sans défense, et de perdre leur droit d'interpeller, ou de reprocher.

(1) Sirey, 14-2-341.

(2) Sirey, 25-2-123. L'arrêt a été cassé, 26-1-269.

On a jugé que la partie ne doit être assignée au domicile de son avoué, que dans le cas où l'enquête se fait au tribunal près duquel cet avoué exerce ses fonctions, et que l'assignation, la notification de la liste des témoins, peuvent être très-valablement remises au domicile de cette partie elle-même, lorsque le lieu de l'enquête est plus éloigné (1). C'était une distinction tout arbitraire. Ce n'était pas interpréter la loi, car ses termes sont clairs, absolus; c'était la changer. C'était isoler la partie, l'abandonner aux périls de son ignorance, la séparer de son guide et la priver des avis qui doivent la diriger. Le serpent, a dit Bentham, fait passer tout son corps où il est parvenu à glisser sa tête; en fait d'arbitraire, c'est à cette tête subtile qu'il faut prendre garde, si l'on ne veut voir bientôt se dérouler à la suite tous ses replis tortueux. ART.

On a jugé, et dans les premiers temps la Cour de cassation elle-même avait couvert cette erreur de son autorité, que le délai de l'assignation, pour assister à l'enquête, ne devait point être augmenté à raison des distances;

(1) Dalloz, *Jurisp. génér.*, t. 6, p. 861. *Contrà*, arrêt de cassation, *ibidem*.

ART. que l'article 1033 du Code de procédure s'appliquait uniquement aux actes faits à personne ou domicile, et non à ceux qui, en matière d'enquête, sont signifiés à la partie, au domicile de son avoué (1). Une première considération ôte toute espèce de crédit à ce système; car, en le poussant à son dernier terme, il s'ensuit que la partie assignée à son domicile réel, n'a pas plus de droit à l'augmentation du délai, que celle qu'on assigne chez son avoué. En effet, l'article 261 porte que « la partie sera assignée, pour être présente à l'enquête, au domicile de son avoué, si elle en a constitué, *sinon à son domicile; le* TOUT *trois jours avant l'audition.* » Cette disposition embrasse incontestablement les deux hypothèses. Qui dit *le tout*, n'excepte rien. Il est donc impossible d'échapper à cette conséquence : si l'article 1038 n'est pas applicable au premier cas, il n'est pas applicable au second. Un particulier demeurant à Strasbourg se trouve engagé dans un procès au tribunal de Bayonne; il n'a point encore constitué d'avoué, et il reçoit *à son domicile* une assignation portant le délai

(1) Voyez les arrêts rapportés au *Journal des Avoués*, t. 11, p. 46 et suiv.

de trois jours, pour assister à une enquête qui doit se faire devant ce tribunal. Voyez combien il aura de temps pour franchir l'espace, et pour se mettre en mesure de fournir des reproches, quand il n'a connu les témoins qu'au moment où il a été sommé de venir les entendre! Maintenant voulez-vous supposer que l'habitant de Strasbourg avait constitué un avoué à Bayonne? On lui a signifié, *au domicile de cet avoué*, l'assignation à trois jours et la liste des témoins : certes, l'avis ne lui parviendra pas assez tôt, pour qu'il se rende à l'enquête, ou pour qu'il envoie des notes, qui n'avaient pu être préparées d'avance. Dans l'une et l'autre hypothèse, ce serait mettre la loi en accusation, que de se tenir à l'invariable fixité du délai de trois jours : il n'est pas possible qu'elle ait entendu refuser à celui qu'elle appelle, le loisir d'arriver.

On objecte que, si le délai est augmenté, la procédure languira et que les preuves pourront dépérir. Ce serait, pour conjurer le danger le moins imminent, et pour éviter un retard de quelques jours, se dévouer à la plus révoltante injustice. Remarquez donc d'ailleurs que l'article 260 accorde aux témoins un délai supplémentaire, eu égard à l'éloignement de leur

ART. domicile ; et, puisqu'il faut attendre à cause des témoins, pourquoi n'attendrait-on pas à cause de la partie ? Vaut-il mieux que celui qui fait l'enquête, puisse retarder malicieusement l'assignation qu'il doit donner à son adversaire, et le citer, tout juste, trois jours avant le commencement des dépositions, quelles que soient les distances?

Aujourd'hui la Cour suprême casse les arrêts qui refusent d'appliquer l'article 1030, lorsque les parties assignées pour être présentes aux enquêtes, demeurent à une distance de plus de trois myriamètres du lieu où elles doivent se faire.

« Attendu que, d'après l'article 261 du Code de procédure, la partie doit être assignée, pour être présente à l'enquête, au domicile de son avoué ;

» Qu'on ne doit pas néanmoins considérer cette assignation comme un simple acte d'avoué à avoué, mais bien comme un véritable exploit d'ajournement ;

» Qu'en effet cette assignation a été ordonnée, afin de donner aux parties la faculté de se présenter pour reprocher les témoins, et leur adresser les interpellations nécessaires ;

» Que le délai supplémentaire de l'art. 1033

est par conséquent applicable aux parties assignées pour être présentes aux enquêtes, lorsqu'elles demeurent à une distance de plus de trois myriamètres;

» Qu'en leur refusant ce délai, on créerait une distinction entre les parties qui demeurent à la distance de trois myriamètres, et celles qui demeurent au-delà de cette distance;

» Qu'au contraire, la loi a voulu, dans tous les cas, que la partie fût assignée, et que la liste des témoins lui fût notifiée;

» Qu'elle a voulu, afin d'éviter toute surprise, que l'avoué fît parvenir cette assignation et cette liste à la partie, et la mît ainsi à portée de se présenter, ou du moins de transmettre les renseignements nécessaires pour les reproches des témoins;

» Que la disposition de l'article 1033, quant au délai supplémentaire, doit donc être appliquée, pour que les droits accordés par les articles 270 et 273 (ceux d'interpeller ou de reprocher les témoins) ne soient pas illusoires;

» Que, par conséquent, en rejetant les moyens de nullité proposés par les demandeurs en cassation, contre l'enquête dont il s'agit, la Cour royale de Paris a contrevenu aux

ART. articles 261, 270, 273 et 1033 du Code de procédure civile (1). »

Voilà une conquête qui paraît assurée; toutefois cette question des délais est loin d'être épuisée.

Le délai de l'assignation pour assister à l'enquête reçoit un supplément, à raison de la distance entre le domicile de l'avoué, où cette assignation est remise, et le domicile de la partie, où elle est envoyée. Mais l'article 1033 veut que l'augmentation *soit du double*, quand il y a lieu à *voyage*, ou *envoi* et *retour*. Le supplément simple suffit bien pour que la partie soit avisée des noms, professions et demeures des témoins, et du jour où ils déposeront; mais ce n'est pas assez de temps pour qu'elle puisse rechercher, préparer ses moyens de reproches, faire parvenir ses notes, ou se rendre elle-même à l'enquête. Il y a lieu à *envoi*, puisque l'avoué doit envoyer à son client l'assignation et la liste des témoins; il y a lieu à *retour*,

(1) Sirey, 26-1-259. Un premier arrêt de la Cour d'Orléans avait été cassé; la Cour de Paris, à laquelle l'affaire avait été renvoyée, jugea comme celle d'Orléans. C'est la cassation de ce second arrêt que je rapporte ici, et qui fut prononcée, chambres réunies, sous la présidence de M. le Garde des sceaux.

puisqu'il faut que ces pièces *retournent* à l'avoué avec les notes du client, ou que celui-ci les apporte lui-même. L'augmentation sera donc du double. Cette conclusion est rigoureusement vraie ; cependant on ne songe guère à l'invoquer. Elle avait été implicitement admise par la Cour de Paris en 1808 (1) ; elle vient d'être formellement consacrée par la Cour de Nîmes, le 18 juillet 1838 (2). Art.

Je reprends l'exposition des vicissitudes interprétatives, par lesquelles a passé l'art. 261.

On a élevé cette autre difficulté : Est-ce à raison de la distance du domicile de l'avoué, ou à raison de la distance du domicile de la partie, que le délai doit être augmenté ? Un arrêt de la Cour de cassation du 11 janvier 1815 parut décider qu'il ne fallait considérer, pour le supplément du délai, que la distance entre le domicile de l'avoué et le lieu où l'enquête serait faite ; c'est du moins ce qui résulte de la notice de l'affaire contenue au Bulletin civil de la Cour (3). Un arrêt de Rennes, fondé sur ce *précédent*, jugea de même, et il en déduisit cette conséquence,

(1) *Journal des Avoués*, t. 11, p. 47.

(2) *Journal du Palais*, t. 2 de 1838, p. 165.

(3) Tom. 17, p. 7.

ART. qu'il n'y avait lieu à aucun délai supplémentaire, lorsque l'enquête se faisait au lieu même du domicile de l'avoué (1).

Il est vrai qu'en suivant cette fiction, qui transporte le domicile réel à un domicile élu, on se trouve amené à résoudre que le délai pour comparaître sur une assignation donnée à ce domicile, doit être calculé d'après la distance qui le sépare du prétoire du tribunal. Mais cela ne s'applique qu'au domicile d'*élection*, à ce domicile *spécial*, qu'une partie se constitue *volontairement* soit pour l'exécution d'un contrat, soit pour la poursuite d'une instance, parce que cette élection renferme un consentement réciproque des parties à être traitées en tout, pour l'exécution de l'acte, ou pour la poursuite de l'instance, comme si elles demeuraient réellement au lieu convenu.

La thèse change, lorsque c'est la loi qui transfère le domicile, qui l'établit, par son autorité, en un lieu déterminé où elle veut que certains actes de procédure soient faits. Dans ce cas, c'est l'esprit, c'est l'intention de la loi qu'il faut consulter et suivre. Or, si l'on

(1) *Journal des Avoués*, t. 11, p. 49.

décide que le délai ne doit pas être augmenté, quand l'avoué demeure au lieu où se fera l'enquête, quoique le domicile de la partie en soit éloigné de plus de trois myriamètres, on la prive nécessairement de tout moyen de comparaître, d'interpeller ou de reprocher les témoins. Autant vaudrait ne pas donner le moindre délai. ART.

Cette jurisprudence ne pouvait subsister; la Cour suprême l'a rétractée.

« Attendu que *la distance du véritable domicile des parties*, au lieu où l'on procède à l'enquête, pourrait être telle qu'il leur fût impossible de se rendre dans ce lieu pour fournir des reproches contre les témoins, et leur faire adresser des interpellations, si le délai de trois jours, dont parle l'article 261, était fixé d'une manière absolue, et si ce délai ne pouvait jamais être augmenté d'un jour par trois myriamètres de distance, conformément à l'article 1033;

» D'où il résulte qu'en rejetant le moyen de nullité proposé contre l'enquête dont il s'agit, pris de ce qu'il n'a été donné aux demandeurs, par l'exploit d'assignation au domicile de leur avoué, qu'un délai de trois jours pour être présents à l'enquête, *quoique*

ART. *plusieurs d'entre eux fussent domiciliés dans des lieux éloignés de plusieurs myriamètres de celui où l'enquête a été faite.....* La Cour royale d'Orléans a violé les articles précités (1). »

M. Merlin, en rapportant cet arrêt, y a joint la note suivante, qu'il est bon de connaître : « Je dois remarquer ici une étrange erreur qui s'est glissée dans la *notice* que contient de cet arrêt le bulletin civil de la Cour de cassation, tome 28, page 344. Voici comment elle débute :

« *Il s'agissait de savoir,* 1° *si le délai de trois jours fixé par l'article* 261 *du Code de procédure pour la comparution des parties à la prestation du serment des témoins, et à leur audition, est susceptible de l'augmentation d'un jour établie par l'article* 1033 *du même Code, à raison de trois myriamètres de la distance qui existe entre* LE DOMICILE DE L'AVOUÉ *où l'assignation a été donnée, et le lieu où l'enquête est faite.*

» Cette manière de poser la première des questions jugées par cet arrêt, tend évidemment à l'assimiler à celle qui avait été l'objet

(1) Sirey, 24-1-43.

de l'arrêt du 11 janvier 1815. Mais, d'une part, la notice dit elle-même, page 346, que les demandeurs en cassation tiraient leur premier moyen de nullité, de ce qu'*ils avaient été assignés à un délai trop court relativement à la distance du domicile de plusieurs d'entre eux*; et, d'un autre côté, il était bien impossible qu'il y eût aucune espèce de distance du domicile de leur avoué au lieu de l'enquête, puisque c'était dans la ville de Chinon, dans le lieu même du domicile de cet avoué, que les témoins avaient été entendus. ART.

» Les bulletins de la Cour de cassation n'étaient pas défigurés par de pareilles erreurs, lorsque les notices en étaient rédigées, conformément à l'arrêté du gouvernement qui les avait établis, non comme ils le sont depuis 1816, dans les bureaux du ministère de la justice, mais par les magistrats au rapport desquels ils avaient été rendus (1). »

Ne croyez pas que ce soit encore la fin des tortures que l'on a fait subir à l'article 261.

Cet article contient deux dispositions distinctes, a-t-on dit; l'une exige l'assignation à

(1) *Quest. de droit*, au mot *Enquête*, § 3.

ART. la partie pour être présente à l'enquête, et l'autre veut que les noms, professions et demeures des témoins lui soient notifiés. Il résulte de sa contexture que le délai de trois jours est prescrit pour la première disposition seulement, et non pour la seconde ; par conséquent, la loi ne s'oppose point à ce que la notification de la liste des témoins soit faite par un acte séparé, et dans un moindre délai, même la veille de l'enquête. Dès que l'article 260 permet de n'assigner les témoins qu'un jour avant leur audition, la liste de leurs noms ne doit pas nécessairement être notifiée plus tôt. Ainsi jugé par un grand nombre de Cours (1). Il faut bien le dire encore : le pourvoi formé contre un arrêt rendu dans ce sens, fut rejeté en 1815, « attendu qu'en décidant que l'article 261 énonçait deux dispositions distinctes et indépendantes l'une de l'autre, la Cour de Metz *avait fait une juste application* de cet article combiné avec l'article 260 qui le précède (2). »

Que *l'assignation* et *la notification* puissent être données par deux actes séparés, c'est un

(1) *Journal des Avoués*, t. 11, p. 145, t. 26, p. 264, t. 30, p. 357, etc.

(2) *Ibidem*, p. 127.

point qui n'a jamais été contesté. Il est indifférent que l'on fasse deux actes au lieu d'un, si tous deux sont faits dans les formes et dans les délais prescrits. Toutefois, je pense qu'il est plus conforme à l'intention du Code de mettre la désignation des témoins dans l'exploit d'assignation. Le tarif ne suppose point que l'on doive procéder autrement. ART.

Mais ce que je ne puis expliquer, c'est l'invasion de cette idée malheureuse, qui vint saisir d'abord tous les rangs de la magistrature, offusquer les esprits, et étouffer le bon sens de la loi dans les étreintes du point et de la virgule.

Les témoins ne sont assignés que pour déposer; un jour de délai leur suffit, quand ils ne demeurent pas trop loin. Il en faut davantage à la partie, parce qu'elle n'est pas appelée pour faire simplement acte de comparution, mais pour fournir des motifs de reproches qu'elle ne pourra pas recueillir, si la liste des témoins ne lui est point notifiée d'avance, et qu'elle ne pourra plus proposer après.

On se perd à chercher pourquoi cette évidence qui éclaire tous les mots de l'article, n'apparaissait pas à tous les yeux. Il semblait

ART. que ce ne fût qu'une lettre morte, une phrase sans âme, sans but, une matière inerte, quelque chose d'inexprimé, un grimoire obscur de procès. La jurisprudence était comme cette figure qui portait d'une main le mot *ordre*, de l'autre le mot *contre-ordre*, et sur le front *désordre*. Ces temps d'erreur sont passés, les tribunaux ont été forcés de se réfuter eux-mêmes. Mais c'est une seconde loi qui est venue après le fait, ainsi que disent les Anglais, *ex postfacto lex*, et qui n'a pu faire revivre tout ce qui avait péri dans l'intervalle.

Cette question du délai, pour la notification de la liste des témoins, s'est représentée à la Cour suprême le 12 juillet 1819. Son arrêt est très-remarquable; il résume et résout à la fois tous les doutes:

« Attendu qu'en rapprochant les dispositions du titre 12 du livre 2 du Code de procédure civile, et en se pénétrant bien de l'intention du législateur, ainsi que des principes de justice et d'équité qui l'ont dirigé, on ne peut se méprendre sur le sens véritable de l'article 261 de ce Code; — que le législateur a voulu, en effet, par cet article, que la partie fût assignée pour être présente à l'enquête, trois jours au moins avant l'audition des témoins, et qu'on lui notifiât les noms, professions et demeures des témoins, le tout à peine de nullité ;—que, si le délai de trois mois n'a pas été répété, ce n'a été que parce que les deux dispositions, aussi importantes l'une que l'autre, étaient renfermées dans la même période ; — que ce n'a été en outre que parce que, d'après l'usage généralement observé, le même exploit contient et l'assignation à la partie et l'indication des témoins ;—que le délai de trois jours a été tellement reconnu nécessaire par le législateur, qu'il a voulu, par l'article 270, que les reproches contre les témoins fussent proposés avant leur déposition ;— qu'on a entendu par conséquent donner à la partie un délai suffisant pour s'informer de la moralité des témoins ;—qu'il résulterait du système contraire, que la partie serait privée d'un délai quelconque pour prendre les renseignements desquels peuvent dépendre son honneur et sa fortune ;— que cet article est en effet *le seul* du Code, dans lequel le législateur se soit occupé du délai de l'assignation à la partie pour être présente à l'enquête, et de la notification des noms et demeures des témoins ; — qu'on doit nécessairement supposer que le législateur a mis en harmonie toutes les dispositions du Code, et ART.

ART. qu'il n'a pas entendu, en accordant un droit aussi essentiel, en paralyser en même temps l'exercice, et se mettre ainsi en opposition avec lui-même ; — que, si le législateur avait voulu abréger le délai pour la notification des noms et demeures des témoins, il n'aurait certainement pas manqué d'exprimer sa volonté dans l'article 260 ; — que le moment était alors bien favorable, puisque le législateur permettait, par cet article, d'assigner les témoins un jour avant leur audition ; — que cependant ce délai ainsi limité n'est relatif qu'à l'assignation des témoins, tandis que l'article 261, qui prescrit le délai de trois jours, concerne l'assignation à la partie, et la notification des noms et demeures des témoins ; — que cette interprétation de l'article 261 est encore fortifiée par un exemple frappant qu'offre l'article 260 ; — que ce dernier article veut en effet, d'abord, que les témoins soient assignés au moins un jour avant leur audition, et qu'il veut ensuite qu'il soit donné copie à chaque témoin du dispositif du jugement, en ce qui concerne les faits admis ; — qu'il est évident que, quoique cette dernière disposition de l'article ne répète pas le délai, cette répétition est sous-entendue par la force du raisonnement et par la force des choses, eu égard à la nécessité qu'a reconnue le législateur de faire notifier aux témoins, avant leur audition, les faits sur lesquels ils doivent être entendus ;—que, par conséquent, en ne prononçant pas la nullité des dépositions des sept témoins qui ont été entendus le 18 septembre, quoique la notification de leurs noms, professions et demeures n'eût été faite que le 16 du même mois, la Cour de Paris est contrevenue audit article 261, combiné avec les autres dispositions ci-dessus indiquées ; Art.

» La Cour casse, etc. »

Toutes ces dispositions concernant les actes préliminaires de l'enquête sont prescrites à peine de nullité. Mais la nullité peut être couverte. C'est la couvrir que de comparaître à l'enquête, d'y faire des interpellations, de proposer des reproches ; c'est une défense au fond ; la partie reconnaît qu'elle a été bien appelée ; l'assignation a produit son effet. Les protestations, ou les réserves de tous droits, seraient vaines, parce qu'on était libre d'agir autrement, de ne pas comparaître, de ne pas interpeller, de ne pas reprocher. M. Carré a dit, d'après un arrêt de la Cour de

ART. Rouen, que la présence de l'avoué à l'enquête, et la part qu'il y prendrait, ne couvrirait pas la nullité de l'assignation donnée à son client. Je ne puis souscrire à cette décision ; l'avoué représente la partie, tant que celle-ci ne le désavoue pas.

La contre-enquête est-elle une défense au fond, qui couvre la nullité de l'assignation? Non ; pour qu'une nullité puisse être ainsi couverte, il faut que la défense fournie soit la suite nécessaire, le produit de l'assignation. Or ce n'est pas en vertu de l'assignation arguée de nullité, qu'il est procédé à la contre-enquête ; elle n'en dérive pas, elle en est tout-à-fait indépendante ; c'est une ordonnance particulière qui a fixé l'heure, le jour et le lieu de son ouverture, et qui l'a préparée (1).

Les articles qui obligent les témoins assignés à se présenter, qui fixent le taux des amendes et des dommages-intérêts encourus, en cas de désobéissance, ne demandent point d'explication ; il suffit d'en rapporter la teneur :

« Les témoins défaillants *seront* condamnés

(1) Sirey, 12-1-147.

par ordonnances du juge-commissaire, lesquelles seront exécutoires nonobstant opposition ou appel, à une somme qui ne pourra être moindre de dix francs, au profit de la partie, à titre de dommages-intérêts (1) : ils *pourront* de plus être condamnés, par la même ordonnance, à une amende qui ne pourra excéder la somme de cent francs. ART. 263.

» Les témoins défaillants seront réassignés à leurs frais. »

« Si les témoins réassignés sont encore défaillants, ils *seront* condamnés, et par corps, à une amende de cent francs; le juge-commissaire *pourra* même décerner contre eux un mandat d'amener (2). » 264.

« Si le témoin justifie qu'il n'a pu se présenter au jour indiqué, le juge-commissaire le déchargera, après sa déposition, de l'amende et des frais de réassignation. » 265.

« Si le témoin justifie qu'il est dans l'impossibilité de se présenter au jour indiqué, le juge-commissaire lui accordera un délai suffi-

(1) A raison du retard auquel leur défaut de comparution donne lieu.

(2) Le mandat d'amener n'a pour objet que de forcer le témoin à venir déposer, car il ne s'agit pas de commencer des poursuites criminelles contre lui.

ART. sant, *qui néanmoins ne pourra excéder celui fixé pour l'enquête*, ou se transportera pour
266. recevoir la déposition; si le témoin est éloigné, le juge-commissaire renverra devant le président du tribunal du lieu, qui entendra le témoin ou commettra un juge. Le greffier de ce tribunal fera de suite parvenir la minute du procès-verbal au greffier du tribunal où le procès est pendant, sauf à lui à prendre *exécutoire* pour les frais (1), contre la partie à la requête de qui le témoin aura été entendu. »

278. Une observation peut être ici nécessaire. On verra que l'enquête doit être respectivement achevée dans la huitaine de l'audition des premiers témoins, sauf le cas où le tribunal qui l'a ordonnée, aurait fixé un plus long délai. Mais si vous supposez que le témoin qui ne comparaît pas, soit l'un des derniers appelés pour déposer, et que son domicile soit éloigné, le jour auquel il devra être réassigné se trouvera nécessairement hors du délai. Ce sera le cas de demander au tribunal une prorogation, que le juge-commissaire ne peut accorder de son chef, quoi qu'en ait dit

(1) Voyez ci-dessus, p. 84.

M. Carré (1). Je parlerai bientôt de la prorogation. ART.

Ces rigueurs envers les témoins réfractaires, c'est-à-dire envers ceux qui ne comparaissent pas, et ceux qui se présentant refusent de prêter serment et de déposer, se retrouvent dans les lois de tous les temps. Le témoignage est une dette sacrée que nul ne peut se dispenser d'acquitter à la justice qui la réclame : *Constitutio jubet non solùm in criminalibus judiciis, sed etiam in pecuniariis, unumquemque cogi testimonium perhibere de his quæ novit, cum sacramenti præstatione* (2). Les Athéniens laissaient aux témoins appelés pour déposer dans les procès, le choix ou d'affirmer avec serment la vérité du fait en question, ou de la nier, ou de payer une amende de mille drachmes (3). En Angleterre, on les contraint à se présenter, par un writ de *sub pœna ad testificandum*, à peine de cent livres d'amende envers le roi (2,500 francs), d'une autre amende de dix livres applicable à la partie lésée, et de dommages-intérêts proportionnés

(1) *Lois de la procéd.* t. 1, p. 665, à la note.

(2) L. 16, *Cod. De testibus.*

(3) Pott. *Antiq.* l. 1, chap. 21.

Art. à la perte résultant du défaut de témoignage (1).

Celui qui produit un témoin doit payer ses
277. dépenses de voyage et de séjour. Ces frais sont taxés par le juge-commissaire, si le témoin requiert taxe, à raison de son état et de sa profession (2) : *Talis debet esse cautio judicantis, ut his (testibus) venturis ad judicium per accusatorem, vel ab his per quos fuerunt postulati, sumptus competentes dari præcipiat. Idem juris est, si in pecuniariâ causâ testes ab alterutrâ parte producendi sunt* (3). La taxe du juge-commissaire se fait, après la déposition du témoin, sur la copie de son assignation. Chez

(1) Blackstone, liv. 3, chap. 23.

(2) Il est taxé au témoin une journée pour sa déposition, et s'il n'a pas été entendu le premier jour auquel il avait été cité, il lui est passé deux journées, indépendamment des frais de voyage, si le témoin est domicilié à plus de deux myriamètres du lieu où se fait l'enquête.

Le *maximum* de la taxe du témoin est de dix francs, et le *minimum* de deux francs.

Les frais de voyage sont fixés à trois francs par myriamètre pour l'aller et pour le retour. Tarif, article 167. Voyez sur cet article le *Commentaire du tarif en matière civile*, par M. Chauveau, p. 287 et 288.

(3) L. 11, *Cod. De testibus*.

les Anglais, un témoin n'est pas obligé de se déplacer, si on ne lui fait des offres réelles pour l'indemniser de ses dépenses légitimes et raisonnables. De même, lorsqu'il s'est présenté, il n'est pas tenu de déposer, jusqu'à ce que la somme qui lui revient lui soit effectivement payée, à moins qu'il ne réside à Londres ou à Westminster, ou dans un rayon de dix milles, et qu'il ne soit appelé pour y donner son témoignage (1). On ne fait, chez nous, de pareilles avances qu'en matière criminelle (2). Mais comme il ne serait pas convenable d'exposer un témoin au désagrément d'un procès, pour le paiement de ce qui lui est dû, la taxe que met le juge-commissaire sur la copie de l'assignation, est *exécutoire* contre la partie à la requête de qui cette assignation a été donnée, c'est-à-dire qu'elle a la même force qu'un jugement, et que c'est un titre suffisant pour faire un commandement, pour saisir, pour exécuter.

ART. 277.

L'enquête qui était *censée* commencée, le jour où l'ordonnance à l'effet d'assigner les té-

(1) Blackstone, l. 3, ch. 23.

(2) Décret du 18 juin 1811, art. 135.

ART. moins avait été délivrée, va commencer *réellement*; le moment fixé pour l'audition est venu; c'est l'*Advenant* du procès-verbal que le juge-commissaire avait ouvert, en faisant mention de son ordonnance et de la requête tendant à l'obtenir.

262. Chaque témoin, avant d'être entendu, déclare ses noms, profession, âge et demeure, afin qu'il soit bien constant que c'est lui qui a été assigné. La loi exige de plus qu'il représente la copie de son assignation, parce
269. qu'elle veut que les témoins soient assignés. Ceux qui se présenteraient volontairement seraient, à juste titre, suspects d'un dévoûment trop empressé (1). Rodier cite un arrêt qui cassa une enquête en son entier, parce que l'un des témoins avait été ouï, quoiqu'il n'eût pas été assigné (2). On ne jugerait pas de même aujourd'hui, mais le témoin ne serait pas entendu. L'article 260 dit que les témoins *seront assignés*, et qu'on leur donnera copie du dispositif du jugement qui a ordonné l'enquête,

(1) La partie doit représenter aussi l'original de l'assignation qu'elle a fait donner à ses témoins, afin que le juge-commissaire puisse voir si quelques-uns d'eux sont absents.

(2) Sur l'article 5 du tit. 22 de l'ordon.

le tout à peine de nullité des dépositions des témoins, envers lesquels *ces formes* n'auraient pas été observées. ART.

Le témoin doit également déclarer s'il est parent ou allié de l'une des parties, à quel degré, s'il est serviteur ou domestique de l'une d'elles, ce qui peut fonder autant de causes de reproches, comme on verra plus loin; puis il fait serment de dire vérité : *Jusjurandi religione testes, priusquam perhibeant testimonium, jamdudum arctari præcipimus* (1). C'est le *jusjurandum promissorium*. Je prie qu'on veuille bien se reporter à ce que j'ai dit sur la forme du serment, dans mon second volume (2). Voici la teneur du serment que les enquêteurs du temps de Baumanoir faisaient prêter aux témoins sur le livre des Évangiles : « Vous jurez si Diex (Dieu) vous ait et tous les saints et toutes les saintes du paradis, et les saintes paroles qui sont en che livre, et tout le pooir que Diex a en chiel et en terre, que vous direz la vérité de che que l'en vous demandera, en la querele pour laquele vous estes attrait en tesmoignage, selonc che que

(1) L. 9, *Cod. De testibus.*

(2) Chap. 8, p. 511.

ART. vous en savez, et sans menchonche ajouter; que vous n'en mentirés pour amour, ne pour haine, pour loier, ne pour promesse que vous en ayez eu, ne que vous en attendez a avoir, ne pour paour, ne pour cremeur de nului (crainte d'aucun).

» Et les tesmoings doivent respondre : Ainsint comme vous l'avez dit, le jurons nous. Et adonc ils doivent eux traire tous arriere, fors li un, et doivent être oi (ouïs) chacun tout par soi ententivement et dilijaument (1). »

C'est encore de même : les témoins doivent *se traire tous arrière*, pour déposer séparément, afin qu'en rendant leur témoignage, ils le portent suivant leurs propres connaissances, et ne se règlent pas sur ce que les autres ont rapporté. Cependant ils ne jurent plus tous ensemble; ils prêtent serment, à mesure qu'ils comparaissent pour faire leur déposition. L'ordonnance de 1667 avait conservé l'ancienne coutume : les témoins se rassemblaient devant le juge, au jour indiqué par l'assignation, et ils juraient en présence les uns des autres. La partie était appelée

(1) *Livres des coustumes et usages de Biauvoisins, selonc ce qu'il couroit au tems que cist livres fu fez*, ch. 40.

pour y assister ; c'était toute la part qu'elle prenait à l'enquête. ART.

Les témoins déposent, sans qu'il leur soit permis de lire aucun projet écrit ; ce ne serait souvent qu'une leçon préparée par la personne qui les produit : *Alia est auctoritas præsentium testium, alia testimoniorum quæ recitari solent.* 271.

La déposition est reçue par le juge-commissaire ; il la dicte au greffier qui l'écrit sur le procès-verbal. Le juge se rendrait suspect s'il écrivait lui-même (1). Ce magistrat, après que le témoin a eu liberté tout entière de raconter ce qu'il avait à dire sur les faits, doit rendre la déposition clairement, fidèlement, et ne rien retrancher ; il doit même, autant que cela est possible, conserver les termes, *pourceque l'inversion des paroles est quelquefois de grande conséquence*, disait Théveneau (2). Dans le projet de l'ordonnance de 1667, il y avait que « les témoins ne pourraient déposer que des faits dont s'agissait entre les parties, et qui seraient de leur connaissance particulière, lesquels ils expliqueraient dans toutes 271.

(1) Rodier, sur l'art. 15 du tit. 22 de l'ord.

(2) Voyez ci-dessus, p. 214.

Art. les circonstances importantes, sans aucune affectation de ce qui pourrait servir ou préjudicier à la partie requérante. » Cela fut retranché comme inutile quant au juge, et comme ne contenant qu'une exhortation pour les témoins : d'autant qu'on aurait pu y trouver prétexte d'augmenter ou diminuer les dépositions (1).

En résumé, la loi veut que le juge soit patient, qu'il écoute les détails, et qu'il les fasse écrire, quand même il n'en apercevrait pas d'abord toute la portée. Il est le rédacteur, le régulateur de l'enquête. Je ne connais guère de matière où il soit plus difficile de bien ouvrer.

La déposition doit être lue au témoin, et il doit lui être demandé s'il y persiste, afin qu'il voie si sa pensée a été bien saisie, bien rendue, et qu'il puisse l'expliquer mieux, la corriger ou l'étendre, pendant qu'il en est temps encore.

Ce que le témoin veut changer ou ajouter, est écrit *à la marge*, ou *à la suite* de sa déposition. Des additions ou des changements faits en interligne, rendraient l'aspect de la dépo-

(1) Procès-verbal des Conférences, p. 223.

sition plus embarrassé, plus obscur, et pourraient fournir quelque prétexte pour dire que les additions ont été faites sans la participation du témoin. Ce qui avait d'abord été déposé reste, et sert à comparer la première version avec la seconde. Les additions et les changements sont lus au témoin, et signés par lui, par le juge et par le greffier, comme la déposition première; s'il ne veut ou ne peut signer, il en est fait mention. On observe exactement les mêmes formalités pour les réponses du témoin aux interpellations qui lui sont adressées, soit par les parties, soit *d'office* par le juge-commissaire. « Que tous commissaires qui examineront les témoins soient tenus de les interroger, de la raison de leurs diets et dépositions (1). » Sur quoi, Théveneau observait que la plupart de ceux qui avaient acheté des offices d'enquêteurs, n'apportaient pas toute cette diligence et circonspection; « ains recevoient ordinairement les dépositions des tesmoins à l'avantage de ceux qui les employoient et les payoient, et ne recherchoient pas tant la vérité comme leur salaire, brouillant les dépositions des tesmoins quand

ART.

(1) Ord. de 1498, art. 15.

ART. elles étoient contraires à l'intention de ceux qui les faisoient travailler. »

Les parties ne font pas directement leurs interpellations, elles sont tenues de s'adresser au juge-commissaire, qui les transmet au témoin ; autrement il pourrait y avoir trouble, confusion, propos aigres et injurieux. A plus forte raison, leur est-il défendu d'interrompre le témoin pendant qu'il dépose. L'infraction à ces dispositions est punie d'une amende de dix francs ; en cas de récidive, le juge-commissaire peut prononcer une amende plus forte, et même l'exclusion. Ses ordonnances, comme celles qu'il rend contre les témoins réfractaires, sont exécutoires nonobstant appel ou opposition. *Cui jurisdictio data est, ea quoque censentur concessa sine quibus jurisdictio explicari non potest* (1).

Si les témoins ne peuvent être tous entendus dans le même jour, le juge-commissaire en indique un autre pour la continuation de l'enquête, pourvu que ce ne soit pas au-delà du délai dans lequel elle doit être achevée. Ce serait alors le cas d'une demande en prorogation, comme on va le voir. Les témoins verbalement

(1) L. 2, ff. *De Jurisd.*

avertis, doivent revenir à l'heure et au jour fixés, sans nouvelle assignation. La partie reçoit le même avis, et lors même qu'elle est absente, il n'est pas besoin de la réassigner : elle devait se rendre au premier jour indiqué pour l'enquête, ou charger un avoué de l'y représenter. C'est sa faute si elle ne sait pas le renvoi ; on procédera sans elle. ART.

La loi se serait armée d'une vaine précaution contre les dangers de la preuve testimoniale, si elle se fût contentée de resserrer, autant qu'elle le pouvait, le délai pour commencer les enquêtes. Les suborneurs auraient regagné ce temps trop étroitement mesuré, en reculant au gré de leurs manœuvres le jour de la clôture. Des limites ont également été posées de ce côté : l'enquête doit être respectivement achevée dans la huitaine de l'audition des premiers témoins, à peine de nullité, si le jugement qui l'a ordonnée n'a fixé un plus long délai. *Respectivement*, ce mot fut ajouté au projet du Code, afin d'exprimer que chacune des enquêtes, c'est-à-dire l'enquête et la contre-enquête, devait être terminée dans la huitaine du jour fixé pour l'audition de leurs témoins *respectifs*.

ART. Vous avez vu qu'il n'est pas permis au tribunal de donner plus de huit jours, pour commencer l'enquête, si ce n'est qu'elle doive se faire à plus de trois myriamètres de distance du lieu où le jugement est rendu. Remarquez qu'il n'en est pas de même du délai pour achever l'enquête commencée : le juge peut accorder plus de temps, s'il paraît que les témoins doivent être nombreux, et qu'il serait difficile de les entendre tous dans le court intervalle d'une huitaine.

Cette huitaine n'est pas franche ; c'est dans l'intérieur du délai que l'enquête doit être commencée, c'est de même qu'elle doit être parachevée. Le neuvième jour ne serait pas utile.

Cependant la confection de l'enquête peut être suspendue par des cas fortuits, comme le décès d'une partie, la destitution d'un avoué, un empêchement du juge-commissaire, etc. Il peut arriver que des témoins désignent, dans leurs dépositions, d'autres personnes qui rendraient un témoignage plus précis des faits, et qu'il devienne utile de faire entendre ces personnes, qu'on n'avait point appelées d'abord, attendu qu'on ne les connaissait pas. Un arrêt du parlement de Toulouse, rendu le

9 août 1702, prorogea une enquête, parce que, grâces au Jubilé, la partie avait découvert de nouveaux témoins. Enfin, quelques-uns des témoins assignés n'ont pas pu se rendre; ou bien ils étaient en trop grand nombre, il n'a pas été possible de les entendre tous : ce sont autant de motifs pour demander et pour obtenir une prorogation d'enquête. ART. 279.

La prorogation du délai pour achever l'enquête, doit être demandée avant que ce délai soit expiré. Ce ne serait plus proroger, ce serait ouvrir le cours d'un nouveau délai : *cùm aliud sit prorogare et dare de novo* (1). La loi ne donne point aux juges le droit de relever une partie de la déchéance qu'elle a encourue.

Ce n'est pas le juge-commissaire qui accorde la prorogation; il en reçoit la demande, qu'il consigne sur son procès-verbal, et il ordonne qu'il en sera référé tel jour, à l'audience. Si les parties ou leurs avoués sont présents, il n'est besoin ni de sommation, ni *d'à-venir*; car elles ont entendu l'annonce du référé, et l'indication du jour où le tribunal devra s'en occuper. 280.

Il ne peut être accordé qu'une seule prorogation, à peine de nullité. 280.

(1) L. 5, ff. *De Precario*.

ART. Les anciennes ordonnances de Charles VII (1446), de Louis XII (1498), et de François Ier (1535), défendaient *de produire*, *ne faire examiner* plus de dix témoins sur un même fait. Cela était conforme au droit romain: *Ne effrœnatâ potestate ad vexandos homines, superflua multitudo testium pertrahatur* (1). On repoussait les témoins qui venaient après les dix premiers; il n'était pas permis aux commissaires d'en entendre un plus grand nombre, même du consentement de la partie contre laquelle se faisait l'enquête: *Item per hoc verbum* NON POTERIT, disait Rebuffe, *non est liberum commissario audire ultra decem testes, etiamsi partes consentiant, quia hoc verbum tollit potestatem tàm partibus quàm inquisitori* (2).

On disait de cette légion de témoins ce qu'on avait dit, à Rome, des nombreux médecins d'Auguste, qu'ils faisaient plus de mal que de bien (3).

La disposition principale fut conservée dans l'ordonnance de 1667 (4), mais elle laissa aux

(1) L. 1, § 2, ff. *De Testibus.*

(2) *Tractat. de Testibus, glossâ primâ.*

(3) Maynard, *Notables et singulières questions*, liv. 4, chap. 61.

(4) Tit. 2, art. 21.

parties la liberté de faire assigner autant de ART.
témoins que bon leur semblerait, pourvu que l'excédant des dix restât à leur charge, sans répétition. Le Code de procédure a réduit à
cinq le nombre des témoins que l'on peut faire 281.
entendre sur un même fait; les frais des autres dépositions n'entrent point en taxe, c'est-à-dire qu'en liquidant les dépens, le juge taxateur laisse au compte de celui qui a obtenu gain de cause, les allocations payées à ses témoins *surnuméraires*, le coût de leurs assignations, et celui du procès-verbal dans la même proportion.

Les procès-verbaux d'enquête doivent contenir les mentions suivantes :

La date des jour et heure, afin que la rigueur des délais ne puisse être éludée;

Les comparutions ou défauts des parties et des témoins; on ne constate ordinairement l'absence d'un témoin qu'à la fin de la séance, pour n'avoir pas à *rabattre le défaut*, s'il comparaissait avant qu'elle fût terminée;

La présentation par les témoins de leurs assignations; une simple énonciation de la date et de la teneur de ces assignations ne suffirait point, quoiqu'on pût en induire qu'elles ont

ART. été représentées ; ce ne serait qu'une simple présomption, et c'est une mention expresse que la loi exige (1) ;

Les remises à autres jour et heure, afin qu'une partie n'en prenne prétexte pour dire que, si elle n'a point comparu à la déposition d'un témoin, c'est qu'elle avait ignoré le jour auquel sa déposition serait reçue.

Le tout à peine de nullité.

Il y a des formalités dont l'accomplissement doit être certifié par une *mention expresse*, à mesure qu'elles viennent prendre leur rang dans les opérations de l'enquête. Il faut que cette mention se trouve écrite dans le procès-verbal ; elle ne peut être remplacée par des conjectures, ni déduite de renseignements extérieurs, mais seulement *ex propriis verbis instrumenti, ex verbis scriptis in instrumento, non extrinsecùs* (2). Ainsi le procès-verbal doit mentionner les reproches des parties et les explications des témoins ; la lecture donnée aux témoins de leurs dépositions, de leurs additions ou changements, et de leurs réponses aux interpellations qui leur sont faites ; leurs

(1) Arrêt de cassation du 4 janvier 1813. Sirey, 13-1-303.

(2) Menochius, *De Præsumpt. lib.* 14, *Præsumpt.* 17.

déclarations s'ils ne veulent ou ne peuvent signer, et la taxe qui leur est allouée. ART.

La loi veut encore d'autres sûretés. A ces mentions particulières, le juge-commissaire est tenu d'ajouter, avant la clôture de l'enquête, une mention générale portant que les articles 261 (1), 262 (2), 269 (3), 270 (4),

(1) « La partie sera assignée, pour être présente à l'enquête, au domicile de son avoué, si elle en a constitué, sinon à son domicile; le tout trois jours au moins avant l'audition : les noms, professions et demeures des témoins à produire contre elle lui seront notifiés; le tout à peine de nullité, comme ci-dessus. »

(2) « Les témoins seront entendus séparément, tant en présence qu'en absence des parties. — Chaque témoin, avant d'être entendu, déclarera ses noms, profession, âge et demeure; s'il est parent ou allié de l'une des parties, à quel degré; s'il est serviteur ou domestique de l'une d'elles; il fera serment de dire la vérité; le tout à peine de nullité. »

(3) « Les procès-verbaux d'enquête contiendront la date des jour et heure, les comparutions ou défauts des parties et témoins, la représentation des assignations, les remises à autres jour et heure, si elles sont ordonnées; à peine de nullité. »

(4) « Les reproches seront proposés par la partie ou par son avoué, avant la déposition du témoin, qui sera tenu de s'expliquer sur iceux; ils seront circonstanciés et pertinents, et non en termes vagues et généraux. Les

ART. 271 (1), 272 (2), 273 (3), et 274 (4) ont été fidèlement observés.

La Cour de cassation a jugé qu'il n'était pas nécessaire de rappeler la nature et l'objet des

reproches et les explications des témoins seront consignés dans le procès-verbal. »

(1) « Le témoin déposera, sans qu'il lui soit permis de lire aucun projet écrit. Sa déposition sera consignée sur le procès-verbal; elle lui sera lue, et il lui sera demandé aussi s'il requiert taxe. »

(2) « Lors de la lecture de sa déposition, le témoin pourra faire tels changements et additions que bon lui semblera; ils seront écrits à la suite ou à la marge de sa déposition; il lui en sera donné lecture, ainsi que de la déposition, et mention en sera faite; le tout à peine de nullité. »

(3) « Le juge-commissaire pourra, soit d'office, soit sur la réquisition des parties ou de l'une d'elles, faire au témoin les interpellations qu'il croira convenables pour éclaircir sa déposition: les réponses du témoin seront signées de lui, après lui avoir été lues, ou mention sera faite s'il ne veut ou ne peut signer; elles seront également signées du juge et du greffier; le tout à peine de nullité. »

(4) « La déposition du témoin, ainsi que les changements et additions qu'il pourra y faire, seront signés par lui, le juge et le greffier; et si le témoin ne veut ou ne peut signer, il en sera fait mention; le tout à peine de nullité. Il sera fait mention de la taxe, s'il la requiert, ou de son refus. »

dispositions de chacun de ces articles. S'il est exprimé, par exemple, que les formalités prescrites par l'article 262 ont été observées, c'est constater assez que les témoins ont été entendus séparément (1). Mais la mention générale doit comprendre tous les articles ci-dessus, à peine de nullité de l'enquête, sauf à la recommencer aux frais du juge-commissaire (2). ART.

La clôture du procès-verbal est signée par le juge, par le greffier et par les parties, tant par celle à la requête de qui l'enquête a été faite, que par celle contre qui elle a été faite (3). Si elles ne peuvent ou ne veulent signer, il en est fait mention. C'est toujours à peine de nullité. 275.

Il est bien entendu que toutes ces formalités s'appliquent aux contre-enquêtes, comme aux enquêtes.

Le délai pour faire enquête est expiré. Il

(1) Sirey, 29-1-19.

(2) Voyez ci-après, p. 317 et suiv.

(3) Signer le procès-verbal d'enquête, même sans réserves ni protestations, ce n'est pas renoncer à l'attaquer comme nulle s'il y a lieu; c'est se soumettre à la loi qui veut que *les parties* signent. Dalloz, *Recueil périod.*, 26-1-223.

ART. s'agit de reporter l'affaire au tribunal, et de faire prononcer sur le mérite des preuves.

La loi dit que la partie la plus diligente fera signifier, par acte d'avoué, les procès-verbaux,
286. et poursuivra l'audience. Cette disposition s'explique suivant les faces différentes qu'elle peut présenter.

Première hypothèse : Le demandeur a fait son enquête, mais il n'a pas fait sa preuve ; il ne signifie pas le procès-verbal, et ne poursuit pas l'audience. Quant au défendeur, il ne s'est pas mis en peine de procéder à une contre-enquête ; dans cet état de choses, deux voies lui sont ouvertes : il a le droit, après avoir constitué son adversaire en demeure, de se faire délivrer l'enquête, de la produire, de la signifier lui-même, s'il y trouve quelque avantage, et de requérir jugement : ou bien il peut, comme si l'enquête n'avait pas été faite, conclure à être renvoyé de l'action, attendu que celui qui l'avait intentée ne rapporte point la preuve dont il était chargé. *Actore enim non-probante, qui convenitur, etsi nihil ipse præstet, obtinebit* (1).

Seconde hypothèse : Il y a eu enquête et contre-enquête, et je suppose toujours que le

(1) L. 4, *Cod. de Edendo.*

demandeur mécontent de la sienne, l'abandonne à la poussière du greffe, et refuse de servir d'instrument à la notification de sa propre défaite. Le défendeur, s'il veut aller en avant, et obtenir jugement, sera-t-il obligé de signifier sa contre-enquête? Non; il aura encore la faculté de poursuivre l'audience et de conclure comme dans l'espèce qui précède. Il est inutile d'opposer une preuve contraire, quand la preuve directe ne se montre pas; ce serait frapper dans le vide (1). ART.

Troisième hypothèse : Après la confection de l'enquête et de la contre-enquête, les parties sont respectivement disposées à les débattre. La plus diligente doit faire signifier à l'autre, par acte d'avoué, *les procès-verbaux*, ce qui comprend l'enquête et la contre-enquête. Cela paraît d'abord extraordinaire; quelques auteurs ont invoqué la maxime *Nemo tenetur edere contra se*, prétendant qu'un plaideur ne pouvait être forcé de signifier des témoignages portés contre lui; il en est même qui ont été jusqu'à écrire que ces expressions, *les procès-verbaux*, ne devaient s'entendre que

(1) Arrêt de cassation du 5 février 1828. Sirey, 28-1-278.

ART. par rapport à une enquête qui aurait occupé plusieurs séances. Si l'on avait pris la peine de remonter aux sources de la loi, on y aurait trouvé cette explication toute gravée : *L'enquête est* UNE, *elle se compose de la preuve directe et de la preuve contraire* (1). Or, ce n'est pas sur un fragment d'enquête que les juges peuvent décider en connaissance de cause : c'est comme si l'on n'exhibait d'un titre que les clauses favorables.

En résumé : celui qui ne veut se servir ni de l'une ni de l'autre des enquêtes, a certainement la faculté de ne signifier ni l'une ni l'autre ; mais il ne peut produire l'une, sans produire l'autre.

Signifier l'enquête de son adversaire, ce n'est point en reconnaître la validité et la régularité, c'est obéir à une règle prescrite par la loi. Toutefois, il est prudent de faire, dans la signification, réserve des moyens de nullité.

Il y a des nullités qui s'étendent à toutes les parties de l'enquête et qui l'infectent tout entière, comme l'inobservation des délais pour la commencer ou la parachever, comme le dé-

(1) Voyez ci-dessus les observations préliminaires du Tribunat, p. 242.

faut d'assignation et de notification de la liste ART.
des témoins à la personne contre qui l'on procède, ou l'oubli dans l'énonciation de quelque formalité, dont l'accomplissement doit être l'objet d'une mention générale. Il y a d'autres 294.
nullités qui ne tombent que sur une déposition; tel serait un manquement dans les mentions particulières du serment d'un témoin et de ses déclarations, ou dans ce qui concerne la lecture de ce qu'il a dit, ajouté, changé, etc.

L'enquête, ou la déposition nulle par la faute 292.
du juge-commissaire, sera recommencée à ses frais (1). Mais la nullité provenant du fait de l'avoué, ou de l'huissier, est irréparable, sauf 293.
un recours contre eux, pour obtenir la répétition des frais, et une condamnation de dommages-intérêts, s'il y a lieu.

Quelle est la cause de cette différence? C'est que les parties n'ont pas le choix du juge-commissaire, et qu'elles ont toute liberté pour distinguer et préférer les officiers ministériels qu'elles emploient; ce sont leurs agents. « Qui garantira d'ailleurs que la nullité commise par l'avoué n'est pas le résultat d'un concert entre

(1) Ord. de 1535, chap. 7, art. 19; de 1667, tit. 22, art. 36.

ART. lui et son client? Et que deviendra la sévérité avec laquelle la loi prescrit les délais, si l'avoué peut ainsi rendre à son client tous les moyens de séduction que la loi a voulu lui enlever; si celui-ci, peu satisfait de ses premières tentatives sur la foi des témoins, peut ainsi se procurer les moyens de se livrer à de nouvelles manœuvres, s'il ne lui faut que le léger sacrifice de quelques frais? Cette seule observation répond à tout, et justifie la sagesse de l'article (1). »

L'article 36 du titre 22 de l'ordonnance de 1667 était ainsi conçu: « Si l'enquête est déclarée nulle par la faute du juge ou commissaire, il en sera fait une nouvelle aux frais et dépens du juge ou commissaire, *dans laquelle la partie pourra faire ouïr de nouveau les mêmes témoins.* »

Ces derniers mots furent ajoutés au projet, sur les observations de M. de Lamoignon, comme on le voit par cet extrait des Conférences:

« M. le Premier Président a dit que l'article

(1) Exposé des motifs de l'orateur du Tribunat, t. 21 de la *Législ. civ.*, etc., de M. Locré, p. 621.

n'expliquait pas, si l'enquête, étant déclarée nulle par la faute du juge, les témoins ouïs seraient entendus une seconde fois? *La raison de douter sera, que l'on pourra prétendre que la foi des témoins aura été engagée.* ART.

» M. Pussort a répondu, que sans doute les mêmes témoins pourraient encore une fois être entendus, parce qu'en cela il n'y aurait rien du fait de la partie; et qu'autrement un juge qui voudrait favoriser une partie, pourrait anéantir sa preuve par une nullité qu'il affecterait, et dont il serait quitte en faisant à ses frais une seconde enquête, avec indemnité de la partie qu'il aurait voulu traiter favorablement.

» M. le Premier Président a dit, qu'il en fallait donc faire mention dans l'article. Qu'il y avait encore une difficulté qui se pouvait rencontrer, sur ce qu'on demanderait, si l'appointement qui permettrait de faire une seconde enquête, attendu la nullité de la première, serait commun entre les parties, et si tant celle dont l'enquête aurait été déclarée nulle, que celle dont l'enquête subsisterait, pourraient respectivement une seconde fois faire leur enquête.

» M. Pussort a dit *qu'il n'y avait pas d'ap-*

ART. *parence que la liberté dût être réciproque*, puisque le second appointement n'aurait été donné que pour réparer la faute du juge, à l'égard de la partie qui en aurait reçu le préjudice. »

Il était assez évident que l'intention des rédacteurs se bornait à donner la faculté de faire ouïr, dans la nouvelle enquête, les témoins qui avaient été entendus déjà dans l'enquête annulée.

Cependant les commentateurs se divisèrent: « Ce doute, qui fut élevé dans la conférence, disait Rodier, pour résoudre si l'on pouvait faire ouïr de nouveau les mêmes témoins, supposait qu'on pouvait en faire ouïr d'autres, sans quoi le doute eût été bien déplacé (1). »

Le doute n'était, à mon avis, que le pressentiment d'une difficulté qu'il importait d'aplanir, à savoir que les anciens témoins, lors de la nouvelle enquête, *ne seraient point reprochables, sous le prétexte que leur foi était engagée*, parce que la nécessité de leur rappel ne provenait point du fait de la partie.

Admettant que de nouveaux témoins pourraient être entendus, au renouvellement de

(1) Sur l'art. 36 du tit. 22 de l'ord. Quest. 3.

l'enquête, il eût fallu, pour être juste, accorder le même avantage à l'autre partie, et lui permettre de renforcer aussi sa contre-enquête par d'autres dépositions : *Non debet actori licere quod reo non permittitur* (1). C'était la conséquence que Rodier tirait de son système. Mais cette conséquence avait été rejetée : *il n'y avait pas d'apparence que la liberté dût être réciproque;* le principe n'avait donc pas été accueilli. ART.

Jousse disait, de son côté : « Quand on permet à la partie de faire entendre de nouveau les mêmes témoins, dans la nouvelle enquête, cela suppose qu'elle ne peut en faire entendre d'autres, si ce n'est dans le cas où quelques-uns des témoins entendus en l'enquête déclarée nulle, seraient décédés, ou hors d'état d'être entendus de nouveau (2). »

Il faut en convenir : c'était une réparation trop mesquine, trop incomplète que cette enquête qu'on refaisait aux frais du juge, quand il n'était pas permis au pauvre plaideur de remplacer les témoins dont la voix ne pouvait plus se faire entendre ; c'était lui rendre sa

(1) L. 41, ff. *De Reg. juris.*

(2) Sur l'art. 36 du tit. 22 de l'ordon. — L'opinion de Jousse était celle de Boutaric, qui rapporte une sentence conforme, rendue aux Requêtes du Palais, à Toulouse.

ART. preuve impossible, et rejeter impitoyablement sur lui le poids d'une faute qui n'était pas la sienne. Cependant l'exception de Jousse n'a point été reçue dans le système du Code de procédure; mais on y a suppléé par cette disposition : « La partie pourra faire entendre les mêmes témoins, et *si quelques-uns ne peuvent être entendus, les juges auront tel égard que de raison aux dépositions par eux faites dans la première enquête.* » Il est assez manifeste que l'on n'a pas voulu laisser venir de nouveaux témoins; car aucun motif ne pouvait être plus favorable, pour leur donner accès, que la mort ou l'absence des premiers.

Les termes de l'ordonnance se prêtaient trop, peut-être, à quelques doutes sur ce point; elle disait : *il sera fait une nouvelle enquête* aux frais du juge. Le Code est plus explicite : *l'enquête sera recommencée.* Ce n'est pas une nouvelle enquête que l'on fait, c'est la même enquête à laquelle on procède de nouveau.

La faute du juge-commissaire ne doit pas tourner au préjudice de la partie.

L'enquête sera recommencée, et c'est le juge-commissaire qui en paiera les frais.

Les mêmes témoins seront appelés, et ils ne

seront pas reprochables, quoique leur foi déjà soit engagée. ART.

Le tribunal aura égard aux dépositions de ceux qui ne pourront plus être entendus. Ce sera comme s'ils recommençaient leur témoignage, puisque le mérite des preuves n'est jugé que sur la lecture des enquêtes à l'audience.

Ainsi tout sera réparé. Introduire de nouveaux témoins dans l'enquête qui se recommence, ce serait autoriser l'autre partie à faire une nouvelle contre-enquête; car elle aurait le droit d'opposer de nouveaux témoins aux témoins nouveaux que son adversaire amène. Ce serait rendre aux plaideurs infiniment plus que ce qu'ils ont pu perdre, et mettre à la charge du juge-commissaire des frais beaucoup plus considérables que ceux de l'enquête annulée (1).

(1) C'est le sentiment de M. Carré, *Lois de la procéd.* t. 1, p. 715, de M. Pigeau, *Comment.* t. 1, p. 548, de M. Thomines, t. 1, p. 495. La Cour de Rennes a rendu un arrêt dans le même sens. La Cour de Limoges a décidé, au contraire, que de nouveaux témoins pouvaient être entendus dans l'enquête recommencée. Sirey, 18-2-285. M. Dalloz approuve cet arrêt, *Jurisprud. génér.*, t. 6, p. 875.

Art. Le délai pour recommencer l'enquête, court du jour de la signification du jugement qui l'a déclarée nulle.

Mes explications sur les enquêtes ne sont pas terminées, il me reste à parler de la qualité des témoins. J'ai cru qu'il serait mieux de réserver cette matière et les questions qui s'y rattachent, pour le chapitre suivant. J'y parlerai des personnes qui ne peuvent être assignées comme témoins, de celles qui peuvent être dispensées de déposer, de celles qui peuvent être reprochées, des causes de reproches et des règles qui doivent être suivies, pour les proposer et les prouver.

THÉORIE

DE LA

PROCÉDURE CIVILE.

Cet Ouvrage se trouve aussi :

A Paris	ADELUS, DURAND', COTILLON, FROMONT-PERNET, POURCHET père,	Libraires, rue des Grès.
A Bordeaux	THEYCHENEY. LASVALLE.	
Strasbourg	DESRIVEAUX. LAGIER.	
Marseille	MOSSY.	
Dijon	LAMARCHE DECAILLY. BENOIST.	
Toulouse	LEBON. DAGALIER.	
Rennes	MOLLIEX. Mme DUCHÊNE.	
Aix	AUBIN.	
Nantes	FOREST.	
Rouen	EDET. LEGRAND.	
Grenoble	PRUD'HOMME.	
Le Mans	BELON.	
Besançon	BINTOT.	
Caen	CLERISSE. HUET-CABOURG.	
Poitiers	BOURCES. FRADET.	
Colmar	REIFFENGER.	
Bruxelles	BERTHOT.	

THÉORIE

DE

LA PROCÉDURE CIVILE,

PRÉCÉDÉE D'UNE INTRODUCTION;

Par M. Boncenne,

AVOCAT A LA COUR ROYALE
ET DOYEN DE LA FACULTÉ DE DROIT DE POITIERS.

Tome Quatrième.

DEUXIÈME PARTIE.

PARIS,
VIDECOQ, LIBRAIRE,
PLACE DU PANTHÉON, 4 ET 6.

POITIERS,
SAURIN FRÈRES,
IMPRIMEURS.

1839.

POITIERS. — IMPRIMERIE DE F.-A. SAURIN.

CHAPITRE XVIII.

DE LA QUALITÉ DES TÉMOINS.

Le système de ce chapitre serait mal compris si je ne prenais soin d'établir d'abord les principales distinctions sur lesquelles il se fonde. C'est une matière où la confusion était grande autrefois, et qui n'en est pas tout-à-fait exempte aujourd'hui. ART.

Il faut surtout considérer, par rapport à la qualité des témoins, ce que la loi prononce elle-même, ce qu'elle permet aux plaideurs d'objecter, et ce qu'elle laisse à l'appréciation des juges. *Juris periti autem dicunt optimum testem eum qui aliquâ exceptione repelli non potest, et dicitur omni exceptione major* (1).

A Rome, la faculté de porter témoignage en

(1) Rebuffe, *Tractatus de reprobationibus testium.*

Art. justice appartenait à tous ceux qui n'en étaient pas expressément privés par la loi : *Adhiberi possunt testes, non solùm in criminalibus causis, sed etiàm in pecuniariis litibus, hi quibus ullâ lege non interdicitur testimonium* (1). Cette autorité, que M. d'Aguesseau a nommée la raison écrite, conserva son empire dans notre ancien droit ; et la jurisprudence, à défaut d'édits, créa une multitude d'exclusions.

Les hérétiques, les juifs, furent déclarés *intestabiles ;* les excommuniés de même, *quia ferre testimonium inter actus legitimos computatur*, disait Masuer, *et actus legitimi excommunicatis sunt interdicti, et portæ dignitatis eis patere non debent* (2). Cependant on reçut plus tard le témoignage de ceux qui avaient été absous et relevés dans l'année (3). Vous pouvez lire encore dans les livres des juristes anglais, qu'un excommunié n'est point admis à déposer, par ce motif, qu'il est exclu de la conversation humaine, et que, les lois excommuniant ceux qui s'entretiennent avec les excommuniés, il s'ensuit que le juge ne

(1) L. 1, § 1, ff. *De testibus.*

(2) *Exceptiones contra testes.*

(3) Maynard, liv. 4, ch. 96.

pourrait ni leur adresser des questions, ni recevoir leurs réponses. Notez que l'excommunication est employée, en Angleterre, comme moyen de contrainte pour forcer à l'acquittement d'une simple dette. Par exemple, celui qui, après avoir plaidé dans une cour spirituelle, refuse de payer son procureur, est excommunié (1). Art.

Nos Codes ont classé parmi les droits civils la faveur d'être admis à déposer en justice ; ils ont fait de l'exclusion du témoignage, l'accessoire de telle peine plus ou moins grave. Tout condamné aux travaux forcés, au bannissement ou à la réclusion, est à jamais déclaré indigne de figurer comme témoin dans les actes ou dans les enquêtes (2). Il y a même certains délits de police correctionnelle pour lesquels l'interdiction du droit de témoignage, pendant cinq ans au moins et dix ans au plus, peut être ajoutée à l'amende et à l'emprisonnement (3).

Cette incapacité absolue vient de la loi. Dans les enquêtes, il n'est pas permis aux parties de la couvrir, ni aux juges de la modifier.

(1) Blakstone, liv. 3, ch. 7.

(2) Code civ. art. 25, et Code pén. art. 28.

(3) Code pénal, art. 374, 401, 405, 407, 410.

ART. Il eût peut-être été mieux de traiter le témoignage comme une obligation, une charge, un devoir. Si vous en dispensez un individu, par forme de privation d'un droit, ce n'est pas sur lui que la punition tombe, mais sur la personne qui a besoin de son témoignage.

On conçoit fort bien que les témoins instrumentaires, ceux qui assurent par leur présence la vérité et la foi des actes, qui partagent avec les officiers publics la confiance de la loi, doivent être soumis à quelques conditions de capacité; car on peut toujours les choisir.

Mais pour les actions ordinaires de la vie, c'est le hasard qui donne les témoins, et notre système pénal d'indignité ou d'interdiction peut rendre souvent impossible la preuve d'un fait : pour faire une égratignure au coupable, suivant l'expression de Bentham, vous passez une épée au travers du corps d'un innocent. Les législateurs ont raisonné comme si, dans tous les cas, on était assuré d'avoir la plus grande abondance de témoins et la plus commode facilité du choix. Cette supposition n'est pas exacte, et le danger qui en résulte est grand, a dit encore l'auteur de la *Théorie des Peines, etc.* (1). Déclarer quelqu'un incapable

(1) Liv. 4, sect. 7, n° 3.

de rendre témoignage, c'est donner aux gens toute sûreté pour commettre impunément devant lui toutes sortes de méfaits, de fraudes et d'injustices. ART.

Il est vrai que les articles 28 et 42 du Code pénal permettent aux magistrats de communiquer avec cette espèce de *Parias*, et de les appeler, en cas de besoin, pour en tirer *de simples renseignements*. Mais la dérogation n'est admise que dans les procès criminels. Lorsque l'article 25 du Code civil se discutait au conseil d'État, on parla de la nécessité d'une modification qui donnerait à la justice la liberté de recourir quelquefois aux déclarations d'un individu privé du droit de témoignage, et il fut généralement reconnu que la place de cette exception ne pouvait être que dans le Code criminel (1). En matière civile, on ne fait point cette différence entre *les dépositions* et *les simples renseignements*; on n'y connaît, on n'y admet que de véritables témoins, des témoins légalement capables, et ayant droit de se présenter aux enquêtes. Toutes les dépositions y sont assermentées, excepté celles des enfants âgés

(1) Séance du 16 thermidor an IX. Voyez la *Législat. civ.*, etc., de M. Locré, t. 2, p. 102.

ART. de moins de quinze ans révolus. Il y a même des auteurs, M. Favard et M. Carré sont de ce nombre, qui veulent que, dans les procès civils, les témoins prêtent serment à tout âge, attendu que les articles 262 et 285 du Code de procédure ne disent pas formellement le contraire (1).

Mais ces considérations, si je voulais suivre leur portée, me jetteraient beaucoup trop en dehors de ce que je dois expliquer en ce moment; j'attendrai, pour les reprendre, que j'en sois à mon résumé.

(1) Cette opinion ne doit pas être suivie. Ce serait profaner le serment, que de l'exiger d'un enfant qui n'en connaît pas l'importance. L'article 79 du Code d'instruction criminelle dit que les enfants au dessous de l'âge de 15 ans seront entendus sans prestation de serment; et il faut mettre la législation civile en harmonie avec la législation criminelle, toutes les fois que leurs dispositions ne sont pas évidemment contraires. Si le Code de procédure ne dit pas que le serment ne sera point exigé d'un enfant, il ne dit pas, non plus, que l'assignation donnée à cet enfant pour déposer ne lui sera point personnellement remise, et cependant, pourrait-on contester sérieusement que l'assignation ne doive être laissée à son père ou à son tuteur, qui seuls seraient condamnés à l'amende et aux dommages-intérêts, dans le cas où ils ne le feraient pas comparaître?

L'interdiction du droit de témoignage cesse par la réhabilitation du condamné (1), ou par l'expiration du temps pour lequel elle avait été prononcée. On s'est demandé si cette impression de la peine devait entièrement disparaître, et si le témoin, redevenu capable, cessait d'être reprochable de ce chef? L'affirmative a été soutenue par M. Carré (2). C'est une solution que je ne puis admettre. ART.

Ici se place naturellement la différence qu'il faut faire entre *l'incapacité* et *la réprochabilité*, je prie qu'on me passe cette forgerie de mot : *Summa distinctio est ut testes aut prohiberi penitus, aut reprobari duntaxat* (3). Les premiers sont exclus, il n'est pas permis de les entendre : *prohibentur qui planè non audiuntur*. Le témoignage des autres est recevable; mais la suspicion légale qui frappe leur déposition peut la faire rejeter et empêcher qu'elle ne soit lue : *reprobantur quibus auditis aliquid objici potest quominùs fidem mereantur*. L'incapacité est absolue, le juge doit la suppléer. Le reproche appartient à la partie in-

(1) Art. 633 du Code d'instr. crim.

(2) *Lois de la Procéd.* t. 1, p. 707.

(3) Ulric Huber, *Ad leg.* 9, ff. *De testibus*.

ART. téressée ; elle est libre de le proposer ou de ne pas en user, suivant que sa confiance dans la véracité du témoin cède ou résiste à la suspicion légale.

Ceci posé, il ne s'agit plus que de savoir si la réhabilitation transforme, de droit, le condamné en une personne *irréprochable*. La loi romaine avait déjà dit : *Indulgentia non integram atque illibatam existimationem reservat* (1). Le vieil axiome *Princeps quos absolvit, notat*, est écrit partout, et l'on ne faisait anciennement aucune difficulté pour résoudre que le témoin qui avait été esclave de la peine, pouvait, quoique réhabilité, être encore valablement *reproché* à cause de sa condamnation (2).

La législation nouvelle n'a point de dispositions contraires. L'article 683 du Code d'instruction criminelle porte que la réhabilitation fait cesser, pour l'avenir, dans la personne du condamné, toutes les *incapacités* qui résultaient de la condamnation ; c'est-à-dire que le réhabilité recouvre le droit de rendre témoi-

(1) L. 7, *Cod. De sententiam passis et restitutis.*

(2) Maynard, liv. 4, ch. 93 ; Bornier, sur l'article 2 du titre 23 de l'ordonnance de 1667.

gnage en justice ; qu'il peut être appelé comme témoin, prêter serment, déposer, et que sa déposition sera lue, si la personne contre laquelle il est produit n'a pas usé de la faculté de s'y opposer. En effet, l'article 283 du Code de procédure permet de reprocher ceux qui ont été condamnés à une peine afflictive ou infamante ; évidemment ce reproche ne peut s'adresser qu'aux condamnés réhabilités ; car, celui qui n'est pas réhabilité, demeurant indigne de se présenter, incapable de déposer, exclu *ipso jure*, il ne serait pas besoin de le reprocher. ART.

Il faut raisonner de même à l'égard du témoin qui a subi une peine correctionnelle pour cause de vol ; il reste toujours reprochable, même après l'accomplissement de sa peine. Peut-être dira-t-on, avec une sollicitude toute réhabilitante, que l'expiation doit éteindre le souvenir du délit, en effacer toutes les traces. Oui, pour ce qui concerne la vindicte publique ; mais non, pour ce qui se rapporte à l'intérêt des particuliers.

Pœna potest demi, culpa perennis erit (1).

Vous voyez maintenant pourquoi la loi n'a

(1) Ovide.

ART. point fixé de terme, au-delà duquel la condamnation à des peines afflictives ou infamantes, ou à une simple peine correctionnelle pour cause de vol, doive cesser d'être une cause de reproche. Rien n'est donc plus aisé que de concilier l'article 283 du Code de procédure et l'article 633 du Code d'instruction criminelle.

Il est d'autres personnes qui ne peuvent pas être assignées comme témoins, lors même que les parties intéressées consentiraient à ce qu'elles fussent entendues : ce sont les parents ou alliés en ligne directe de l'un des plaideurs, ou son conjoint même divorcé. *Penitùs prohibentur.* Le témoignage d'un père pour ou contre son fils, d'un fils pour ou contre son père; celui d'une femme pour ou contre son mari, blesseraient à la fois la nature, la morale et l'honnêteté publique : *Adversùs se invicem parentes et liberi, itemque liberti, nec volentes ad testimonium admittendi sunt, quia rei veræ testimonium necessitudo personarum plerumque corrumpit* (1). Il y aurait excès d'affection ou de haine.

(1) *Pauli Sentent.* lib. 5, tit. 15.

Une exception fut créée pour les preuves de sévices et injures graves dans les instances de divorce. L'article 251 du Code civil permit à tous les ascendants de l'un ou de l'autre époux de venir à ces enquêtes, faire retentir le choc de leurs dépositions *super plagis ab alterutro illatis*. Les enfants seuls en furent exclus. C'était aller plus loin que les empereurs romains. La loi 8, au Code, *De Repudiis*, § 6, laissait seulement aux magistrats, *si crimen adulterii ingerebatur*, la faculté d'appeler et d'entendre les esclaves, à défaut d'autres preuves, *si alia documenta defecerint..... quoniam non facilè quæ domi geruntur, per alienos poterunt confiteri.*

Après l'abolition du divorce, la jurisprudence a laissé subsister l'exception pour les séparations de corps. Cependant les articles 307 du Code civil et 879 du Code de procédure portent que les séparations de corps doivent être instruites et jugées dans les formes établies pour les autres demandes; mais on a considéré que ces articles ne s'expliquaient point sur la qualité des témoins; et que la loi n'avait pu mettre de différence dans la manière de prouver des faits qui formaient également

ART. des causes déterminées de divorce, et des causes de séparation de corps.

Cette espèce d'appel fait à la justice des parents était, disait-on, comme une tradition du naïf usage des siècles primitifs, où l'autorité paternelle intervenait pour apaiser les troubles du foyer domestique. L'analogie n'est pas heureuse. Il ne s'agit point seulement, dans ces tristes procès, des querelles intestines d'une famille, mais d'une déclaration d'hostilités entre deux familles ; et leurs chefs ne manquent guère de s'associer à des haines, à des ressentiments que souvent même, à tort ou à raison, on les accuse d'avoir fomentés. M. Tronchet observait, au Conseil d'état, qu'en ces matières de divorce et de séparation de corps, les parents étaient de mauvais juges (1); je ne crois pas qu'ils soient de meilleurs témoins. Le mariage est un contrat aussi bien entre les familles qu'entre les époux ; et, pour ce qui tend à le briser ou à l'altérer, on ne devrait admettre les parents, ni comme juges, ni comme témoins, puisqu'ils y sont parties. On appelle ces témoins, *des témoins néces-*

(1) *Législ. civ.*, etc., de M. Locré, t. 5, p. 80 et 81.

saires; ce qui signifie, suivant l'expression de Julius Clarus, *testes inhabiles qui aliàs prohibentur.* Toutefois, la loi recommande de n'avoir à la nécessité de leurs dépositions que tel égard que de raison (1). Art.

Je sors du cercle étroit des prohibitions, pour aborder ce champ des *reproches* que la diversité des opinions a si confusément sillonné.

Avant de parler des témoins qu'on peut reprocher, il faut que je fasse mention de ceux qui peuvent, pour ainsi dire, se reprocher eux-mêmes, et réclamer dispense de témoignage.

Ainsi fait le prêtre qui refuse de répéter devant la justice des hommes ce qui lui a été révélé au tribunal de la pénitence. Saint Augustin disait : « Ce que je sais par la confession, je le sais moins que ce que je n'ai jamais su. » Il a même été jugé que le secret d'une confidence, quoiqu'elle n'eût pas réellement eu lieu dans l'acte religieux et sacramentel de la confession, n'en devait pas moins rester

(1) Code civil, art. 251.

Art. sacré, si le prêtre l'avait reçue sous la foi de son inviolabilité (1).

Une loi qui contraindrait le prêtre à déposer, interdirait l'exercice de la confession, puisque l'individu qui se confesserait d'une mauvaise action s'exposerait à être atteint et convaincu par le témoignage du prêtre. Et, dans toute cause qui serait dirigée contre un catholique, le premier soin du demandeur, en cas d'enquête, serait de parvenir à connaître le confesseur de son adversaire, et de l'assigner comme témoin. Ce serait une épouvantable tyrannie contre les consciences.

De même, un avocat ne peut être forcé de déposer touchant les choses qu'il ne sait qu'en qualité de conseil. C'est ce que le Parlement de Paris décida le 27 janvier 1728, sur les conclusions de M. l'avocat général Gilbert; rien de mieux n'a été écrit depuis : « On ne peut douter que la garantie religieuse du secret ne soit essentielle à la profession du barreau. Il ne faut, pour en être convaincu, que considérer qu'elle est instituée pour éclairer, pour conduire et pour défendre les autres

(1) Arrêt de la Cour de cassat. du 30 novembre 1810. Sirey, 11—1—49.

hommes dans les occasions les plus intéressantes de la vie. L'avocat, le jurisconsulte, est nécessaire aux citoyens pour la conservation et la défense de leurs biens, de leur honneur et de leur existence. Il est établi par la loi, et autorisé par l'ordre public dans des fonctions si importantes. La confiance de son client lui est surtout nécessaire pour s'en acquitter; et où le secret n'est point assuré, la confiance ne peut être. Ce sont donc les lois elles-mêmes qui, en instituant l'avocat, lui imposent la loi du secret, sans laquelle son ministère ne peut subsister, et ses fonctions sont impossibles (1). » ART.

La Cour de cassation avait d'abord cru trouver la sanction de cette doctrine dans l'article 378 du Code pénal, qui prononce l'emprisonnement et l'amende contre les médecins, chirurgiens, pharmaciens, les sages-femmes, *et toutes autres personnes dépositaires, par état ou profession, des secrets qu'on leur confie*, et qui, hors le cas où la loi les oblige à se porter dénonciateurs, auraient révélé ces secrets (2). Mais c'était un faux point de vue. Cet article

(1) Nouveau Denizart, t. 2, p. 739.
(2) Arrêt du 20 janvier 1826. Sirey, 27—1—76.

ART. n'est applicable qu'aux révélations *spontanées* des secrets confiés aux personnes qu'il désigne, et non aux déclarations des témoins que la justice appelle pour déposer; il est placé sous la rubrique des *Calomnies*, *injures*, etc. Son objet véritable a été de punir les révélations indiscrètes inspirées par la méchanceté, le dessein de diffamer et de nuire. D'où il ne résulte pas que les personnes qui exercent les professions dont il s'agit, soient toujours dispensées de déclarer à la justice les faits qu'elles connaissent, quand elles en sont requises, et lorsque leurs dépositions sont jugées nécessaires pour parvenir à la découverte de la vérité (1). C'est la discrétion qui est commandée aux médecins, chirurgiens, sages-femmes, etc.; c'est le secret et le silence que doivent garder les avocats.

Quelle est donc la loi qui donne à la conscience de l'avocat une sainte immunité, qui s'en rapporte à son propre jugement sur ce qu'il doit révéler, sur ce qu'il doit taire quand la justice l'interroge? Cette loi est celle qui dérive de la nature des choses, qui donne un

(1) Arrêt de la Cour de cassation du 30 juillet 1830. Sirey, 30—1—290.

conseil aux accusés, un guide, un médiateur aux plaideurs; qui n'a pas voulu les enlacer dans les filets d'une confiance décevante, et transformer la plus noble et la plus généreuse des professions en une abjecte mission d'espionnage. ART.

Bentham, qui n'était point catholique, approuvait fort ce respect religieux de la justice pour le sceau de la confession; mais il voulait impitoyablement briser celui qui ferme la bouche *des hommes de loi*, et les contraindre à rendre témoignage de tout ce qu'ils ont pu savoir par les confidences de leurs clients (1). Cette paradoxale bizarrerie tenait aux préventions aveugles dont l'esprit de l'auteur était saisi contre les légistes de son pays. Il avait déjà dit qu'en Angleterre on déniait la justice aux quatre-vingt-dix-neuf centièmes de la nation, et qu'on la vendait à l'autre centième (2). N'était-ce pas une disposition toute naturelle à considérer ce qu'il appelait les praticiens légaux, comme les complices des coupables,

(1) *Traité des Preuves*, t. 1, ch. 12.

(2) *Truth versus Ashurst, etc. — La vérité en opposition avec M. Ashurst, ou les lois anglaises telles qu'elles sont, comparées à ce qu'on en dit.* Brochure de 16 pages, publiée à Londres, en 1823.

ART. après le délit? « Or, ajoutait-il, fait-on quelque difficulté d'appeler et d'interroger en justice les complices ordinaires? Pourquoi cette complicité, qui n'est pas respectée dans un cas, le serait-elle dans l'autre? » On peut avoir quelquefois la prétention de viser à l'originalité, mais il ne faut pas en abuser, sous peine de tomber dans de grotesques absurdités.

Un avoué n'est pas plus contraignable qu'un avocat, pour la révélation des confidences qu'il a reçues, en sa qualité de conseil. La Cour de cassation a jugé que les notaires ne pouvaient point invoquer ce privilége :

« Attendu que leurs devoirs et les peines qu'ils encourent, en cas de violation en cette matière, sont fixés par l'article 23 de la loi du 25 ventôse an II, contenant organisation du notariat, loi spéciale en ce qui les concerne; que, d'après cet article, la défense qui leur est faite de délivrer expédition ni de donner connaissance des actes à d'autres qu'aux personnes intéressées en nom direct, héritiers ou ayant-droit, est plutôt une défense de divulguer, qu'un secret absolu qui leur soit imposé, puisque, d'après cet article, ils sont tenus de délivrer ces expéditions à des tiers, en exécution des ordonnances du président du tribunal de première instance de leur arrondissement, et aussi sauf l'exécution des lois et règlements sur le droit d'enregistrement; ART.

» Que, si quelques auteurs ont pensé que les notaires ne devaient point être interrogés ni entendus, dans les enquêtes, sur ce qui aurait été dit par les parties pour s'accorder sur les conditions des actes qu'ils ont reçus, *opinion qui ne paraît fortifiée par aucun monument de jurisprudence*, il ne s'agit toutefois, dans l'opinion de ces auteurs, que d'intérêts civils entre personnes privées, et qu'il n'en pourrait être rien induit en matière criminelle et contre l'action de la vindicte publique;

» Que, si les avocats et même les avoués sont dispensés de déposer des faits qui sont à leur connaissance, *en leursdites qualités seulement*, dans les procès de leurs clients, cette dispense exceptionnelle est une mesure d'ordre public établie par la jurisprudence *en faveur du droit sacré de la défense qui prédomine tous les autres*, et qui ne peut ni ne doit être étendue aux notaires, qui, par leur profession, ne sont pas appelés à l'exercer. »

Viennent maintenant les reproches que les

ART. parties peuvent proposer contre les témoins.

On entend par ce mot *reproche*, dans le sens étroit que lui donne le langage de la procédure, un moyen légalement présenté pour empêcher qu'une déposition ne soit lue; ce qu'il importe de ne pas confondre avec les objections, les considérations qui tendent à la combattre, à la déprécier, à la détruire, en tout ou en partie. Ici c'est la qualité du témoin que l'on discute, *conditionis exploratio*; là, c'est la qualité du témoignage, *quanta fides adhibenda*. L'une, à moins qu'il ne s'agisse d'une incapacité absolue, peut être attaquée seulement par le contradicteur de l'enquête; l'autre est livrée à la fois aux débats des parties, à l'estimation et au propre mouvement de la conscience des juges.

Ces idées se démêlaient mal autrefois. L'ordonnance de 1667 disait simplement : « Les reproches contre les témoins seront circonstanciés et pertinents, et non en termes vagues et généraux, autrement ils seront rejetés (1). » Elle n'offrait rien de plus énonciatif; puis elle ajoutait : « Si les reproches des témoins sont trouvés pertinents, et qu'ils soient suffisam-

(1) Tit. 23, art. 1.

ment justifiés, les dépositions n'en seront lues (1). » C'était dans les auteurs et dans les usages de chaque Cour et juridiction, que l'on trouvait quelques exemples de *pertinence* et *d'admissibilité* empruntés aux lois romaines, ou au droit canonique; et dans ces moules on jetait les cas analogues. ART.

Les principales causes de reproches se divisaient en *reproches de fait*, et *reproches de droit*.

On regardait généralement comme des témoins reprochables de fait :

1° Les parents ou alliés des parties jusqu'aux enfants des cousins issus de germain inclusivement. Observez toutefois que, suivant la rigueur de l'ordonnance, c'était une cause *d'exclusion absolue* (2). Mais l'usage y était contraire; on recevait la déposition des parents et des alliés collatéraux, la faculté de les reprocher restant sauve.

2° Les serviteurs à gages, les domestiques, les commensaux; excepté pour les choses qui n'avaient pu se passer que dans l'intérieur de la maison : *in domesticis non reprobatur domesticum testimonium*.

(1) Tit. 23, art. 5.

(2) Tit. 22, art. 11.

ART. 3° Le filleul de la partie, son compère, c'est-à-dire celui de qui l'enfant avait été présenté par elle au baptême, en qualité de parrain ou de marraine.

4° L'homme taillable à merci, venant déposer pour son seigneur.

5° Le débiteur intéressé à se ménager les bonnes grâces du créancier qui l'appelait en témoignage.

6° Les impubères : *quia pupillis testimonium denuntiari non potest* (1).

7° L'ennemi capital de celui contre qui l'enquête était ordonnée, et l'ami particulier de celui pour qui elle se faisait : *vel inimicus sit ei adversus quem testimonium fert, vel amicus ei sit pro quo testimonium dat* (2).

8° Ceux engagés dans un procès semblable à la cause de la partie qui les produisait.

9° Les membres des corps et communautés intéressés collectivement au litige, *ut universi*, et particulièrement, *ut singuli ;* par exemple, quand une commune plaidait pour un droit de pâturage.

(1) L. 19, ff. *De testibus*, § 1.

(2) L. 3, ff. *De testibus.*

10° Les pauvres tendant la main de porte en porte, *ostiatìm*. ART.

11° Les condamnés ou repris de justice, et ceux qui avaient composé pour se racheter d'une poursuite criminelle : *intelligitur confiteri crimen qui paciscitur* (1).

12° Les bateleurs et comédiens, *qui artis ludicræ, pronuntiandive causâ in scenam prodierint* (2).

13° Les gens faisant métier de prostitution, les bigames, etc.

Je suis obligé de m'arrêter, et de dire comme Guénois dans une de ses grandes notes sur la *Practique* d'Imbert : « Il y en avoit bien d'autres que je délaisse pour brièveté, et que l'expérience et les usages des parlemens faisoient connoître (3). »

Vous voyez que ces reproches n'étaient pas d'une égale précision ; rien de plus vague, par exemple, que les imputations d'*inimitié*, et les allégations d'*amitié*. Il fallait enter une foule de petites enquêtes sur l'enquête principale, pour la preuve de tout ce qu'on versait sur la vie et les mœurs des témoins ;

(1) L. 5, ff. *De his qui not. inf.*

(2) L. 1, *eodem.*

(3) Liv. 1, ch. 46, *in fine.*

ANC. et cette animadversion légale qui s'attachait à certaines conditions, était d'autant plus trompeuse et plus injuste, qu'elle embrassait un plus grand nombre d'individus.

Les reproches de droit consistaient à dire :

1° Que le témoin était vacillant (1).

2° Qu'il était contraire à lui-même, en sa déposition.

3° Qu'il était unique : *unius omninò testis responsio non audiatur* (2).

4° Qu'il ne rendait pas une raison suffisante de son témoignage.

5° Qu'il ne déposait que sur la foi d'autrui : *qui audiunt, audita dicunt ; qui vident, planè sciunt.*

6° Qu'il répétait, mot pour mot, la déposition d'un autre témoin : *unum eumdemque sermonem meditatum attulerit* (3).

Mais on va, je pense, me remontrer que ces *reproches de droit* n'étaient que des considérations qui pouvaient servir à peser les témoignages au poids du sanctuaire, à réduire leur

(1) L. 2, ff. *De testibus.*

(2) L. 9, *Cod. De testibus.*

(3) L. 3, ff. *De testibus.*

valeur, à les affaiblir, et non à les retrancher, à les rayer de l'enquête. ART.

L'observation est juste ; mais la confusion commence presque toujours par les mots. On ne peut trop le redire : les termes impropres sont comme des chaînes qui lient les hommes à des pratiques déraisonnables. L'erreur n'est jamais plus difficile à détruire que lorsqu'elle s'est infiltrée dans le langage : un mot dont le sens est détourné, faussé, forme un nuage qui cache la nature des choses.

Une première controverse s'était engagée sur la question de savoir si la déposition d'un témoin non reproché par la partie, mais compris par la loi dans quelque catégorie de reproche, pouvait être rejetée d'office. On soutenait, d'une part, que la faculté de reprocher appartenait essentiellement au plaideur contre lequel un témoin reprochable était produit, et que, cette faculté n'étant point exercée, il ne pouvait y être suppléé par le juge : *Imò non poterit judex repellere testem etiàm infamem, si pars hoc non petat, et ista est generalis consuetudo curiarum Franciæ, quià hoc judicium non datur in Franciâ, nisi postulatum fuerit...... Si hoc faceret in Franciâ, judex*

ART. *constitueret se partem, quod cavere debet*, disait Rebuffe (1).

L'opinion contraire se fondait sur les instructions de l'empereur Adrien aux magistrats de ses provinces : *Tu magis scire potes quanta fides habenda sit testibus*, etc. (2), sur la loi dernière, au Digeste, *De testibus* (3), et sur la loi unique, au Code, *Ut quæ desunt advocatis partium judex suppleat* (4).

D'autres, mieux avisés, voulaient qu'on distinguât entre les reproches de *fait* et les reproches de *droit*; car il paraissait peu raisonnable de disputer à la conscience du juge le droit d'examiner d'office si telle déposition était ferme ou vacillante, contradictoire ou concordante : *quid aut credat, aut parùm probatum opinetur* (5).

(1) *Tract. de reprob. test., art.* 5, *gloss.* 1, *n*is 10 et 11.

(2) Voyez ci-dessus, p. 216.

(3) *Mandatis cavetur ut præsides attendant ne patroni, in causâ cui patrocinium præstiterunt, testimonium dicant.*

(4) *Non dubitandum est judicem, si quid à litigatoribus, vel ab his qui negotiis assistunt, minùs fuerit dictum, id supplere et proferre quod sciat legibus et juri publico convenire.*

(5) Voyez Rodier, sur l'article 1er du titre 23 de l'ordonnance.

Cependant les anciens usages attestés par Rebuffe l'avaient emporté sur le droit, excepté dans le ressort du Parlement de Toulouse. Les juges se croyaient obligés d'accepter comme vraie la déposition de tout témoin qui n'avait point subi l'atteinte d'un reproche. Hors le cas d'un reproche proposé, il n'y avait plus de débat, plus de critique possible ; la foi légale était acquise au témoignage. *Notandum est quod in casu quo non possum reprobare testem, tamen potero opponere contradicta ;* QUOD NON PROCEDIT IN FRANCIA, *cùm non possit opponi contra testium dicta. Tamen hæc ordinatio non servatur in ressortu Tholosano* (1). Il fallait croire comme juge, ce que l'on aurait eu honte de croire comme homme. On ne pesait pas les témoignages, on les comptait. C'était assez qu'il y en eût deux semblables, et l'on s'estimait aussi sage que St Paul, en prenant dans le sens le plus absolu ces paroles de l'apôtre aux Corinthiens : *In ore duorum vel trium testium stabit omne verbum.* ART.

A Toulouse, c'était un autre genre de doctrine. Le Parlement et les siéges du ressort

(1) *Tract. de reprob. test. art.* 8, *gloss. unâ*, n[is] 2 et 3.

ART. traitaient les reproches *de fait* comme les reproches *de droit*. On n'y observait point les dispositions de l'ordonnance qui prescrivaient aux juges de vider les reproches avant d'examiner la valeur des enquêtes, et qui leur défendaient de lire les dépositions des témoins déclarés reprochables. Les reproches étaient admis, suivant leur qualité, pour le témoignage tout entier ou pour une partie aliquote; on tarifait ce qu'ils devaient faire perdre du prix de la déposition. Par exemple, quand il avait été reconnu qu'un témoin était, ou le serviteur, ou le commensal, ou le débiteur de la partie qui le faisait entendre, on réduisait son témoignage aux trois quarts, à la moitié, au quart, au huitième de la valeur d'un témoin idoine; de sorte qu'il y fallait ajouter quelque autre fraction pour en faire un témoignage entier. Si de quatre témoins reprochés, deux ne se trouvaient estimés chacun qu'à la moitié, cela faisait un témoin; puis, supposez le troisième réduit au quart, et le quatrième aux trois quarts, cela faisait un autre témoin. Il en résultait une preuve suffisante (1); car,

(1) Voyez Rodier, sur l'art. 1er du titre 23 de l'ord., quest. 1.

de quatre qui tous avaient été jugés reprochables, on avait extrait une valeur courante égale à deux. Puis, c'était comme partout ailleurs : *In ore duorum testium stabat omne verbum.* On ne pouvait être convaincu à moins. ART.

Mais, comme pour racheter l'indépendance apparente de ces calculs, et pour éviter qu'on ne l'accusât de s'élever trop au-dessus des préjugés, la jurisprudence de Toulouse n'admettait certains reproches qu'autant qu'ils étaient proposés dans les termes d'un vieux formulaire. Ainsi, ce ne fut pas sans une grande difficulté que l'on parvint à faire passer un reproche de corruption contre un témoin, parce que, au lieu de dire, suivant la formule, qu'il avait reçu de l'argent pour déposer *faussement*, on avait dit qu'il avait reçu de l'argent pour déposer *contre la vérité* (1).

J'ai cru qu'il pourrait être utile d'exposer l'ensemble de cet ancien système, sa douteuse élasticité et son assujétissement numérique, pour mieux faire connaître la pensée qui est venue présider à la réforme, et la nature des bornes que l'on a plantées sur un terrain trop vague.

(1) Rodier, *ibidem*.

ART. Le Code de procédure ne s'est pas contenté de dire, comme l'ordonnance, que les reproches seraient *circonstanciés* et *pertinents* ; il
270. ne contient pas seulement une disposition touchant le mode de les proposer, de les exprimer et de les particulariser ; il donne encore le détail des causes qui les feront admettre, quand elles seront justifiées, et qui produiront l'effet d'empêcher que la déposition
291. du témoin reproché ne soit lue.

Ces causes sont écrites dans les deux paragraphes de l'article 283 ; elles se rapportent aux défiances que peuvent légitimement inspirer les affections ou les haines de famille, l'intérêt personnel, les accointances de table, la subordination héréditaire ou domestique, la foi engagée, l'infamie.

Il fallait déterminer avec une rigoureuse précision, les positions et les circonstances auxquelles l'application devra se faire, si l'on ne voulait pas s'abandonner au courant des analogies, ou se livrer à l'effrayante omnipotence de l'arbitraire. Surtout ne perdez point de vue qu'il n'est pas question d'apprécier un témoignage en le discutant, mais de le rejeter sans le lire.

« Pourront être reprochés, les parents ou

alliés de l'une ou de l'autre des parties, jusqu'au degré de cousin issu de germain inclusivement; les parents et alliés des conjoints au degré ci-dessus, si le conjoint est vivant, ou si la partie ou le témoin en a des enfants vivants : en cas que le conjoint soit décédé, et qu'il n'ait pas laissé de descendants; pourront être reprochés, les parents et alliés en ligne directe, les frères, beaux-frères, sœurs et belles-sœurs. ART.

» Pourront aussi être reprochés, le témoin héritier présomptif ou donataire; celui qui aura bu ou mangé avec la partie, et à ses frais, depuis la prononciation du jugement qui a ordonné l'enquête; celui qui aura donné des certificats sur les faits relatifs au procès; les serviteurs et domestiques, le témoin en état d'accusation; celui qui aura été condamné à une peine afflictive ou infamante, ou même à une peine correctionnelle pour cause de vol. »

En ce qui concerne la parenté, il ne s'agit ici que des collatéraux; ceux-là seuls sont reprochables jusqu'au sixième degré inclusivement, car vous savez que les parents et alliés en ligne directe sont exclus *ipso jure*, et qu'il est même défendu de les assigner. Le danger

ART. diminue à mesure que les liens s'étendent : « Alors, disait l'orateur du Tribunat, rien ne s'oppose à ce que la loi laisse aux parties le droit d'admettre les dépositions : c'est un hommage qu'elles rendront à la probité du témoin. Pourquoi serait-il suspect aux yeux du juge, dès que les intéressés veulent bien s'en rapporter à son langage (1). »

La loi dit « les parents et alliés de *l'une* et *l'autre* des parties. » Il s'ensuit que j'ai la faculté de reprocher les parents ou alliés de mon adversaire, s'il les produit pour lui, et mes parents ou alliés, s'il les produit contre moi ; les siens pourraient mentir par accord et par dévoûment : *apud concordes excitamentum caritatis*, et les miens, par quelque ressentiment de discorde intestine : *apud iratos irritamentum odiorum.*

La parenté reste et succède. L'alliance se relâche et s'efface, quand le nœud qui la formait vient à se rompre. Les parents d'une femme qui meurt ne seront donc plus reprochables comme alliés, dans les procès du mari qui survit. Toutefois, s'il existe des enfants issus du mariage, le lien n'est pas brisé, l'af-

(1) *Législ. civ.* de M. Locré, t. 2, p. 619.

finité se maintient par représentation, et le motif du reproche subsiste. Et même, lorsqu'il s'agit du père, de la mère, du frère ou de la sœur du conjoint décédé, cette alliance plus étroite ne se détache point du conjoint survivant, quoique l'autre ne lui ait pas laissé d'enfants. ART.

Ne croyez pas qu'il y ait quelque antinomie entre cette disposition de l'article 283 et l'article 268. Celui-ci s'applique au cas où, soit le conjoint, soit les enfants issus du mariage, sont encore vivants, ce qui *exclut* de l'enquête les parents et alliés en ligne directe : l'autre suppose que le conjoint et les enfants sont décédés, ce qui fait que leurs parents et alliés en ligne directe ne sont plus que *reprochables*.

La parenté et l'alliance naturelles, de même que celles qui naissent de l'adoption, produisent aussi des motifs d'exclusion et de reproches, dans les limites tracées par le Code civil, aux chapitres de l'*Adoption* et des *Successions irrégulières* (1). La Cour de cassation jugea, en

(1) Voyez les Lois de la procédure de M. Carré, t. 1, p. 671 et 702. Le *Répertoire* de M. Favard, t. 2, p. 362, et le *Comment.* de M. Pigeau, t. 1, p. 537.

ART. 1809, qu'un accusé avait pu s'opposer à ce que l'on entendît, à sa charge, la déposition d'un bâtard adultérin, né du commerce que sa femme avait publiquement entretenu avec un homme marié, avant de s'unir à lui (l'accusé) (1). Le bâtard était devenu son allié. Le vice de la naissance d'un enfant ne peut être d'aucune considération, à l'égard de l'homme qui s'est légalement uni avec la mère. Il existe toujours un lien naturel entre la femme et l'être qui puisa la vie dans ses entrailles, quelle que soit la condition de celui-ci. Ce lien existe, parce qu'il est physiquement impossible qu'il n'existe pas. La loi positive, concernant l'état et les droits du bâtard adultérin, soit dans la société, soit dans la maison où il est né, n'a trait qu'à l'ordre civil, et ne peut rien changer aux règles immuables de la nature : *ratio civilis jura naturalia corrumpere non potest*. Le bâtard même adultérin serait-il admis à déposer sur un crime imputé à sa mère? Non : il ne sera pas plus admis à rendre témoignage contre l'homme dont un mariage légitime aura fait son beau-père illégitime. C'est ce qui résulte de la combinaison

(1) Sirey, 9—1—136.

de la loi 4, ff. *De testibus* (1), avec la loi 7, ff. *De gradibus et affinibus* (2). ART.

Mais je pense qu'il ne serait point permis à une partie d'alléguer sa propre turpitude, ou celle d'autrui, pour en extraire des arguments d'affinité naturelle, et des motifs d'exclusion ou de reproches contre un témoin. Par exemple, si l'homme qui figurait dans l'arrêt ci-dessus cité, n'eût pas été légitimement uni à la mère du bâtard, et si, pour écarter le témoignage du fils, il eût dit qu'il vivait en concubinage avec la mère, cette honteuse objection ne lui aurait pas servi, parce qu'il n'y a d'autre affinité légitime ou naturelle que celle qui se forme par le mariage : *affinitatis causa fit ex nuptiis* (3).

Je ne puis passer outre, sans parler, comme tous ceux qui ont traité le même sujet,

(1) *Lege Juliâ judiciorum publicorum cavetur, ne invito denuncietur ut testimonium dicat adversus socerum, generum, vitricum, privignum, sobrinum, etc.*

(2) *Privignus etiam is est, qui vulgò conceptus ex eâ natus est, quæ postèa mihi nupsit : æquè et is, qui, cùm in concubinatu erat mater ejus, natus ex eâ est, ea que posteà alii nupta sit.*

Voyez le Commentaire de Cujas sur cette loi.

(3) L. 4, ff. *De grad. et affin.*

ART. de la maxime *affinitas non parit affinitatem;* ce qui signifie que les alliés reprochables dans l'ordre déterminé par la loi, sont les alliés du conjoint qui figure au procès, et non les alliés du conjoint vivant qui n'y est point partie; car les alliés de celui-ci ne sont pas les alliés de l'autre.

Pour ce qui concerne les causes de reproches énoncées dans la seconde disposition de l'article 283, il faut particulièrement remarquer la nature positive de leur application, et discerner les avantages de cette déduction précise du Code, sur le système indécis des *circonstances* et des *pertinences* que les lois anciennes laissaient à la discrétion des juges.

L'héritier présomptif (1), le donataire, sont reprochables dans la cause de la personne de
283. qui l'un attend, et l'autre a reçu des biens. La loi les déclare suspects de partialité; elle craint que celui-ci ne cède aux exigences de l'inté-

(1) Ce n'est pas à dire qu'on puisse reprocher tous ceux qui sont éventuellement appelés à la succession; on écarterait ainsi tous les parents, même au-delà du degré de cousin issu de germain. *L'héritier présomptif* est celui à qui la succession ou une part de la succession serait actuellement dévolue, si elle venait à s'ouvrir.

rêt, et celui-là aux séductions de la reconnaissance. Art.

« Pourront aussi être reprochés..... les serviteurs et domestiques. » Cette généralité d'expression, qui n'indique aucun rapport d'appartenance, ressemble, au premier aspect, à une réprobation universelle jetée sur l'état de domesticité. Ce serait une révoltante absurdité que de l'entendre ainsi. L'article 283 n'est, en ce point, que la suite et le complément de l'article 262, lequel veut que chaque témoin, avant de déposer, déclare s'il est serviteur ou domestique de l'une des parties. Il fallait bien indiquer le but et la portée de cette déclaration; c'est ce qui a été fait quand on s'est occupé de déterminer les causes de reproches. Il ne s'agit donc ici que des serviteurs ou domestiques des parties : *Idonei non videntur testes quibus imperari potest ut testes fiant* (1). La suspicion qui les atteint se fonde sur leur dépendance; d'où vous conclurez naturellement que les domestiques et les serviteurs cessent d'être reprochables, s'ils ne sont plus au service de la partie qui les fait entendre. Toutefois il peut arriver qu'ils s'éloignent de la maison pendant quel- 283.

(1) L. 6, ff. *De testibus*.

ART. ques jours, afin que le maître puisse les appeler en témoignage, dans l'entre-temps, et les reprendre après. L'admissibilité du reproche devient, en ce cas, une question qui se résout d'après les circonstances. J'ai déjà fait observer que ces deux mots *serviteur* et *domestique* n'étaient point synonymes (1). J'ajouterai seulement cette brève distinction : les domestiques *eâdem domo commorantur,* les serviteurs *commorantur et famulantur*. Et la loi romaine disait : *Testes eos quos accusator* DE DOMO *produxerit, interrogari non placuit* (2). Toutefois l'exception *in domesticis non reprobatur domesticum testimonium*, subsiste toujours.

« Il y a entre les proverbes ruraux, disait Loisel, que *fol est qui se met en enqueste*, car le plus souvent *qui mieux abreuve, mieux preuve* (3). » La jurisprudence ne dédaignait point les rimes populaires de ces vieux dictons, et l'on tenait traditionnellement pour reprochable le témoin qui avait bu et mangé avec la partie, *et à ses frais*, depuis le jour

(1) Voyez ci-dessus, t. 2, p. 205.

(2) L. 24, ff. *De testibus*.

(3) *Instit. coutumières*, liv. 5, tit. 5, règle 1.

où l'enquête avait été ordonnée (1). Le Code de procédure en a fait une disposition expresse. Cependant M. Toullier s'est beaucoup élevé contre cette idée, qu'un témoin honnête, *honestæ et inculpatæ vitæ*, qui se serait trouvé, même par occasion, à l'un de ces repas d'usage dans la société, à une fête, où sont ordinairement invités moins d'amis que d'indifférents, puisse être reproché uniquement parce que, à vingt ou trente lieues de là, il aurait été ordonné qu'une enquête serait faite dans un procès dont il ignorait peut-être l'existence. C'est, à son avis, porter la défiance et le soupçon au-delà de toute raison, et priver la partie d'un témoignage nécessaire à la découverte de la vérité. ART.

Cette opinion se rattache à une question plus large que l'honorable doyen de Rennes a soulevée, et que je discuterai bientôt, celle de savoir s'il est permis aux juges d'admettre ou de rejeter, suivant les circonstances, les reproches énumérés en l'article 283, lors même qu'ils sont justifiés.

Mais d'avance je dois faire observer que la

(1) *Arrêts notables* de Catelan, liv. 9, chap. 7; Rodier sur l'art. 1 du tit. 23 de l'ord.

ART. loi dispose pour tout le monde, et pour ce qui arrive le plus communément ; que son autorité se perdra dans des nuées d'exceptions, si l'on se met à sacrifier chaque jour à toutes les circonstances et considérations particulières qui peuvent éclore. Le plus grand nombre des affaires, où la preuve testimoniale trouve accès, amène aux enquêtes une classe de témoins qui se laissent aisément endoctriner à table, et se croient engagés par un régal qu'ils n'ont pas eu le courage de refuser. Que si les personnages sont d'une condition plus relevée, et d'une certaine délicatesse de mœurs, je dirai à la partie : Vous connaissez la loi, puisque vous plaidez ; vous connaissez vos témoins, puisque vous avez entrepris une preuve ; ne les invitez donc point à vos repas, à vos fêtes ; autrement vous ne pourrez vous en prendre qu'à vous-même, quand on viendra les reprocher pour avoir bu et mangé à vos frais. Comme il est fort improbable qu'une personne ignore complétement l'existence d'un procès dans lequel on se propose d'invoquer son témoignage (1), je dirai au témoin de ne

(1) M. Toullier a dit, avec raison, « qu'il est permis et même prudent, avant d'appeler un témoin, de s'en-

point répondre à l'invitation, afin de ne pas s'exposer au désagrément du reproche. Il faut de l'égalité dans l'application de la loi, et quand il n'est pas plus difficile de s'y conformer, ce n'est pas elle que l'on doit accuser d'imprévoyance, si mal advient à qui ne l'observe pas. ART.

Vous avez vu que l'empereur Adrien voulait entendre la vive voix des témoins, et qu'il ne tenait aucun compte des attestations écrites : *testimonia quæ recitari solent* (1). Chez nous les certificats n'obtiennent pas plus de faveur ; on ne met point au rang des preuves ces produits d'une complaisance sans garanties, ou d'une obsession sans pudeur. Non-seulement nos lois ne permettent pas au témoin qui dépose, de lire
un projet écrit, mais elles déclarent reprochable 271.
celui qui, devançant le jour où il sera appelé, aurait commencé par donner un certificat des faits sur lesquels il vient témoigner aujourd'hui. Imprudemment engagé dans une lutte où l'amour-propre ne cède pas toujours à la

quérir de lui, s'il a connaissance des faits et de ce qu'il en sait. » Tom. 9, n° 307, p. 476.

(1) Ci-dessus, p. 217.

ART. conscience, il n'est plus dans cet état de liberté et d'impartialité qui promet une déposition sincère.

Toutefois il importe de ne pas abuser des termes : le certificat dont parle l'article 283 est celui qu'une partie s'est fait donner pour s'assurer du témoignage de l'individu qui l'a délivré. Mais ce qui a été écrit, attesté, signé, sans intérêt personnel, relativement aux faits du procès, pour l'acquit d'une charge, ou d'une nécessité de position, n'est pas un motif de reproche selon la loi. Ainsi le notaire rédacteur d'un acte et les témoins instrumentaires qui l'ont signé, ne seront point, de ce chef, sujets à reproche, dans une enquête où ils viendront pour rendre compte des circonstances relatives à cet acte, s'il est argué de dol, de fraude, de simulation, ou de faux (1).

Les membres d'un conseil municipal, assignés pour déposer dans un procès que soutient leur commune, peuvent-ils être reprochés, parce qu'ils ont pris part à la délibération en vertu de laquelle la commune a obtenu l'autorisation de plaider ? Cette délibération peut-

(1) Voyez ci-dessus, chap. *Du faux incident civil*, p. 121 et suiv.

elle être assimilée à un certificat donné sur les faits relatifs au procès? ART.

La question est controversée. Mais elle en renferme naturellement une autre qu'il convient de dégager d'abord, celle de savoir si l'adversaire de la commune serait en droit de reprocher les témoins qu'elle prendrait parmi ses habitants?

A ce sujet, il est des commentateurs qui trouvent la loi incomplète, en ce qu'elle n'a point mis au nombre des témoins à reprocher, les gens qui se présenteraient pour déposer dans leur propre cause. Considérée au point de vue général, l'observation est mal fondée. Les témoins sont des *tiers* que les parties amènent, et qui ne restent pas dans la cause; les reproches de la loi, en matière d'enquête, ne s'adressent qu'à ces *tiers*. La nature des choses ne permet pas qu'une partie puisse se requérir, s'amener elle-même devant le juge, et joindre à son rôle de plaideur celui de témoin. Et d'ailleurs vous concevrez aisément qu'il n'était guère besoin de dire que la disposition de la partie ne serait point écoutée, quand déjà ses parents jusqu'au sixième degré, ses héritiers présomptifs, ses serviteurs et domestiques étaient déclarés reprochables.

ART. Mais l'intérêt personnel est comme la parenté; il s'affaiblit, il s'efface, à mesure que ses degrés s'éloignent. Il est bien vrai que sans habitants il n'y a point de commune, et que ce corps moral n'existe que par l'agrégation de ses membres. Cependant, lorsque le corps moral plaide, chacun des membres n'est pas nominativement partie au procès, et la part éventuelle de chacun, dans le bien ou le mal qui peut en résulter, se réduit quelquefois à une imperceptibilité.

Distinguez donc :

S'agit-il dans l'instance d'une chose que la commune possède administrativement, d'une usurpation de quelques mètres sur un carrefour, ou sur de vieilles ruines, d'un droit de vue ou d'égout que l'on dispute aux bâtiments de la mairie, ou du presbytère? Les habitants qui plaident *ut universi* sous le nom de leurs magistrats, s'y intéressent fort indirectement *ut singuli;* ils n'ont pas au corps moral une telle adhérence, qu'on ne puisse en détacher ceux qui connaissent les faits admis en preuve, et que la justice ne doive les admettre à déposer. Il est possible que la qualité d'un témoin n'offre pas toutes les garanties désirables du désintéressement le plus pur, mais ce n'est point une considération qui suffise toujours pour le marquer d'un signe *absolu* de réprobation, et pour empêcher que les termes de sa déposition ne soient pesés dans la balance des juges. ART.

Changez maintenant l'objet du litige ; supposez que la commune plaide pour un droit de parcours, de pâturage, ou d'usage dont l'exercice doit procurer à chacun de ses habitants un avantage personnel, une portion afférente de profit : leur intérêt devient alors direct et immédiat ; il s'individualise sous la forme collective de l'action, et vous y voyez autant de demandeurs, ou de défendeurs réels, suivant la direction introductive de l'instance, qu'il y a de membres de la communauté. Ce sera le cas d'appliquer la maxime : *Nullus idoneus testis in re suâ intelligitur* (1), et d'écarter de l'enquête ceux qui voudraient se transformer en témoins, pour appuyer de leur voix les prétentions élevées en leur nom.

Les conseillers municipaux qui n'ont pris aucune part aux délibérations relatives au procès, ne sont, en suivant la distinction qui vient d'être faite, ni plus ni moins reprocha-

(1) L. 10, ff. *De testibus.*

ART. bles que tous les autres habitants de la commune.

La difficulté se présente donc seulement, pour les cas de leur concours aux actes préliminaires de la poursuite.

Une commune revendiquait la propriété d'un monticule; l'adversaire soutenait qu'il était en possession depuis un temps suffisant pour prescrire. Des enquêtes furent ordonnées. Parmi les témoins que la commune présenta, figuraient plusieurs membres de son conseil municipal, lesquels avaient signé deux ou trois délibérations tendantes à établir le droit contesté.

Ces témoins furent reprochés. La Cour d'Agen décida que des conseillers municipaux qui, par leurs délibérations, avaient provoqué ou autorisé les poursuites d'une action judiciaire, ne devaient pas être reçus à déposer sur une prétention qu'ils avaient déjà jugée.

L'arrêt fut cassé le 25 juillet 1826. Voici les motifs de la Cour suprême: « Attendu que les membres du conseil municipal qui ont pris part aux délibérations dont il s'agit, n'ayant en cela que rempli un ministère avoué et même commandé par la loi, ne peuvent, pour avoir concouru à ces délibérations, être assimilés à ceux qui, dans le sens et l'objet de l'article 283 du Code de procédure civile, *auraient donné des certificats sur des faits relatifs au procès;* ART.

» Attendu que l'énumération que fait cet article des causes qui peuvent faire reprocher un témoin, est limitative, puisque le droit qu'a tout citoyen de déposer en justice, ne saurait lui être enlevé qu'en vertu d'une disposition expresse de la loi;

» Attendu qu'en se fondant sur une conséquence nécessaire dudit article 283, pour rejeter les dépositions des membres du conseil municipal, sans ordonner qu'elles seraient lues pour y avoir tel égard que de raison, la Cour royale a créé un reproche non autorisé par la loi, et par suite rejeté des dépositions régulièrement faites, ce qui est, à la fois, une fausse application de l'article 283, et une violation des articles 256 (1) et 291 (2) du Code de procédure civile (3). »

Cette question de l'*idonéité* des conseillers municipaux se représenta, quelques années après. Il faut dire que, dans la nouvelle espèce,

(1) « La preuve contraire sera de droit. »

(2) « Si les reproches sont admis, la déposition du témoin reproché ne sera point lue. »

(3) Sirey, 27—1—59.

ART. le conseil municipal s'était réuni depuis le jugement qui avait appointé les parties à faire leurs preuves de possession, et que, par une délibération motivée sur la certitude des faits articulés au nom de la commune, il avait invité le maire à veiller au salut du procès.

Lorsque l'enquête s'ouvrit, les témoins du maire furent reprochés ; c'étaient des habitants et des conseillers municipaux de la commune.

En première instance et en appel, le reproche fut admis contre ces derniers seulement, par ce motif que, dans leur délibération, ils avaient attesté comme constants les faits qu'il s'agissait de prouver.

Vainement la commune se pourvut en cassation. L'arrêt de rejet est du 2 juillet 1835 ; et malgré le soin qu'on y a pris de distinguer quelques nuances, sa rédaction exprime une incertitude, une hésitation assez remarquables sur la doctrine dominante et tranchée du précédent arrêt qui avait cassé : « Attendu, dit le dernier, que *s'il peut y avoir du doute, en droit, relativement au point de savoir si les membres d'un conseil délibérant sur le procès, peuvent être reprochés comme ayant donné un certificat*, la question n'est pas à juger dans l'espèce actuelle, comme dans l'espèce jugée par l'arrêt du 25 juillet 1826, c'est comme ayant personnellement attesté les faits à prouver, que les membres du conseil municipal ont été reprochés, d'après l'article 283 du Code de procédure (1). » ART.

A mon avis, le doute doit se résoudre en faveur de cette proposition qui ne peut rester longtemps controversée : les conseillers municipaux émettent nécessairement leur opinion sur le procès, lorsqu'ils prennent part aux délibérations en vertu desquelles la commune sera autorisée à procéder, à attaquer, ou à se défendre.

Le droit naît du fait. Jamais des conseillers municipaux n'ont pu déclarer que leur commune était bien fondée à exercer un droit, sans avoir préalablement posé comme une base, le fait sur lequel ce droit se viendrait appuyer. Ils attestent donc les faits du procès, en quelque temps et à quelque occasion que ce soit, quand ils établissent le droit d'attaquer, ou le droit de résister ; ils les attestent pour des intérêts immédiatement intimes, dont ils sont eux-mêmes les représentants, et pour le succès d'une action qui ne peut être introduite, pour-

(1) Sirey, 1835—1—611.

ART. suivie, arrêtée, accommodée, sans qu'ils aient été consultés (1).

On objecte qu'en délibérant sur le procès, *ils ont rempli un ministère avoué et même commandé par la loi*, et qu'il n'est pas permis, dans ce cas, de les priver du droit de porter leur témoignage en justice. Qu'importe que ce soit une attestation officielle, ou un certificat officieux? Le fonctionnaire est encore plus intéressé, pour l'honneur de son caractère et pour la satisfaction de son amour-propre, à ne pas se départir de ce qu'il a d'abord écrit ou signé, et à ne pas renverser, à l'enquête, ce qu'il a soutenu au conseil. Il faudrait donc aussi admettre le maire comme témoin? car s'il prête son nom à la cause, c'est également à une nécessité de position qu'il obéit, et pour tout ce qui concerne les intérêts judiciaires de la commune, il ne fait que suivre l'impulsion et la direction qu'il reçoit du conseil municipal.

Ces réflexions m'amènent à conclure, 1° qu'une commune ne peut invoquer le témoignage de ses habitants, que dans les cas où

(1) Voyez les art. 19, 40, 51, 52 et 59 de la loi du 18 juillet 1837, *sur l'Administration municipale*.

leur intérêt se trouve tellement éloigné, tellement indirect, tellement imperceptible, qu'il serait permis de les regarder comme des étrangers ; 2° que les conseillers municipaux ne se trouvant point dans cette condition de désintéressement, après avoir délibéré, opiné sur les chances du procès, doivent être toujours reprochables (1). ART.

Ne cherchez point la cause de cette exclusion dans l'article 283 ; sa disposition s'applique aux *tiers* que les plaideurs appellent en témoignage, et non aux personnes qu'un intérêt propre, individuel, rend en réalité parties au procès, quoiqu'elles n'y soient pas nominativement établies (2).

J'ai déjà parlé du reproche fondé sur ce que le témoin aurait été condamné à une peine afflictive et infamante, ou même à une peine correctionnelle pour cause de vol (3). Il est inutile d'y revenir.

La justice civile a dû mettre aussi en état de

(1) Arrêt de Bourges du 10 janvier 1831. Sirey, 1831 —1—248.

(2) Voyez au *Mémorial de Jurisprudence* de M. Tajan, t. 38, p. 91, un arrêt de la Cour d'Aix du 11 décembre 1838.

(3) Voyez ci-dessus, p. 331 et suiv.

ART. suspicion celui que la justice criminelle a mis en état d'accusation, c'est-à-dire, celui contre lequel elle a déclaré qu'il existait des charges suffisantes pour le renvoyer devant une Cour d'assises. Toutefois, le reproche s'évanouirait, et sa disposition serait lue, s'il était acquitté avant le jugement de la cause (1).

L'innocence et la naïveté du jeune âge peuvent souvent mal discerner et mal rapporter. La loi ne défend point au juge de laisser ap-
385. procher et d'entendre les enfants au-dessous de quinze ans, mais elle lui recommande de n'avoir à leurs témoignages que tel égard que de raison. Ils ne doivent point être soumis au serment avant de déposer (2); ce n'est pas que la prestation de serment rendît la déposition nulle, mais il y aurait abus.

Je croirais superflu d'ajouter qu'une partie n'est pas recevable à reprocher son propre témoin, celui qu'elle a fait citer elle-même, s'il n'y avait à noter une exception toute naturelle, pour le cas où la cause du reproche serait postérieure à la citation.

(1) M. Pigeau, *Traité de la Procéd.*, t. 1, p. 271 et 272. M. Carré, *Lois de la Procéd.*, t. 1, p. 705.

(2) Voyez ci-dessus, p. 330, à la note.

Art.

Avant de venir au jugement des reproches et aux questions qui s'y rattachent, il convient de savoir quand ils doivent être proposés, et comment ils doivent être constatés.

La règle générale veut que le reproche élevé contre un témoin précède sa déposition ; au- 270.
trement, il se pourrait que l'idée du reproche fût suggérée par une ardeur de récrimination, ou par le désir d'écarter, à tout prix, un fâcheux témoignage, et d'empêcher qu'il ne soit lu. Cet inconvénient est moins à craindre alors qu'il s'agit de reproches dont il y a preuve écrite. Ceux-là peuvent être présentés après l'audition.

L'article 6 du titre 23 de l'ordonnance de 1667 « défendait au procureur de fournir aucuns reproches, s'ils n'étaient signés de la partie, ou s'il ne faisait apparoir d'un pouvoir spécial par écrit, à lui donné pour le proposer. » Il devait en être ainsi sous un régime où les causes de reproches n'étaient point spécifiées, et pouvaient se formuler en toutes sortes de graves attaques contre la moralité, l'honneur et l'état des témoins. Il fallait, pour les réparations d'une odieuse imposture, mettre à nu la responsabilité du calomniateur, et

ART. ne pas lui permettre de s'éclipser dans les détours d'une procédure en désaveu. Mais aujourd'hui que le champ des reproches est assez étroitement limité, on n'a point à redouter ces téméraires excursions. Ce serait une précaution surabondante, que d'obliger l'avoué à se munir d'un pouvoir spécial pour objecter, en l'absence de son client, que tel témoin est le parent, l'allié, l'héritier présomptif, le donataire, le serviteur ou le domestique de l'autre partie; qu'il a bu et mangé avec elle et à ses frais, depuis que la preuve des faits a été ordonnée, ou qu'il a signé un certificat sur ces faits. Il n'y a rien, dans de pareilles allégations, qui puisse ébrécher une réputation. Quant au reproche inféré de la mise en état d'accusation, de la condamnation à une peine afflictive ou infamante, ou à une peine correctionnelle pour cause de vol, il ne doit se produire qu'avec l'appui des jugements et arrêts sur lesquels il se fonde. Vous voyez qu'il faudrait, de nos jours, une rare imprudence pour faire naître, au profit d'un témoin reproché, quelque motif sérieux d'une action en
289. dommages et intérêts.

On sait que généralement un plaideur ne peut paraître en justice, sans l'assistance d'un avoué qui seul a droit de postuler, de présenter la demande ou la défense, de proposer les exceptions, de faire toutes les significations et toutes les communications que l'instruction du procès exige. Mais il n'est guère de règles qui n'aient à subir quelque dérogation. Ainsi, l'avoué se tient à l'écart, lorsqu'il s'agit d'une comparution personnelle ou d'un interrogatoire sur faits et articles; la partie doit de sa propre bouche s'expliquer et répondre. Quand une enquête se fait, ce n'est plus un devoir qu'on lui impose, c'est une faculté qu'on lui accorde, de se présenter seule devant le juge-commissaire, pour interpeller et reprocher les témoins. Ici la nécessité fait la loi. Si les dépositions sont recueillies au loin par un magistrat délégué, faudra-t-il absolument que l'avoué se déplace à grands frais, et qu'il accoure, au grand détriment des autres affaires dont il est chargé, pour articuler un reproche? Non, le client peut y suffire; le Code dit: « Les reproches seront proposés par la partie, ou par son avoué. » ART. 270.

Le rédacteur du *Journal des Avoués* voulut, il y a quelques années, connaître la solution que je donnerais à la question suivante: « Lorsqu'un jugement par défaut, faute de constitu-

ART. tion d'avoué, a ordonné une enquête (dans une affaire de séparation de corps, par exemple), la partie défaillante, pour pouvoir y assister et proposer des reproches contre les témoins, est-elle tenue de constituer préalablement un avoué? »

Il paraît que cette question était, en même temps, soumise à M. Carré et à M. Thomines-Desmazures (1).

La difficulté ne me sembla pas fort grave, et, ne me doutant point que mon avis dût avoir dans le journal les honneurs d'une insertion critique, je répondis assez brièvement.

Cette partie *qui n'a point constitué d'avoué*, disais-je, va donc apparaître à l'enquête, interpeller, reprocher, verbaliser seule, et sans qu'elle ait, dans l'instance, le représentant légal qui doit la diriger! Mais après l'enquête, le jour du jugement définitif arrivera; or ce jugement sera-t-il par défaut ou contradictoire? Il ne sera pas par défaut, *faute de comparution*, puisque la partie aura comparu aux actes de l'instruction; il ne sera pas par défaut, *faute de conclure*, puisqu'il n'y aura pas eu d'avoué constitué; et, par la même raison,

(1) *Journal des Avoués*, t. 35, p. 279 et suiv.

il ne sera pas contradictoire. *Abesse videtur qui in jure non est* (1); et chez nous celui qui n'a point d'avoué n'est pas *in jure*. ART.

Pour se sauver de ces anomalies, il n'y a qu'un moyen, c'est d'obliger le défaillant, s'il veut venir à l'enquête et discuter la qualité des témoins, à constituer *préalablement* un avoué. Ne le fait-il pas? il ne peut ni interpeller, ni reprocher; *abesse videtur*. Le fait-il? ses défenses prennent leur cours; le procès-verbal est ouvert à ses dires et observations, il est *in jure*.

Le journal rapporte que M. Carré rattacha rigoureusement son opinion à la règle générale qui ne veut pas qu'on puisse comparaître en justice, ni coopérer à aucun acte judiciaire, sans l'assistance d'un avoué. C'était trop absolu; c'était exiger le déplacement des avoués pour toutes les enquêtes qui ne se font pas au lieu où siége le tribunal qui les a ordonnées, et méconnaître la nécessité de l'exception consacrée par les termes de l'art. 270.

M. Thomines-Desmazures estima que la loi ne s'opposait point à cette manifestation d'une partie qui veut, *quoiqu'elle n'ait point encore*

(1) L. 4, § 5, ff. *De damno infecto*.

ART. *constitué un avoué*, élever la voix pour faire consigner au procès-verbal d'enquête ses interpellations et ses reproches. Voici sa conclusion : « Ce préalable n'est point indispensable, cette condition n'est imposée ni par l'article 261, ni par l'article 270 du Code de procédure, et le *texte* comme l'esprit de ce dernier article me paraissent autoriser la comparution personnelle de la partie, sans assistance d'avoué. Mais si la partie veut ensuite discuter et faire valoir ses reproches, elle ne pourra le faire que par le ministère d'un avoué. »

Le rédacteur du journal crut devoir se ranger à ce dernier avis, et M. Thomines-Desmazures l'a reproduit dans ses Commentaires (1).

Ainsi notre dissidence se réduit, en définitive, au point de savoir s'il faut que la constitution d'avoué soit faite *avant*, ou s'il suffit qu'elle soit faite *après*, pour que cette apparition du défaillant à l'enquête puisse valoir quelque chose.

Je suis fort loin de me croire exempt d'erreur ; toutefois, pour que je me rétracte, je demande qu'on m'éclaire ; ce n'est pas trop

(1) T. 1, p. 469.

exiger. Or, je cherche vainement dans les raisons qui me sont opposées cette concordance lumineuse qui rapproche les textes et dissipe les doutes. ART.

L'article 261 veut que la partie qui n'a point encore constitué d'avoué, soit assignée à son domicile pour être présenté à l'enquête, parce qu'il n'est pas possible de l'assigner ailleurs; mais il n'en résulte pas que sur cette assignation, comme sur toutes celles que l'on donne en justice réglée, l'assigné puisse comparaître sans constituer un avoué.

Il est très-inexact de dire que les observations, les interpellations, les reproches, dans les enquêtes, ne sont point des actes d'instruction, et n'exigent point la constitution préalable d'un avoué. Reprocher un témoin, c'est conclure d'avance à ce que la déposition qu'il fera ne soit pas lue. Et si le reproche n'est pas justifié par écrit, cette partie qui a commencé par s'affranchir du devoir de comparaître, et de l'obligation de se donner un guide, se présentera donc, dans toute la liberté de sa propre suffisance, pour offrir la preuve des faits qu'elle 289.
impute au témoin?

Cependant on reconnaît que le ministère d'un avoué sera indispensable, lorsque le

ART. *défaillant*, après s'être montré à l'enquête, *voudra discuter ensuite et faire valoir ses reproches* (1). Ainsi l'accession de l'officier ministériel aura un effet rétroactif, elle donnera un corps à cette ombre de plaideur qui était venue tourmenter les témoins. Il est également reconnu que, si la constitution d'avoué ne s'ensuivait pas, l'ombre s'évanouirait, les traces de son apparition s'effaceraient; c'est-à-dire, suivant l'expression du *Journal des Avoués*, que *sa comparution serait considérée comme non écrite* (2). Je ne puis accoutumer ma pensée à ces fictions, à ces déviations, où le sens de notre système judiciaire me semble tout-à-fait méconnu.

Mais on invoque le texte de l'article 270 du Code de procédure. Voyons: « Les reproches seront proposés par *la partie*, ou par SON *avoué*.... » Que signifient ces mots, si ce n'est que la partie doit avoir un avoué; que, si la partie peut proposer elle-même des reproches, elle n'a pas moins dû constituer préalablement un avoué, et se mettre sous sa direction; que cette partie est celle qui a un avoué, quoique *son* avoué ne soit point actuellement près d'elle?

(1) T. 1, p. 466.

(2) T. 35, p. 281.

Evidemment ce n'est pas pour l'opinion contraire à la mienne, que l'autorité de ce texte doit compter. ART.

Enfin le *Journal* se prend à une impossibilité qu'il essaie d'établir, en supposant l'espèce suivante : « Le tribunal civil de Paris ordonne une enquête contre un sieur Dulac, domicilié à Aix; les faits du procès nécessitent l'audition des témoins dans le département des Bouches-du-Rhône; Dulac a constamment fait défaut, et on l'assigne à son domicile. Cette notification a lieu le 1er mars 1828; l'audition des témoins a été fixée par le juge-commissaire au 5 mars de la même année. Si Dulac, pour assister à cette enquête, est tenu préalablement de constituer un avoué, il doit envoyer à un avoué de Paris la notification qui lui a été faite, avec pouvoir de se constituer pour lui; et si l'on ajoute le renvoi de l'original à la partie, original qui lui sera nécessaire pour prouver qu'elle a constitué avoué, personne ne niera que l'accomplissement de ces diverses formalités ne mette le défaillant dans l'impossibilité de comparaître à l'enquête.... (1). »

Je demande la permission de répondre que

(1) T. 35, p. 283.

ART. l'impossibilité gît tout entière dans l'application de l'hypothèse à notre question. En effet, on voudra bien ne pas perdre de vue qu'une enquête n'est ordonnée contre un défendeur qui ne paraît pas, que dans les affaires où il s'agit de séparation entre époux, d'interdiction, et autres matières d'ordre public où le silence et même l'aveu des parties ne peuvent servir de preuves. Ces causes exceptées, les faits que l'ajournement énonce, et qui ne sont ni méconnus, ni déniés, ont en leur faveur une assez forte présomption de vérité, pour que les juges doivent se dispenser de faire appeler des témoins (1). Ceci posé, dites-nous comment vous imaginez qu'un *défendeur domicilié à Aix* aurait été traduit devant les juges de *Paris*, et que ces juges auraient ordonné contre lui une enquête dans le département des Bouches-du-Rhône? Si vous supposez qu'il s'agissait d'une demande en séparation, en interdiction, ce n'est qu'au tribunal de son domicile que le défendeur a pu être assigné; alors, en quelque lieu que l'enquête ait dû se faire, il aura eu, à raison des distances, tout le temps nécessaire pour constituer

(1) Voyez mon 3e vol. p. 29 et 30.

un avoué, avant de se présenter à l'audition des témoins. Voudriez-vous que ce fût un procès d'intérêt purement privé, une action réelle ou mixte attribuée au tribunal *rei sitæ?* Quelle apparence y aurait-il qu'une enquête ait été ordonnée, pour être faite à deux cents lieues de là, surtout contre une partie *qui aurait constamment fait défaut*, et qui, par conséquent, n'aurait rien méconnu, rien dénié? ART.

Je fais trève à mes objections; trop d'insistance s'accorderait mal avec la haute estime que je porte à mes honorables contradicteurs. Est-il bien utile, d'ailleurs, de s'exercer avec tant d'ardeur sur ces questions fabuleuses que l'esprit invente, *nugæ difficiles*, et sur ces espèces boiteuses que la dispute improvise? La loi dispose pour ce qui arrive le plus communément, et l'on doit tendre toujours à ramener les cas extraordinaires sous le niveau des principes généraux: *Quasi hoc legibus inesse credi opportet* (1).

Le juge délégué pour recevoir l'enquête a bien le pouvoir de repousser les témoins incapables, ceux que la loi exclut et ne permet

(1) L. 27, ff. *De legibus.*

ART. pas d'assigner ; mais sa mission ne lui confère pas le droit de statuer sur la validité des reproches ; elle se réduit, en ce point, à consigner au procès-verbal les allégations de la partie reprochante, les réponses du témoin reproché, et les observations de l'autre partie qui le produit. Le tribunal prononcera. En attendant, il faut que la déposition du témoin reproché soit entendue et recueillie : c'est une conséquence inévitable de la pratique des enquêtes écrites ; et par ce nouvel endroit, se découvre un autre aspect de leurs imperfections. En effet, si la cause du reproche est justifiée, la loi défend aux juges de se faire donner, ou de prendre eux-mêmes lecture de la déposition du témoin reproché ; ils ne doivent pas la connaître, l'entrevoir, et s'exposer à son influence. Cependant, au milieu d'eux, quand le moment est venu de prononcer sur le fond du procès, vous voyez presque toujours siéger le commissaire qui a dû provisoirement tout recueillir et tout entendre.

Le système des enquêtes verbales ne se détourne point ainsi de l'ordre naturel des choses, il a plus de franchise et de sûreté : les reproches sont proposés à l'audience, lorsque le témoin se présente pour déposer ; le débat

Art.

s'engage sur ses explications, et le tribunal admet ou rejette. Les reproches sont-ils admis? le témoin se retire et ne dépose pas (1). C'est un point sur lequel il faudra revenir, au chapitre des *Matières sommaires*.

Le délai pour faire enquête est expiré. Les procès-verbaux sont signifiés (2); l'affaire est reportée au tribunal, et la partie la plus diligente a fait sommation à l'autre de venir à l'audience, pour discuter la valeur des preuves. Or, cette valeur consiste principalement dans

(1) L'auteur de l'*Encyclopédie des juges de paix*, t. 3, p. 70, pense que le témoin reproché doit toujours être entendu dans sa déposition, même lorsque l'enquête se fait à l'audience. C'est une erreur condamnée par plusieurs arrêts de la Cour de cassation. Le dernier est ainsi motivé : « Attendu que si l'article 284 prescrit l'audition d'un témoin reproché, c'est parce que le commissaire à l'enquête n'est pas juge de la cause, et que l'article 291 défendant de lire la déposition lorsque les reproches sont admis, il en résulte que, dans les causes soumises à son jugement, le juge de paix ne doit pas entendre les témoins qu'il considère comme reprochables, sauf au tribunal d'appel à ordonner l'audition des témoins, s'il juge les reproches mal fondés... » (Sirey, 1835—1—611.)

(2) Voyez ci-dessus, p. 314.

Art. 287. la qualité des témoins, la déposition de ceux qui seront jugés reprochables ne pouvant point être lue; ce qui implique la nécessité de juger d'abord les reproches.

Quelques-uns ont prétendu que le tribunal devait regarder comme éteints, abandonnés, les reproches qu'une partie aurait proposés devant le juge-commissaire, et qu'elle ne reproduirait plus dans des conclusions formelles (1). La Cour de cassation a rejeté un pourvoi fondé sur ce moyen : « Attendu que l'article 270 du Code de procédure veut que les reproches présentés contre les témoins soient circonstanciés et pertinents, non en termes vagues et généraux, et qu'ils soient consignés, avec les explications des témoins, dans le procès-verbal du juge-commissaire ; mais que cet article ni aucun autre n'exigent que les reproches, ainsi articulés et constatés, soient renouvelés dans des conclusions expresses ; d'où il suit que l'absence de ces conclusions ne peut constituer une cause de nullité (2). »

Ces motifs sont parfaitement vrais. J'ai

(1) M. Thomines-Desmazures, *Comment.*, t. 1er, p. 490.

(2) Sirey, 1837—1—704.

ART.

eu plus haut l'occasion d'en faire la remarque : reprocher un témoin, c'est *conclure,* par avance, à ce que sa déposition ne soit pas lue. Rien ne semble donc moins utile que de revêtir ces conclusions d'une nouvelle forme de style, et de les répéter solennellement à l'audience, en même temps qu'on y apporte le procès-verbal d'enquête qui les contient déjà. La Cour suprême aurait pu donner plus de force encore à son arrêt, en considérant qu'il doit être statué *sommairement* sur les reproches, et qu'à cet effet le Tarif ne passe en taxe aucune espèce d'acte de procédure. Toutefois, ce qui abonde ne vicie pas, et je conseillerais fort cet excès de précaution dans les affaires importantes; car si, dans le débat des preuves, on glissait trop légèrement sur les reproches, sans qu'une insistance assez sérieuse vînt leur donner quelque relief, le tribunal pourrait dire, à bon droit, qu'ils ont été couverts, qu'on y a renoncé, et permettre la lecture des dépositions contre lesquelles ils avaient été dirigés.

Je répète que les reproches doivent être jugés avant le fond du procès; l'ordre naturel des idées le veut ainsi. Cependant, n'inférez pas de cette règle qu'il faille toujours deux jugements séparés : il est permis de prononcer

ART. sur le tout, *per modum unius*, lorsque le fond *est en état*.

Voici des exemples :

Supposez que les témoins produits soient tous reprochables, et que les preuves manquent entièrement au plaideur chargé de les fournir; un seul jugement pourra contenir une double disposition : la première, admettant les reproches, ordonnera préliminairement que les témoignages ne seront pas lus, et la seconde, par voie de conséquence, rejettera la demande ou l'exception qui tombe faute d'appui.

Autre hypothèse : les reproches ne sont ni précis, ni concluants; les juges disent qu'il n'y a lieu de s'en occuper, et ils expédient la cause en même temps, parce qu'elle est disposée à recevoir une décision définitive.

Ou bien encore, mettant de côté les dépositions reprochables, le tribunal reconnaît qu'il reste assez de preuves acquises pour juger de suite, et il juge. *Reprobatio supervacua fugienda est* (1).

En deux mots : lorsqu'il serait inutile de prolonger l'instruction sur des faits de reproches,

(1) Rebuffe, *Tract. de reprobat. test.*, *art.* 4.

ou sur l'objet principal du litige, c'est le cas de vider le tout à la fois. Art.

Mais il y a des reproches qui peuvent être déniés : comme s'il était allégué que le témoin a bu ou mangé avec la partie qui le produit, et à ses frais, depuis l'appointement de contrariété; ou s'il était objecté que c'est un domestique ou un serviteur amené pour déposer en faveur de son maître, etc. Alors il faut bien permettre qu'une preuve incidente des faits de reproches vienne s'enter sur la preuve principale des faits de la cause, et qu'on entende de nouveaux témoins contre *l'idonéité* des premiers : *ad litis ordinationem, ante litis decisionem.* Ne pouvant éviter le mal, les vieilles lois avisèrent aux moyens de l'atténuer (1); les rédacteurs du Code de procédure ont fait de même.

« Si les reproches proposés avant la déposition ne sont justifiés par écrit, la partie sera tenue d'en offrir la preuve, et de désigner les té- 289.

(1) Voyez les coutumes de la Marche, art. 61, du Bourbonnais, art. 47, d'Auvergne, tit. 8, art. 2; les ordonnances de 1490, art. 102, de 1510, art. 39, de 1525, ch. 8, art. 20, de 1585, etc.

ART. moins ; autrement elle n'y sera plus reçue (1). »

Cette disposition est diversement interprétée.

Les uns veulent que l'offre de preuve et la désignation des témoins se fassent, à peine de forclusion, à l'instant même où le reproche est articulé, avant l'audition du témoin, et que le tout soit consigné au procès-verbal (2).

Les autres pensent que ces formalités peuvent être utilement remplies par une simple notification, jusqu'au jour du jugement qui doit admettre l'offre, ou la rejeter (3).

Je crois que cette dernière opinion est celle qu'il faut suivre. Le législateur n'a eu d'autre but que de refréner la téméraire légèreté des

(1) On trouve dans Brodeau sur Louet, *lettre R*, *sommaire* 5, un arrêt qui atteste qu'en 1568 l'on procédait ainsi. « Les reproches baillés contre les témoins ouïs en l'enquête principale, devaient être accompagnés des noms et surnoms des personnes par lesquelles iceux reproches seraient vérifiés. »

(2) Ainsi jugé par arrêt de la Cour d'Orléans, du 4 avril 1810, Dalloz, *Jurisp. génér.*, t. 12, p. 574, n° 11, et par arrêt de la Cour de Toulouse, Dalloz, *Rec. périod.*, 32—2—7.

(3) Arrêt de la Cour de Montpellier, du 26 avril 1831, Dalloz, *Recueil périod.*, 1832—2—175. Arrêt de la Cour de Limoges du 26 avril 1838, *Journal de cette Cour*, t. de 1838, p. 292.

plaideurs qui lancent des reproches, et ne savent comment ils les pourront justifier. Ce qui importe, c'est qu'ils ne se présentent devant les juges, qu'après avoir pris l'engagement d'établir la vérité de leurs imputations par des témoins désignés à l'avance. Dans les cas ordinaires, cette désignation ne précède point le jugement qui ordonne l'enquête; mais on exige ici des garanties plus étroites. Le caractère, l'âge, la position des personnes indiquées formeront, avec les circonstances du fait, autant d'éléments que le tribunal combinera pour se déterminer à permettre la preuve, ou à la refuser. Si quelques doutes restaient encore sur cette entente de l'article 289 du Code, ils seraient tous levés par le Tarif qui, dans son article 71, fixe un droit pour l'*acte d'avoué* contenant l'offre des preuves de reproche et la désignation des témoins. Or, comment accorder l'utilité reconnue de cet acte, avec le système absolu d'une mention instantanée sur le procès-verbal du juge-commissaire, qui comprendrait à la fois les faits de reproche, l'offre de les prouver, et l'indication des témoins? ART.

Dans cette superposition d'une seconde enquête, on n'admet plus de reproches contre les nouveaux témoins, à moins qu'ils ne soient jus- 290.

ART. tifiés par écrit, *propter infinitatem vitandam in judiciis*. Ce serait une perpétuelle agglomération de reproches et d'enquêtes, une éternité de procès. Dumoulin avait dit : *Non licet probare reprobatoria reprobatoriorum per testes, sed per instrumenta* (1), et Loysel en avait fait une règle de ses *Institutions coutumières* : « Réprobatoires de réprobatoires ne sont reçus (2). »

Telles sont les conditions restrictives sous lesquelles on procède à la preuve des faits de reproches, s'il échet de l'autoriser, et à la preuve contraire qui toujours est de droit.
290. Ajoutez que l'on y suit les règles prescrites en matière sommaire, c'est-à-dire que les témoins sont entendus à l'audience, par le tribunal entier, *palàm atque astante coronâ*. C'est apparemment afin que l'expédition de l'affaire soit plus prompte, plus sûre, moins coûteuse, moins embarrassée; et je reviens encore à demander comment il se fait qu'une forme si précieuse, si favorable aux vues de la justice, soit réservée pour ces enquêtes incidentes, et que sa bienfaisante protection ne s'étende point jusqu'aux enquêtes principales?

(1) *Ad cap. 49 extra. de testibus*.
(2) Liv. 5, tit. 5, art. 18.

On a soutenu, dans ces derniers temps, que les juges avaient toute liberté d'ordonner la lecture de la déposition d'un témoin reproché, quoique le fait du reproche fût parfaitement justifié. De là, il y avait à peine un pas à faire, pour réduire l'article 283 aux simples termes d'une disposition *démonstrative*, et pour dire que les causes de reproches y énoncées ne sont pas les seules qu'il soit permis d'admettre. Des arrêts l'ont ainsi jugé, et leur double tendance a été célébrée comme un notable progrès, comme une théorie de la plus haute portée, et l'accomplissement d'une mission philosophique.

Cette doctrine distendue n'est en réalité qu'une satisfaction que l'arbitraire s'est donnée à lui-même. Loin que ce soit un germe de progrès, c'est une vieille souche d'abus que l'on a fort solennellement replantée.

Anciennement il n'y avait point de règles fixes pour la détermination des causes de reproches, sauf l'exclusion des parents ou alliés des parties jusqu'aux enfants des cousins issus de germains. L'ordonnance laissait aux juges [illegible]e liberté de déclarer un témoin repro-

ART. chable, quel que fût le motif de suspicion allégué contre lui : puis l'on suspendait le procès principal, pour appointer sur toutes sortes de faits *d'amitié*, *d'inimitié*, *de pauvreté*, *de corruption*, *de mauvaise vie*, etc. Les dépositions atteintes par les reproches n'étaient point lues, et toute une enquête pouvait s'y perdre. Il s'ensuivait que la justice de ce temps-là n'était pas moins libre de rejeter les imputations qui ne lui paraissaient pas assez précises, assez pertinentes, ou assez taxatives de partialité.

Cependant la loi nouvelle s'exprime en ces termes : *Pourront être reprochés*, etc. Evidemment la faculté de reprocher ou de ne pas reprocher, dans les cas prévus par l'art. 283, est accordée aux parties, et non point aux juges. L'orateur du Tribunat disait, en parlant de *l'incapacité* des parents ou alliés en ligne directe, et de la simple *reprochabilité* des autres : « Le danger diminue à mesure que les liens de la parenté s'éloignent de leur origine, et alors rien ne s'oppose à ce que la loi *laisse aux parties le droit* d'admettre la déposition, et de rendre hommage à la probité du témoin. Pourquoi serait-il suspect aux yeux du juge, dès que les parties éclairées par leur propre intérêt, consentent à s'en rapporter à son témoignage (1)? » Vous le voyez : ce n'est point au juge qu'est accordée la faculté de rendre hommage à la probité d'un témoin légalement reprochable; son office se réduit à déclarer le reproche fondé, quand il est proposé, écrit dans la loi, et suffisamment prouvé, ou à le rejeter quand ces conditions manquent. ART.

On objecte que le législateur n'aurait pas prescrit au juge-commissaire de recevoir la déposition de tous les témoins, même de ceux qui peuvent être atteints par le reproche le plus légitime et le plus authentiquement justifié, s'il n'eût pas été dans son esprit de réserver au tribunal le pouvoir d'estimer les reproches, selon la valeur des personnes et des circonstances.

La réponse est déjà faite (2) : tant que le fait et le droit du reproche ne sont pas reconnus, non-seulement par le témoin, mais encore par la partie qui le produit; tant que celle-ci ne renonce point formellement à ce que la déposition soit écrite, le juge-commissaire est obligé de la recueillir, parce que le

(1) *Législ. civ.*, etc., de M. Locré, t. 21, p. 619.

(2) Voyez ci-dessus, p. 387 et 388.

ART. sort de cette déposition demeure incertaine,
287. jusqu'à ce que le tribunal ait *statué sur le reproche*.

On insiste, en s'appuyant sur la teneur de l'article 291 : « Si les reproches *sont admis*, la déposition du témoin reproché ne sera point lue ; » ce qui dénoterait que l'admission des reproches est, en entier, l'œuvre discrétionnaire de la conscience des juges, et qu'ils sont les maîtres, en n'admettant pas, de faire lire la déposition d'un témoin, quelque reprochable qu'il puisse être.

Ce n'est qu'un abus de mots. Cette expression *Si les reproches sont admis*..., se rapporte uniquement au résultat des preuves dont le mode est indiqué dans les deux articles précédents ; elle ne peut avoir d'autre signification que celle-ci : *Si les reproches sont justifiés*...

L'autorité du nom le plus imposant (1) n'a pu donner une vigueur durable à cette première branche d'un système qui veut abandonner à la sagesse incertaine de l'homme, ce que la prévoyance du législateur a fixé, limité. La Cour de cassation et la majeure partie des Cours royales ont proclamé qu'il n'y avait

(1) M. Toullier, t. 9, n°s 296 et suiv.

d'autre règle que la loi, pour l'admission ou le rejet des reproches (1). Voici les motifs d'un arrêt rendu dans ce sens, à Nancy, le 1er juin 1837; c'est le plus récent et le mieux raisonné que je connaisse : ART.

« Attendu que les articles 370, 283 et 291 du Code de procédure civile, sont corrélatifs, et s'interprètent les uns par les autres; — que, dans tous les cas prévus par l'article 283, le droit de reproche appartient exclusivement aux parties; — qu'il dérive de la qualité ou de la position des témoins, et qu'il est fondé sur la présomption que les déclarations de ces derniers seraient empreintes de partialité; — qu'il suit de là que, lorsqu'un reproche basé sur l'une des causes exprimées dans cet article est proposé, le tribunal n'a pas le droit de rechercher quelle influence la qualité ou la position du témoin peut avoir eue sur sa déposition, d'en pénétrer la substance, et d'en apprécier le plus ou le moins de sincérité; — que ni les articles cités ni aucun autre du Code ne lui confèrent pouvoir à cet effet; — que ce pou-

(1) Sirey, 30—1—99; 30—2—73; 30—2—142; 30—2—326; 32—2—443, etc.

ART. voir qui, le plus souvent, ne pourrait être exercé que d'après des données incertaines ou conjecturales, ne saurait être induit du mot *admis* employé dans l'article 291 ; — que ce mot ne comporte pas une signification si étendue ; qu'il doit au contraire être interprété dans ce sens, que lorsque le tribunal a vérifié et reconnu constant le fait constitutif du reproche, il est tenu de l'admettre et d'ordonner que la déposition du témoin reproché ne sera pas lue ; — qu'il ne peut même, dans ce cas, prendre connaissance de cette déposition, sauf à y avoir tel égard que de raison ; — que le tempérament du *quanta fides* est en opposition directe avec le prescrit impératif dudit article 291 ; — qu'il affaiblit la présomption de la loi ; — qu'il y substitue la conviction arbitraire de l'homme ; — qu'il énerve et rend en quelque sorte illusoire le droit de reproche ; — qu'il laisse l'esprit du magistrat sous l'impression de dépositions émanées de personnes que la loi suspecte de partialité, et qui peuvent influer, d'une manière décisive, sur sa détermination ; — qu'enfin les principes du droit doivent être maintenus avec rigueur dans tout ce qui touche à la preuve testimoniale, que le législateur n'a admise, en matière civile, qu'avec la plus grande circonspection, etc. (1). » Art.

Pour arriver au second point de cette discussion, il faut qu'on me permette de rappeler la brève disposition de l'ordonnance de 1667 sur les reproches : « Ils seront circonstanciés et pertinents, et non en termes vagues et généraux, autrement ils seront rejetés. » C'était tout : rien de déterminé touchant la nature des causes, la pertinence des effets, et la suffisance des détails ; rien de prévu, rien d'indiqué ; point d'autres limites pour le choix et l'admission, que celles qu'il plaisait aux juges de se tracer à eux-mêmes. Le nombre des reproches justifiables par écrit était donc fort restreint, en comparaison de l'infinie variété des allégations et des imputations qu'il fallait vérifier à l'aide d'une nouvelle série de témoins. Or, n'oubliez point que chacun des reproches admis en définitive, retranchait de l'enquête une déposition qui ne pouvait être lue ; et si, d'aventure, il n'en restait pas deux, la preuve était évanouie.

(1) Sirey, 38—2—298. Voyez aussi M. Locré, *Esprit*

ART. Telles sont exactement, hors la maxime *testis unus*, *testis nullus*, les conséquences que veulent nous ramener les tyrans de nos textes, en dépouillant l'article 283 de son caractère *limitatif*, pour en faire un aperçu *démonstratif* de quelques exemples, un simple canevas de reproches.

Mais le véritable esprit de la loi se manifeste dans les discussions qui servirent à la préparer.

Des Cours se récriaient, après la communication du projet, sur ce que, dans l'énumération des reproches, beaucoup de cas avaient été omis, « et elles proposaient de modifier ainsi l'article 283 : *Pourront être présentés* PARTICULIÈREMENT *comme reproches*, etc., afin de ne pas exclure toutes les autres causes qui pourraient être également, ou plus encore, admissibles. »

M. Locré nous apprend que le système du projet fut préféré, comme le seul conforme à la théorie générale de notre législation, qui n'abandonne à la discrétion du juge que ce qu'elle ne peut pas régler (1).

du Code de comm., t. 9, p. 307, et le *Journal des Avoués* au mot *Enquête* et *passim*.

(1) *Esprit du Code de comm.*, t. 9, p. 306.

Pour démontrer mieux l'accord de cette pensée dans tous les éléments législatifs qui concoururent à la formation du Code, M. Locré aurait pu citer les observations du Tribunat sur l'article 270. Cet article portait originairement que *la partie* proposerait ses reproches avant la déposition du témoin, et ne disait pas s'ils pourraient être proposés *par l'avoué* comme *par la partie*. On sait qu'aux termes de l'ordonnance de 1667, le procureur ne pouvait fournir que des reproches signés de la partie, à moins qu'il ne fît apparoir d'un mandat spécial (1). Le Tribunat pensa que cette disposition ne devait point être renouvelée; qu'il fallait donner à l'avoué le droit de proposer lui-même les reproches, sans qu'il fût obligé de se munir d'une procuration; et son avis fut principalement motivé « *sur ce que le Code* SPÉCIFIERAIT *les reproches qui* POURRAIENT *être présentés*, ce que ne faisait pas l'ordonnance (2). » L'article reçut, en conséquence, cette rédaction définitive : « Les reproches seront proposés par la partie ou par son avoué. » Art.

Assurément, cette *spécification* des causes de reproches est de sa nature fort *limitative*,

(1) Voyez ci-dessus, p. 377.

(2) *Législ. civ.*, etc., de M. Locré, t. 21, p. 466.

ART. et ne ressemble guère à l'échantillon *démonstratif* qu'on voudrait y substituer. Mais il est plus commode de supposer des raisons à la loi, que de remonter vers sa source, pour y prendre la *boussole* et *l'ancre*, comme disait Bentham. Cette doctrine d'imagination tend incessamment à détruire toutes nos garanties de stabilité, d'uniformité; elle rappelle le *toast* que les avocats anglais portaient autrefois *à la glorieuse incertitude de la loi.*

Oserai-je redire encore que les principes nouveaux ne trouvent pas dans la pratique, et chez ceux qui ont entrepris de les expliquer, assez de sympathies intellectuelles? L'accoutumance aime à se considérer comme un type, parce que les habitudes ne se convertissent pas aussi vite que les idées. On s'obstine à noyer dans le vague de l'ordonnance, ce que les auteurs du Code ont voulu définir et *spécifier*. Sans tenir compte de la différence des époques et des systèmes, on persiste à penser qu'il est plus digne et plus moral de laisser aux tribunaux le pouvoir d'élargir à leur gré le champ des *reproches*, que de fixer des limites qu'il ne leur serait pas permis de dépasser, et des causes qu'ils seraient obligés d'admettre.

Cela pouvait être fort bon dans un temps où l'office du juge, pour constater un fait, se réduisait à compter les témoignages, et où le plus grand nombre faisait le plus fort poids. Les témoins que les reproches n'avaient point absorbés, étaient les véritables juges de la preuve; il convenait donc que l'on eût la faculté de récuser tous ceux que leurs liaisons, leurs passions, leurs sujétions, leurs intérêts, leurs mœurs, leurs besoins, pouvaient généralement rendre suspects de partialité, de faiblesse, ou de corruptibilité, *afin que leurs dépositions ne fussent pas lues*. C'était une sorte de tempérament à cette doctrine des *preuves légales*, qui imposait aux magistrats une conviction factice, et qui forçait *le juge* de croire ce que *l'homme* ne croyait pas (1). ART.

Un pareil régime ne comportait ni restriction, ni spécification, pour les causes de reproche; rien n'était plus juste que de donner aux tribunaux plein pouvoir de juger préalablement le personnel du témoin, et de le retrancher de l'enquête, puisqu'ils étaient tenus d'accepter son témoignage, s'il y restait.

(1) Voyez ci-dessus, p. 216.

ART. Il doit en être autrement aujourd'hui. Deux témoins ne sont plus indispensables pour qu'une preuve soit faite, et deux témoins ne font pas nécessairement une preuve. Les juges sont affranchis de toute gêne pour apprécier la valeur des témoignages; celui d'un homme légalement irréprochable n'est pas moins soumis à l'empire de leurs consciences : *Ad quorum officium pertinet ejus quoque testimonii fidem quod integræ frontis homo dixerit, perpendere* (1). On conçoit que cette régénération a dû devenir incompatible avec le maintien d'une latitude indéfinie, pour la proposition et l'admissibilité des reproches; car, plus il y a de reproches admis, moins il subsiste de dépositions, moins il reste de terrain où la raison du juge se puisse mouvoir, moins d'éléments d'observation, moins de découvertes, moins de rapprochements, moins de chocs d'où quelque lumière puisse jaillir. Il a donc fallu limiter étroitement et spécifier les causes de reproche, afin que plus de dépositions puissent être lues; il a fallu restreindre beaucoup les présomptions de la loi, pour donner aux présomptions de la justice plus d'étendue et

(1) L. 13, ff. *De testibus.*

de liberté. Ainsi, le pouvoir discrétionnaire qui jadis excluait la personne d'un témoin, sans qu'on sût ce qu'il avait dit, s'est reporté plus utilement à l'évaluation du témoignage. ART.

C'est le système du Code de procédure. Il exclut les parents et alliés en ligne directe, il déclare les autres reprochables jusqu'à certains degrés ; il permet aussi de reprocher les héritiers présomptifs, les donataires, les serviteurs, les domestiques, les donneurs de certificats, les preneurs de repas, les gens que la justice criminelle accuse, et ceux qu'elle a condamnés. Ces cas sont les seuls dans lesquels la loi prohibe la lecture des dépositions ; tous, à peu près, peuvent être justifiés par des écrits, ou par une incontestable notoriété ; et s'il faut, pour les vérifier, amener des témoins, l'enquête incidente ne suscitera, du moins, ni trouble ni scandale.

Envisagée sous les divers aspects de ce point de vue, la question se dégage des nuages qui l'enveloppaient.

L'opinion que je combats doit surtout à l'appui de M. Toullier le crédit dont elle a joui. « Si le Code de procédure indique six moyens de reproche dans son article 283, disait le vénérable doyen de Rennes, il ne faut

ART. pas conclure de cette indication ou énumération, qu'il ait voulu limiter à ce nombre les moyens de reproches dont le nombre est illimité par la nature des choses. Cette conséquence serait une grande erreur. Les reproches ne sont autre chose que les faits reprochés au témoin, d'où l'on prétend tirer des inductions contre sa véracité, contre la foi due à son témoignage, afin de le faire rejeter ou écarter. On ne peut prévoir, on ne peut énumérer tous ces faits, parce qu'ils peuvent varier presque à l'infini. On peut encore moins apprécier d'avance les inductions qu'ils peuvent présenter, puisque la justesse de ces inductions dépend des circonstances de chaque fait particulier. Il est donc impossible, par la nature même des choses, que la loi puisse fixer ou limiter le nombre des reproches : il reste nécessairement abandonné au jugement et à la prudence du magistrat.

» Mais si le législateur ne pouvait limiter le nombre des reproches, il pouvait, il devait même, dans les circonstances où fut rédigé le Code de procédure, en indiquer quelques-uns, et notamment celui qu'on peut fonder sur la parenté ou sur l'alliance (1). »

(1) T. 9, nos 291 et 292.

À part les degrés de parenté ou d'alliance qui produisaient autrefois des causes d'exclusion, et qui, en dehors de la ligne directe, ne sont plus que des causes de reproches, M. Toullier tenait donc pour principe, sous le Code, de même que le chancelier d'Aguesseau, sous l'ordonnance de 1667, *qu'aucune disposition de loi n'a fixé le nombre et la qualité des reproches* (1). ART.

On doit croire que les observations du Tribunat sur l'article 270 avaient échappé à l'attention de M. Toullier, comme à M. Locré lui-même; car il était d'une sagesse trop digne et d'une érudition trop sérieuse, pour partager l'outrecuidance de ces esprits qui prétendent mieux savoir l'intention de la loi que ceux qui l'ont faite. Or, ce fut précisément parce que le Code était *limitatif*, parce qu'il *spécifiait* les reproches qui *pourraient* être présentés, *ce que ne faisait point l'ordonnance*, que l'on permit aux avoués de les proposer, sans exiger qu'ils fussent munis, *comme le voulait l'ordonnance*, d'un pouvoir spécial de leurs clients (2).

(1) T. 9, nos 291 et 292.

(2) Voyez ci-dessus, p. 405.

ART.

Le Code déclare reprochable le témoin qui a bu ou mangé aux frais du plaideur : avouez que cette disposition, dont la généralité ne peut blesser que les personnes accessibles à pareille séduction, serait un exemple assez bizarrement choisi, supposé que l'article 283 ne fût pas *limitatif*, pour donner une idée *démonstrative* des affections, des passions, des positions, des corruptions, des vices de toute espèce, et de tous les accidents de la vie, qui formeraient l'immense variété des reproches à proposer contre les témoins.

Les rédacteurs de l'article 283 se sont attachés à marquer ce qu'il y avait de plus positif dans les qualités apparentes des témoins, et dans leurs rapports extérieurs avec les parties; ils en ont fait des cas de reproches qui tranchent les dépositions, et empêchent qu'elles ne soient lues. Les indices de partialité, les défiances et les imputations que d'autres circonstances indéterminables peuvent faire naître, rentrent dans l'appréciation intime des témoignages, dans l'examen particulier des preuves. Alors l'enquête se déroule librement aux yeux des juges; leur sagacité, leur discernement s'assimilent les substances de vérité, et rejettent les invraisemblances, les déguisements, les affectations et les faussetés. ART.

On ne pourrait donc pas, a dit M. Toullier, reprocher l'amant déclaré d'une femme qui est partie au procès? —Non, mais il sera permis d'attaquer, de discuter sa déposition, et d'y signaler l'empreinte des sentiments qui l'ont dictée. Ce ne sera point le cas d'un reproche légal, parce que les degrés de l'amour, de la haine et du vice n'ont pas été mesurés d'avance, comme ceux de la parenté.—La déposition d'un mendiant sera donc lue? —Oui; les juges y auront tel égard que de raison, car pauvreté n'est pas toujours vice. Il en sera de même de tout ce qui pourra être proposé, pour atténuer ou pour détruire la crédibilité.

La preuve testimoniale a été conservée pour toutes les conjonctures où il n'est pas possible de s'en procurer une autre. Quand on est forcé d'y recourir, il faut bien permettre qu'elle se fasse. Mais ce n'est pas le permettre, que de subordonner l'audition des témoins, ou la lecture de leurs dépositions, à toutes les sortes d'épreuves réprobatoires qu'il plaît aux parties de proposer, et aux tribunaux d'adopter. C'est affaiblir les enquêtes, c'est les anéantir, que de diminuer ainsi le nombre des témoins, et

ART. de juger qu'il n'y a pas lieu de croire, avant de savoir ce qui a été dit.

Cependant M. Toullier a réfuté, avec toute la supériorité de sa raison, l'erreur de ceux *qui ne paraissent pas même soupçonner*, en ce qui concerne la suffisance des témoins, *que les lois anciennes sont abrogées par les nouvelles* (1); il a enseigné que *les mêmes principes*, touchant l'appréciation des preuves, *régissaient aujourd'hui les matières civiles et les matières criminelles* (2); et son livre a reproduit, pour la conscience des juges, l'instruction qui fut rédigée, dès 1791, pour la conscience des jurés (3). Or, je m'assure que le savant professeur n'aurait point prétendu que les causes de reproches énumérées dans les articles 156 et 322 du Code d'instruction criminelle (4), sont

(1) T. 9, n° 318.

(2) *Ibid.*, n° 317.

Toutefois, la similitude ne va point jusqu'à donner aux juges civils le pouvoir discrétionnaire que l'article 269 du Code d'instruction criminelle confère aux présidents des Cours d'assises. Voyez ce que j'ai dit au commencement de ce chapitre, p. 329.

(3) T. 9, n° 328.

(4) Ce sont bien de véritables causes *de reproches*; quoique ces articles portent que les dépositions des per-

des indications purement *démonstratives*, et se doivent prêter à l'extensibilité dont il a doué l'article 283 du Code de procédure. Le jury serait fort mal édifié, si l'on se mettait à déclarer les témoins reprochables, par analogie, et à lui dérober leurs dépositions. ART.

En deux mots : la loi veut que les dépositions de ceux qui ne sont pas expressément désignés dans ses catégories de reproches, soient toujours entendues, ou toujours lues; mais elle permet de dire contre eux et contre leurs témoignages, tout ce qui peut être utile à la défense (1). Voilà, *tant en matière civile qu'en matière criminelle*, les principes de la législation nouvelle réduits à leur plus simple expression.

Je ne puis comprendre le mérite d'une jurisprudence qui s'oppose à ce que les motifs de reproches soient déterminés, et à ce que leur

sonnes qu'ils désignent, *ne pourront être reçues*; car ils disent en même temps que l'audition de ces personnes n'opérera point nullité, lorsque, soit le ministère public, soit la partie civile, soit le prévenu ou l'accusé, ne se seront point opposés à ce qu'elles soient entendues : il n'y a là ni incapacité, ni exclusion absolue, comme dans l'article 268 du Code de procédure.

(1) Code d'inst. crim., art. 319.

ART. admission soit limitée, qui vise à éliminer des enquêtes un plus grand nombre de témoins; qui conduit le juge à décider qu'une preuve n'est pas faite, sans qu'il ait vu les témoignages, et met sur sa conscience le poids d'une lourde incertitude. Cet élargissement doctrinal du champ des reproches n'est, en réalité, qu'un rétrécissement d'horizon.

Je viens d'expliquer la loi telle qu'elle a été faite, et telle qu'elle doit être observée; mais s'il m'était donné d'y proposer des amendements, je demanderais que l'on procédât comme à Genève, que l'on se contentât d'exclure le témoignage des parents les plus proches. « Nous avons transporté au civil les règles suivies au criminel, disait M. Bellot dans son rapport; l'office du juge ne consistera plus seulement à compter les témoignages, mais à les peser, et à apprécier toutes les circonstances propres à corroborer ou à affaiblir le degré de crédibilité qui leur est dû. C'est à sa conscience que nous nous en remettons, des moyens qui auront formé sa conviction. Dès lors le motif des exclusions cessait. Aussi avons-nous écarté également et la règle si large de nos Edits, et les dispositions *plus restreintes* du

Code de procédure, pour nous borner à la seule exclusion des parents et des alliés, jusqu'au degré d'oncle et de neveu. » ART.

La justice n'est point un art divinatoire; elle ne peut guère connaître les faits qui gisent en preuve, que par les yeux et les oreilles des témoins; elle ne vit que de révélations. Multiplier les cas de reproches, c'est rapetisser la sphère de ses perceptions. Plus il y aura de moyens pour décimer les témoignages, plus il y aura de chances pour le succès des causes iniques.

Sans doute, il est des témoins que des situations, des antécédents, des liens, des influences doivent rendre suspects : mais leurs dépositions seront d'autant moins dangereuses, qu'il sera plus naturel de s'en défier; elles vaudront plus ou moins. Il peut s'y trouver quelque trait de franchise, il peut s'en échapper quelque jet de lumière; le mensonge lui-même peut quelquefois servir de preuve, c'est une sorte d'aveu. Examinez, et ne repoussez pas d'avance; ou, pour me servir des termes de Bentham, « substituez le principe de *suspicion* à celui *d'exclusion* (1). »

(1) *Traité des Preuves*, chap. 15.

ART.

Quoique la *spécification* des reproches, dans le Code de procédure, ne soit pas assez restreinte, on doit convenir qu'elle a considérablement amélioré la législation des enquêtes. Malheureusement, on trouve encore, au Code pénal, des dispositions qui érigent le témoignage en un *droit civil*, et qui punissent accessoirement beaucoup de crimes et de délits par l'interdiction de ce droit. Singulier droit, qui, dans le cours commun des affaires, expose les témoins à une multitude d'ennuis, de désagréments, et dont on peut les forcer d'user par *mandat d'amener!* Singulière peine qui n'effleure pas même le coupable, et qui n'atteint que l'innocent à qui le témoignage serait nécessaire (1)! Il faut donner aux choses leur vrai nom : le témoignage est une *obligation*, un *devoir*, une *charge*, une des principales *conditions* de l'assurance sociale. On s'accorde, autour de nous, à ne pas le considérer autrement (2); mais, chez nous, il y a beaucoup de vérités

(1) Voyez ci-dessus, p. 327 et suiv.

(2) Voyez le rapport de M. Bellot sur le titre 15 de la nouvelle loi de procédure de Genève. Voyez aussi le *Traité des Preuves judiciaires* de Bentham, chap. 7, *in fine*.

qui ne sont pas encore passées à l'état banal, et qui sont peu goûtées, parce qu'on leur trouve la verte âpreté d'un fruit cueilli trop tôt. Art.

La subornation des témoins et le faux témoignage appartiennent au droit criminel (1).

Il est une espèce de subornation qui consiste, non pas à faire parler les témoins, mais à les faire taire; elle est plus dangereuse en matière civile. Le nouveau Code de Genève contient, à cet égard, des dispositions qui méritent d'être remarquées :

« Art. 204. Si le témoin comparant refuse, sans juste motif, de prêter serment ou de déposer, il sera condamné aux frais frustratoires, aux dommages-intérêts des parties, et à une

(1) Code pénal, art. 363, 364 et 365.

Les juges civils doivent seulement constater le fait du faux témoignage et en donner avis au procureur du roi.

« Toute autorité constituée, tout fonctionnaire ou officier public, qui, dans l'exercice de ses fonctions, acquerra la connaissance d'un crime ou d'un délit, sera tenu d'en donner avis sur-le-champ au procureur du roi près le tribunal dans le ressort duquel ce crime ou délit aura été commis, ou dans lequel le prévenu pourrait être trouvé, et de transmettre à ce magistrat tous les renseignements, procès-verbaux et actes qui y sont relatifs. » Art. 29 du Code d'instruction criminelle.

ART. amende qui n'excédera pas trois cents florins.

» Art. 205. Le tribunal pourra aussi ordonner que le témoin soit conduit et retenu en prison jusqu'à l'expiration d'un premier délai auquel sa déposition sera ajournée.

» Si, à l'expiration de ce délai, le témoin persiste en son refus, le tribunal pourra prolonger son emprisonnement, en fixant un second délai d'une durée au moins double du premier.

» Cet emprisonnement ne pourra être ultérieurement prolongé.

» Art. 206. Nonobstant lesdits délais, l'emprisonnement cessera, si, avant leur expiration, le témoin s'est soumis à déposer, ou s'il y a eu accord entre les parties.

» Dans ce dernier cas, l'élargissement sera ordonné par le président. »

CHAPITRE XIX.

DES DESCENTES SUR LES LIEUX.

Les preuves ne se font pas seulement par la production des écrits, et par la déposition des témoins; elles s'obtiennent aussi par l'inspection de l'objet en litige. ART.

Dans le cours ordinaire des choses, les preuves viennent aux juges; mais il y a des cas où il faut que le juge aille les chercher et les saisir où elles sont, comme lorsqu'il s'agit du gisement d'un terrain contentieux, de l'assiette d'un droit de servitude, ou d'une application de titres. *Res enim oculorum est.*

En toutes matières, il serait à souhaiter que le juge, avant de prononcer, eût recueilli lui-même les preuves, et qu'il eût tout vu par ses yeux. Cependant cette condition ne peut pas toujours s'accomplir : quelquefois même

ART. le *rapport* d'une vérification éclaire mieux qu'une investigation *immédiate*. Ainsi le juge, rendu sur les lieux, serait peut-être fort embarrassé pour estimer les dommages causés à une maison, pour apprécier la valeur d'une propriété, ou pour en mesurer la contenance; tandis que, resté sur son tribunal, il trouvera dans les évaluations et les calculs que des architectes ou des arpenteurs auront été faire, les meilleures raisons de décider : *tunc agrimensor ire præcipiatur ad loca, ut patefactâ veritate, hujus modi litigium terminetur* (1).

C'est ce que disaient les anciennes ordonnances, et ce que dit encore le Code de procédure : « Le tribunal pourra, dans le cas où
295. il le croira nécessaire, ordonner que l'un des juges se transportera sur les lieux; mais il ne pourra l'ordonner dans les matières où il n'échoit qu'un simple rapport d'experts... »

Toutefois cette dernière disposition n'est point absolue, et la descente peut être accordée,
295. quand elle est requise par l'une ou par l'autre des parties, alors même que l'expertise serait suffisante. La justice doit compatir aux susceptibilités d'un plaideur qui n'a pas assez de

(1) *L.* 3, *Cod. Finium regundorum.*

confiance dans le discernement ou la fermeté des experts, dans l'accueil qu'ils feront à ses observations, dans leur manière de les exprimer, et qui craint l'influence et l'ascendant de son adversaire. A moins que les motifs de cette insistance ne soient trop vains et trop déraisonnables, il y est fait droit; les juges délèguent l'un d'entre eux pour aplanir les inégalités, pour assister à l'opération, pour la diriger, et pour en surveiller les détails : *et æquum est, si ità res exigit, oculisque suis subjectis locis* (1). ART.

D'où l'on conclura que la descente sur les lieux ne peut être ordonnée *d'office*, dans les affaires dont la nature est telle qu'une expertise doive suffire pour l'éclaircissement des points contestés. Il ne faut pas, sans nécessité, donner les mains à l'aggravation des frais. La loi s'en rapporte, à cet égard, à la discrétion et à la prévoyance des juges ; comme elle se confie à leur sagesse, pour les cas d'exception où il convient de déférer aux réquisitions des parties.

L'ordonnance de 1667 contenait les mêmes dispositions, mais leur expression était dé-

(1) *L. 8, ff. Fin. regund.*

ART. fiante et dure; elles menaçaient de toutes sortes de pénalités, de condamnations et de restitutions, les juges coupables d'avoir fait une descente là où ne devait *échoir* qu'un simple rapport d'experts (1). C'est que, sous ce régime, il y avait des taxes et des droits à percevoir pour ceux qui vaquaient à ces opérations, et que les officiers de justice étaient trop enclins à les multiplier. Les rapporteurs des procès ne pouvaient être commis aux descentes, de crainte qu'ils ne fussent trop souvent d'avis de se transporter (2); et les commissaires étaient pris parmi les autres juges, suivant l'ordre du tableau (3), afin que chacun d'eux pût, à son tour, avoir sa part d'épices. Nos institutions judiciaires ne ressemblent point à celles d'autrefois, et les lois ont aujourd'hui plus de considération pour leurs ministres, plus de pudeur, de convenance et de dignité dans leur langage; vous n'y trouverez point un article comme celui-ci : « Défendons aux commissaires de recevoir par eux ou

(1) Tit. 21, art. 1.

(2) *Ibid.*, art. 2. Le Tribunat avait demandé le maintien de cette disposition de l'ordonnance; sa proposition ne fut pas adoptée.

(3) *Ibid.*, art. 3.

par leurs domestiques aucuns présents des parties, ni de souffrir qu'*ils* (c'est le texte) les défrayent, ou payent leur dépense directement ou indirectement, à peine de concussion, et de trois cents livres d'amende applicables aux pauvres des lieux (1). » ART.

Il n'est personne qui, sans avoir ouvert l'ordonnance, ne devine à présent que la descente devait être requise *par écrit*, quand il n'était besoin que d'experts (2). « Auquel cas, disait M. Pussort, les juges, pour se défendre d'une prise à partie, n'auront qu'à produire la réquisition qui leur aura été faite (3). »

Le Code de procédure se contente d'une réquisition improvisée à l'audience; il n'exige point qu'elle soit rédigée et signifiée en forme de conclusions; car on chercherait vainement au Tarif une taxe pour cette écriture (4). C'est assez que le jugement qui ordonne la descente, énonce dans ses motifs qu'elle a été requise.

(1) *Ibid.*, art. 15. Voyez aussi les art. 16, 18 et 20.

(2) *Ibid.*, art. 1.

(3) Procès-verbal des conférences, p. 175.

(4) MM. Carré, t. 1, p. 722; Pigeau, t. 1, p. 370; Favard, t. 2, p. 76, et Dalloz, *Recueil alphab.*, t. 5, p. 127, n° 13.

ART. Quant au surcroît de frais qui doit en résulter, il restera, quel que soit l'événement du procès, à la charge du plaideur qui, pour la satisfaction de son intérêt personnel, ou pour l'adoucissement de son inquiétude, s'est fait accorder une garantie dont la nécessité n'était point reconnue.

C'est un des magistrats qui ont concouru au jugement par lequel la descente a été ordonnée, qui doit être commis pour y procéder. Un autre ne pourrait avoir une idée aussi intime de l'utilité des points qu'il s'agit d'éclaircir, et de la nature des renseignements que le tribunal désire ; un autre ne pourrait expliquer, en cas de besoin, ce que son rapport n'a pas décrit assez nettement, quand viendra le moment de délibérer, et de juger définitivement le procès.

Toutefois on admet généralement qu'il est permis de charger de cette mission un juge étranger, un juge de paix, si la situation des lieux est trop éloignée, et que cela découle *énergiquement* des dispositions de l'article 1035 (1).

(1) M. Dalloz, *Recueil alphab.*, t. 5, p. 127, n° 10.

Mais voici que l'on ne sait plus alors comment qualifier l'opération. On convient que ce ne sera point une *descente sur les lieux*, proprement dite, c'est-à-dire, une vérification faite par un juge qui connaît la portée qu'elle doit avoir. « Ne sera-ce pas plutôt une *commission rogatoire?* » a dit M. Dalloz (1). Rogatoire si l'on veut, mais à quelles fins? Aux fins de la descente ordonnée. Le tribunal n'a pas donné d'autre mission, et je ne vois guère par quel endroit ce changement de locution se rallierait à l'esprit et à la lettre du Code. ART.

Il y a souvent mécompte et confusion dans les commentaires et dans les lexiques, parce que, sauf correction, ils coupent, ils désordonnent l'ensemble d'un système, et ne butinent que sur des articles ou des mots détachés. Ce qui n'empêche pas qu'on ne se laisse aller au courant de cette jurisprudence facile, laissant bien loin derrière soi la région oubliée où la loi prit naissance.

Observez d'abord que si l'on délègue un juge étranger, un juge de paix, pour visiter un ter-

(1) *Ibidem.*

ART. rain contentieux, il faudra préciser exactement l'objet et le but de son transport, tracer son itinéraire, indiquer avec détail ce qu'il
302. devra remarquer et décrire, tout ainsi qu'on est obligé d'en user à l'égard des experts. Cependant il n'y a point de texte qui prescrive de semblables instructions, quand il s'agit d'une descente; il suffit de motiver le jugement en vertu duquel elle sera faite, sur la diversité des choses alléguées relativement à la situation des lieux. Pourquoi? c'est que le juge qui doit y procéder est un de ceux qui l'ont ordonnée; c'est qu'il emportera au dedans de lui la pensée du tribunal et le secret de ses doutes; c'est qu'il ne serait pas toujours prudent de mettre à découvert la tendance de l'opération, et de s'exposer à ne plus retrouver des marques ou des traces dont on aurait trop tôt indiqué l'importance (1).

Tenez donc pour légalement vrai qu'un

(1) M. Carré pense que, nonobstant le silence de la loi, le jugement qui ordonne une descente doit contenir les faits à vérifier, de même que celui qui ordonne un rapport d'experts doit énoncer clairement les objets de l'expertise. T. 1, p. 725. Cette erreur a été réfutée par M. Thomines-Desmazures, t. 1, p. 499.

juge ne peut être commis à une visite de lieux, s'il n'a point assisté au jugement qui l'a admise. Art.

Je dois répondre maintenant à l'argument tiré de l'article 1035. Voici le texte : « Quand il s'agira de recevoir un *serment*, une *caution*, de procéder à une *enquête*, à *un interrogatoire sur faits et articles*, de nommer *des experts*, et généralement de faire une opération quelconque en vertu d'un jugement, et que les parties ou les lieux contentieux seront trop éloignés, les juges pourront commettre un tribunal voisin, un juge, ou même un juge de paix, suivant l'exigence des cas ; ils pourront même autoriser un tribunal à nommer, soit un de ses membres, soit un juge de paix, pour procéder aux opérations ordonnées. » Vous aurez sans doute été frappé de ne pas voir à son rang, dans cette nomenclature d'opérations, la *Descente sur les lieux*, qui, suivant la distribution des Titres au Livre second du Code, se trouve entre les *enquêtes* et les rapports *d'experts*, et tout près de l'*interrogatoire sur faits et articles*. Ce ne peut être un oubli, car ce genre de preuve n'est ni moins solennel, ni moins usité, ni moins estimé que les autres.

ART. Mais j'entends que l'on me dit : comment résister à ce qui suit, à la disposition générale qui permet de commettre un tribunal voisin, un de ses juges, et même un juge de paix, *pour une opération quelconque à faire en vertu d'un jugement*, lorsque les parties ou les lieux seront trop éloignés?

L'explication ne sera ni longue ni difficile, si l'on veut bien remonter avec moi au temps où l'article fut mis en lumière, et consulter ceux qui l'avaient préparé, rédigé, discuté, revu et arrêté.

Le Tribunat demandait que cette disposition générale fût terminée par une restriction ainsi conçue : « Le tout, sauf les cas où le présent Code a déterminé le tribunal, *ou le juge* qui doit être commis. »

Le Conseil d'état répondit : « Il n'a pas paru nécessaire d'exprimer cette réserve, *elle est de droit.* »

Or il est dit au titre *de la descente sur les lieux* : « Le jugement commettra l'un des juges qui y auront assisté. » *Il est donc de droit* qu'un autre ne puisse être commis. L'article 1035 n'est donc pas applicable aux cas *de descentes sur les lieux*, et c'est la raison pour laquelle il n'en parle pas.

La loi ne distingue point. Après avoir dit qu'une descente peut être ordonnée, sur la réquisition de l'une des parties, lors même qu'il n'échoit qu'un simple rapport d'experts, elle ajoute : « Le jugement commettra l'un des juges qui y auront assisté. » ART.

Et si les lieux qui doivent être visités s'étendent dans un autre ressort? Le commissaire sera toujours un des membres du tribunal qui
a rendu le jugement, toujours un de ceux qui 295.
y auront assisté. Ici la force des choses fait vio- 296.
lence aux règles ordinaires de la compétence; c'est une exception aux articles 1317 et 1318 du Code civil. Anciennement, le commissaire allant procéder hors de son territoire, était obligé de prendre un *pareatis* du juge du lieu où devait se faire la descente; mais vous savez qu'aujourd'hui les jugements sont exécutoires dans tout le royaume sans *visa* ni *pareatis* (1).

« Le rapport le mieux dressé, le plan le mieux tracé, disait Rodier, n'instruit pas toujours autant que l'inspection même du local; et l'on a vu à Paris et à Toulouse toute une chambre du parlement animée du zèle de

(1) Voyez au t. 2, p. 456.

ART. rendre une exacte justice, se transporter *d'office* et sans frais sur les lieux contentieux, lorsqu'ils étaient situés dans la ville ou fort près (1). »

Ce zèle était très-louable en soi. Il y a tous les jours encore des exemples de ces visites officieuses qui se font sans jugement préalable, et dans l'intention charitable d'épargner des frais aux plaideurs. On conçoit qu'elles donnent à chacun des magistrats une plus grande satisfaction pour la décision qu'il doit porter. Cependant, à ne considérer que le fond des choses, et après avoir payé la première dette du sentiment, on est forcé de reconnaître que les prévisions et les combinaisons de la loi sont communément plus sages et plus sûres que ces inspirations généreuses et ces élans secourables qui séduisent toujours, et qui souvent égarent.

Le transport occasionnel d'un tribunal entier se restreint nécessairement aux environs les plus rapprochés du lieu où il siége. Cette différence dans les éléments de l'instruction et dans les formes de l'examen, ce privilége du voisinage, cette inspection empressée que

(1) Sur l'art. 1er du tit. 21, quest. 4.

tous les juges vont faire aujourd'hui, et qu'ils délègueront demain à l'un d'eux; toutes ces inégalités peuvent produire de fausses idées. Mais ce ne sont pas les plus graves inconvénients. Les juges rendus inopinément sur les lieux, n'y trouveront ni les plaideurs ni leurs conseils; ils s'adresseront peut-être à quelque ami, ou à quelque ennemi, pour avoir des renseignements, et les indications seront, ou mal données, ou mal entendues. Si l'une des parties est seule présente, elle parlera de son affaire au long et au large, sans contradiction et sans retenue; la publicité des débats, la régularité des preuves, toutes les garanties de la défense seront compromises, et les vues les plus innocentes pourront être, à bon droit, taxées d'arbitraire et d'erreur. Art.

Dès l'année 1809, la Cour d'Agen s'était prononcée contre cette manière de descente sur les lieux: « Considérant que les motifs du jugement dont est appel sont pris de ce que les juges ont observé d'eux-mêmes, lors de la visite qu'ils ont faite du local contentieux; — que cette visite n'a été précédée ni de la réquisition des parties, ni d'un jugement qui l'ait ordonnée; — qu'ils ont donc fait les fonctions d'experts, et contrevenu tant aux lois ancien-

ART. nes, qu'au Code de procédure civile ; — que quoique cette descente sur les lieux soit une preuve du zèle du tribunal de première instance, quoiqu'on ne puisse que louer chacun des juges qui veut par lui-même éclairer sa religion, on ne peut cependant regarder que comme irrégulier le transport arbitraire d'un tribunal en entier, qui n'a pas été ordonné par un jugement, et dont il n'a été, ni pu être dressé procès-verbal ; — que les parties n'ont pu avoir connaissance des observations que les juges y ont faites, et qu'elles n'ont pu faire entendre leurs réflexions, ou leurs objections, relativement aux motifs qui ont décidé les juges ; — que néanmoins ces motifs ont servi de base à leur jugement, et qu'ainsi ce jugement doit être annulé, etc. (1). »

Longtemps après, en 1835, un tribunal se fonda, pour décider une question de possession, sur la visite du terrain que ses membres avaient faite, sans jugement préalable et sans procès-verbal. Il y eut pourvoi en cassation; mais la chambre des requêtes le rejeta : « Attendu qu'il n'était pas défendu aux juges de prendre eux-mêmes des renseignements sur les

(1) Sirey, 10—2—328.

lieux (1). » Chose étrange ! la chambre criminelle cassait dans le même temps des jugements de police et des jugements correctionnels : « Attendu que la conviction des juges ne devant se former que par les débats qui ont eu lieu en leur présence, les tribunaux ne peuvent se déterminer d'après les notions qu'ils auraient acquises en dehors d'une instruction légale et régulière ; d'où il suit qu'en se fondant, pour infirmer la condamnation prononcée, notamment sur l'inspection qu'il avait prise des localités depuis les plaidoiries, en l'absence des parties, et sans que cette inspection eût été préalablement ordonnée, conformément aux articles 295, 296, 297 et 300 du Code de procédure civile, le tribunal correctionnel d'Altkirch a expressément violé, etc. (2). » ART.

Cependant la question s'est représentée, tout récemment, à la chambre civile de la Cour

(1) Sirey, 35—1—491.

Il s'agissait de savoir si la voie publique avait été embarrassée par un dépôt de matériaux.

(2) *Journal des Avoués*, t. 49, p. 665 et 666. On y trouve un arrêt semblable et de la même époque, qui portait cassation d'un jugement du tribunal de simple police du canton de Bellême.

ART. suprême. Le tribunal des Andelys était saisi, par appel, d'une contestation relative à des dommages qu'un individu prétendait avoir été faits à son champ. L'appelant demandait que les lieux fussent visités par un des juges qui serait commis à cet effet. Mais, au lieu de statuer sur ces conclusions, le tribunal, considérant ce qui résultait des faits et circonstances de la cause, *et de l'examen des lieux fait la veille*, PROPRIO MOTU, *par le président et l'un de ses collègues*, dit qu'il avait été bien jugé. Cette décision a été cassée le 16 janvier 1839. « Attendu, dit l'arrêt, que sans ordonner la descente demandée, le tribunal des Andelys a tiré les motifs de son jugement, non-seulement des faits et circonstances de la cause, mais de l'examen des lieux fait *proprio motu* par deux des juges ; — attendu que cette visite purement officieuse, faite hors la présence des parties, et substituée arbitrairement à la visite légale requise par l'appelant, n'a pu devenir elle-même un élément légal de décision, soit à l'égard du tribunal entier qui n'a pas été éclairé par un rapport régulier et contradictoire, soit à l'égard des parties qui n'ont pu ni contrôler l'opération et débattre ses résultats, ni exercer, le cas échéant, le droit de récusation que l'article 383 du Code de procédure leur donnait contre le juge chargé de cette visite; — qu'en effet, ce sont les dires, les réponses, les observations respectives des parties sur les lieux mêmes, appréciés dans les remarques particulières du juge, qui peuvent seuls former un corps de preuves, et qu'en admettant comme tel un examen des lieux fait *proprio motu* par deux juges en l'absence des parties, le tribunal a expressément violé les articles 295, 296, etc. (1). » ART.

Ce doit être désormais une doctrine assez ferme, assez dominante, pour mettre fin à *ce concours d'analogies opposées*, comme disait William Paley (2), en parlant de la lutte des *précédents* chez les Anglais.

Je ne disconviendrai point que, dans notre système de procédure, le tribunal est presque réduit à ne voir que par les yeux du juge-commissaire, à s'approprier son rapport et son opinion sur la situation des choses. Évidemment il y aurait une garantie plus rationnelle pour l'équité du jugement et l'exactitude de ses motifs, si tous ceux qui sont appelés à

(1) Sirey, 39—1—112.

(2) C'est le *concordia discors* d'Ovide.

ART. le rendre pouvaient recevoir de leurs propres sens l'impression des objets et des lieux. C'est une de ces vérités qui paraissent absolues, invulnérables, en dehors de l'espace et du temps, mais qui ne peuvent sortir de leur état d'abstraction qu'à des conditions excessivement difficiles. Ainsi vous voulez qu'à toutes les distances, car la loi doit être égale pour tous, les magistrats d'un tribunal ou d'une Cour viennent solennellement rechercher les limites d'un champ litigieux, appliquer des titres et vérifier des signes de propriété : avisez donc d'abord au moyen d'alléger le trop lourd fardeau des frais de voyage, de séjour et de retour d'un tribunal complet; faites en sorte que, durant le cours de l'opération, l'audience ordinaire ne soit pas fermée, et que les autres affaires ne soient pas suspendues pendant plusieurs semaines peut-être.

Ces graves inconvénients, ces déplacements collectifs, ces frais énormes, seraient-ils compensés, chez nous, dans nos vastes ressorts, par les avantages que pourrait offrir le transport d'un tribunal entier, ou d'une chambre de Cour royale? Je ne le pense pas, à moins que cette justice ambulatoire ne s'applique à un territoire assez resserré, pour que les magistrats se trouvent toujours à une petite portée de tous les immeubles de leur juridiction. ART.

Le canton de Genève possédait autrefois, parmi ses établissements judiciaires, *un tribunal des visites*. Il y a partout une sorte d'attrait, pour ceux qui renaissent à l'indépendance, dans l'idée de revenir vers des habitudes nationales que la conquête et la domination étrangère avaient changées. Genève avec sa banlieue, et le nombre de ses magistrats, présentait d'ailleurs les proportions *juridictionnelles* qui peuvent le mieux se prêter au transport d'un tribunal entier sur un lieu contentieux. On y compte vingt-trois juges actifs et neuf suppléants pour une population de 56,655 habitants (1). Toutefois, comme toutes les causes, en matière réelle, n'exigent pas ce transport, la nouvelle loi de procédure l'a rendu facultatif, d'obligatoire qu'il était aux termes des vieux édits (2).

« Le mode de transport que nous traçons, disait M. Bellot dans son exposé du Titre 17,

(1) Recensement de 1834.

(2) Ces édits avaient été rédigés par un Français, Germain Colladon, avocat de Bourges, qui s'était retiré à Genève, à l'époque de la réforme.

ART. diffère en plusieurs points du Code de procédure au Titre *des Descentes sur les lieux*... Ici le tribunal entier, assistant au transport, peut tout terminer sur le lieu même, entendre la plaidoirie et prononcer le jugement. Le juge-commissaire du Code de procédure ne peut que décrire l'état des lieux; sa descente n'est qu'une mesure préparatoire; il faut revenir au tribunal pour la plaidoirie et le jugement. »

Mais quelque rétréci que soit leur territoire, les législateurs de Genève ont senti que les frais de déplacement diminueraient considérablement les bienfaits de leur système. Il n'y avait qu'un moyen d'effacer cette tache, et qui, dans un pays de plus grande étendue, chez nous, par exemple, n'eût pas été proposable, c'était de mettre les frais à la charge du trésor public. C'est ce qu'ils ont fait.

« Ces transports sont peut-être plus nécessaires pour les communes rurales que pour la ville, disait encore M. Bellot. Mais les habitants de ces communes auraient été placés moins favorablement, si les frais avaient dû rester à la charge des parties.

» La loi décide que ces frais seront supportés par le trésor public. C'était le seul moyen de rendre la justice accessible à tous, égale pour tous, nonobstant la distance des lieux. » ART.

On pourrait objecter que cette générosité de l'État doit encourager les plaideurs et multiplier les procès; mais il faut laisser aux mœurs d'un pays, à la nature de sa constitution et à la mesure de son territoire, toutes leurs influences sur l'application et les effets d'une loi. Il suffit de cette observation : que les règles adoptées à Genève pour *les Descentes sur les lieux*, ne seraient en France qu'une innovation dangereuse, une charge immense, une source de désordres dans l'administration de la justice, un perfectionnement destructeur, comme il y en a tant.

La procédure que le Code a tracée pour l'exécution d'un jugement qui ordonne la visite d'un lieu, est fort simple, et ne présente guère de difficultés. La partie la plus diligente lève ce jugement et le fait signifier à l'avoué de son adversaire. C'est la règle commune de l'article 147, qu'il ne faut jamais perdre de vue. Puis on présente requête au juge commis, afin d'obtenir une ordonnance 297.

ART. qui fixe le lieu, le jour et l'heure de la descente. Cette ordonnance est également signifiée par acte d'avoué à avoué. L'avoué qui la reçoit en donne avis à son client, et il n'est pas besoin
297. d'autre sommation, pour que ce dernier vienne, si bon lui semble, assister à l'opération et fournir ses observations.

Il est dit au titre *des Enquêtes* que la signification sera faite au domicile de la partie contre laquelle on procède, si elle n'a point d'avoué. C'est qu'il y a des matières d'ordre public, telles que les demandes de séparation entre époux, et les poursuites d'interdiction, où l'absence, le silence, et même l'aveu du défendeur ne peuvent servir de preuve, et où il faut toujours qu'enquête se fasse. Mais lorsqu'il ne s'agit que de la revendication d'un champ, ou de quelque service foncier, lorsque le litige ne met en jeu qu'un intérêt purement privé, la loi ne présume point qu'un tribunal s'avise de députer un de ses membres pour aller à grands frais visiter une situation qui n'est point déniée, et pour appliquer des titres qui ne sont point contestés. De même
194. elle veut qu'il soit simplement donné défaut contre une partie qui ne comparaît pas sur

une assignation en reconnaissance d'écriture, et que l'écriture soit, sans autre forme de procès, *tenue* pour reconnue. ART.

Rendu sur les lieux, le juge-commissaire ouvre son procès-verbal, il y consigne les dires et les réquisitions des parties, ou de leurs avoués, et constate l'absence de celles qui ne se présentent point, ou ne se font point représenter.

« Et parce que souvent advient que les lieux dont est question sont si incertains et si peu déclarez par les écritures des parties, il est nécessaire d'interloquer que le juge se transportera sur les lieux et que d'iceux figure sera faite, et que des témoins seront ouys sur le terrain. Et à ce moyen, le juge-commissaire fait faire serment à un peintre, homme de bien qu'il eslira, de loyaument peindre la dite figure; et lui monstrera les dits lieux : et la figure faite, il demandera aux parties si elles s'accordent la dite figure estre bien faite : et si elles s'en accordent, le juge les interrogera qu'elles aient à déclarer ce qu'elles prétendent ès lieux contentieux, et les limites respectivement prétendues, et les causes et indices lesquels chacune d'elles réclame pour soi; et fera le tout mettre par escrit par son adjoint qui a

ART. accoustumé d'être le greffier de son siége. Et après il oyt les témoins des deux parties, et les interroge de ce qu'il void estre utile pour esclaircir les droits des parties; et au jugement du procès, il met avant la figure, avec son procès-verbal de la confection d'icelle (1). »

Il peut ainsi advenir de nos jours. Le jugement qui ordonne la descente autorise quelquefois le juge-commissaire à faire lever un plan, et à entendre des témoins sur certains faits admis et déterminés. C'est encore à présent comme au temps d'Imbert; c'est la même conduite à tenir, soit que le commissaire décrive seul les lieux, soit qu'il doive appeler un dessinateur pour en tracer la figure; ce sont encore les mêmes détails de soins et de recherches, que la justice exige. On suit pour l'audition des témoins, lorsqu'elle a été jugée nécessaire, toutes les formalités prescrites au Titre *des Enquêtes*.

Ici s'applique l'article 1034 du Code de procédure : Les sommations pour être présent aux rapports d'experts.... n'auront pas besoin d'être réitérées, quoique l'opération ait été continuée à un autre jour. Cet article, qui fait

(1) *Practique* d'Imbert, liv. 1er, chap. 50.

partie des *Dispositions générales*, doit être également observé pour le cas d'une descente de juge. Il y a même raison. C'est la faute de la partie, dit M. Pigeau, si elle n'a point assisté à la première vacation, elle aurait su qu'il y avait eu remise à un autre jour (1). Art.

Le procès-verbal doit contenir la mention des jours employés au transport, séjour et 298.
retour; cette mention sert au règlement des frais. Ce n'est pas à dire pour cela que le juge-commissaire ait droit à des émoluments, à des vacations, à raison de la visite et du temps qu'il y aura passé. Le *casuel* compromettrait la dignité du juge; on dirait comme au temps des épices : *quoniam intelleximus commissarios valdè lentè laborare* (2). Il y aurait toujours du vague sur la limite où le droit finit, et où l'abus commence. La loi ne lui accorde que le strict remboursement de ses dépenses de voyage, de logement et de nourriture, *ne labor in damno sit*. C'est ordinairement le greffier qui en tient note, afin qu'il puisse rendre compte de la somme que la

(1) *Traité de procéd.*, t. 1, p. 356.
(2) Ordonnance de 1344, art. 12.

ART. 301. partie *requérante* a dû, par approximation, consigner entre ses mains. Il était plus convenable d'obliger la partie à consigner d'avance, que d'exposer le juge à la nécessité de répéter après. Cette consignation ne comprend point les autres frais, ceux du transport des plaideurs et de leurs avoués; chacun y pourvoit comme il l'entend, sauf l'événement du procès, et la condamnation aux dépens contre qui de droit.

Laquelle des deux parties doit être considérée comme *la partie requérante?* Est-ce celle qui a requis le jugement, ou celle qui a requis la descente? Cette question que l'on s'est plu à débattre, ne me paraît pas fort sérieuse.

D'abord il ne peut y avoir moyen de douter, quand la descente a été ordonnée *d'office*, ou sans contradiction. Le *requérant* est celui qui prend l'ordonnance du juge-commissaire, qui la notifie, et qui poursuit l'exécution.

La descente a-t-elle été demandée? Il n'est guère croyable que celui qui a plaidé pour l'obtenir, ne soit pas le plus pressé pour la mettre à effet. Celui-là est deux fois *requérant*.

Faut-il supposer, pour l'amour de la discussion, que l'adversaire contre qui l'interlocutoire a été rendu, las d'attendre l'exécution, prendra le parti de présenter requête aux fins du transport? Alors il deviendra la *partie requérante*. ART.

Ces mots de la loi se rapportent donc uniquement à la partie qui requiert l'exécution. C'est toujours elle que l'article 301 soumet à la consignation; car la consignation est le véhicule de l'exécution.

Autre question : lorsque ni l'une ni l'autre des parties ne provoque l'exécution, comment l'affaire prendra-t-elle fin?

Distinguez encore.

Première hypothèse : la descente a été ordonnée *d'office*, et nulle requête n'est présentée pour qu'elle soit effectuée. Le juge-commissaire ne peut y procéder seul, et de son propre mouvement. Mais, après l'expiration d'un certain délai, le tribunal fait appeler la cause à l'audience, et, s'il n'apparaît d'aucune excuse légitime, jugement intervient portant qu'elle sera rayée du rôle.

Seconde hypothèse : la descente a été ordonnée sur les conclusions de l'un des plaideurs; cependant il reste inactif, et rien ne se prépare pour y parvenir. L'autre, à moins

ART. qu'il n'ait quelque intérêt à requérir lui-même le transport, sera bien fondé à poursuivre l'audience, et à demander que la cause soit définitivement jugée dans l'état où elle se trouve. On doit présumer que la visite serait loin d'être favorable à celui qui ne s'en occupe plus, après l'avoir sollicitée.

L'opération étant terminée, le procès-verbal qui contient les détails est déposé au greffe. L'expédition est levée, et signifiée par l'avoué de la partie la plus diligente aux avoués des autres parties. Trois jours après, l'audience peut être poursuivie. Ces trois jours ne sont point donnés pour que des écritures soient produites; la loi n'en veut point, elle dit qu'on viendra à l'audience *sur un simple acte.* C'est là que le procès-verbal doit être discuté. Mais il fallait bien donner aux parties et à leurs conseils le temps de le lire, de l'étudier auparavant, et de délibérer sur ses résultats.

La présence du ministère public à une descente sur les lieux ne devient nécessaire que s'il est lui-même une des parties de la cause, c'est-à-dire, demandeur, défendeur ou intervenant, et non lorsque ses fonctions se bornent à requérir ou conclure. Dans ce cas il n'est que partie *jointe* (1). Il ne peut être véritablement partie dans une affaire civile où il échoit de visiter les lieux, qu'au nom de l'État ou du Roi. Or, on n'est pas plus tenu d'avancer et de consigner les frais de transport pour le représentant de l'État ou du Roi, que pour tous autres plaideurs. ART.

Je ne m'explique pas comment on s'est embarrassé de savoir qui devrait avancer les dépenses du procureur du roi, allant assister à une descente, dans la cause d'un absent, ou d'un incapable (2) ; car, d'après les articles 114 du Code civil et 83 du Code de procédure, il n'y peut être que *partie jointe*. Ce fut précisément afin d'abolir l'usage suivi par certains tribunaux, de faire concourir le ministère public à ces opérations, dans les causes simplement communicables, et pour éviter cette aggravation d'avances et de frais, que l'on a voulu restreindre la nécessité de sa présence au cas où il serait lui-même *partie principale* (3). Les absents et les incapables n'ont-ils pas des tu-

(1) Voyez mon second volume, chap. 4.

(2) M. Pigeau, *Comment.* t. 1, p. 555, et M. Chauveau, *Comment. du tarif*, t. 1, p. 297.

(3) *Législ. civ.*, etc., de M. Locré, t. 21, p. 472.

Arts. teurs, des curateurs, des administrateurs pour les représenter? et le magistrat qui va rechercher la limite de leur champ, ne suffira-t-il pas à la surveillance de leurs intérêts? *Prætor naturalem æquitatem secutus tutelam minorum suscepit* (1).

(1) *L.* 1, *ff. De minor.*

CHAPITRE XX.

DES RAPPORTS D'EXPERTS.

Le juge décrit la disposition des lieux, leur surface, leur situation, leurs limites; il rapporte ce qu'il a vu, ce qu'il a recueilli. Sa mission est de rapprocher les distances, et de revenir mettre sous les yeux des autres juges la représentation de ce qu'il ne leur était pas loisible de voir et de recueillir eux-mêmes, afin que réunis ils puissent en délibérer et y appliquer le droit. ART.

L'expert mesure, apprécie. Il donne son avis, suivant la spécialité de ses connaissances et la pratique de sa profession ou de son art; sur la valeur d'une terre, sur la solidité d'une construction, sur la façon d'un ouvrage, sur la qualité d'une marchandise; il estime les dégradations et les améliorations, les réparations

ART. et les restitutions, les dommages, les profits et les pertes; il fournit à la justice les notions particulières qui lui manquent, pour fixer sa décision dans certaines affaires.

De cette distinction est née la vieille maxime : *Ad quæstionem facti respondent juratores* (1), *ad quæstionem juris respondent judices.*

Le juge ne doit jamais faire les fonctions d'expert.

Autrefois on faisait preuve par témoins de la valeur des choses. C'était un grand abus. L'ordonnance de Blois voulut que les parties fussent tenues de convenir de gens experts, et qu'à faute d'en convenir, ils fussent nommés d'office par le juge (2). « Cecy a été prudemment ordonné, disait Théveneau, d'autant que pour priser les choses, il faut en avoir une particulière cognoissance et expérience, ce que les témoins qui ne l'ont pas ne peuvent faire; ils déposent de ce qu'ils ont ouy ou veu, et leur déposition doit estre du tout attachée au fait par le sens. Au lieu que l'expert

(1) Les experts étaient ainsi nommés *juratores*, à cause du serment qu'ils prêtaient avant de procéder au fait de leur commission.

(2) Article 162.

pénètre dans les choses, et par l'expérience qu'il en a, il en discourt et en fait jugement (1). » ART.

On tira prétexte de ce que des personnes sans expérience suffisante s'ingéraient de faire des rapports touchant les arts et métiers dont elles n'avaient aucune pratique, et l'on créa des experts *en titre* pour toutes les estimations et réceptions d'ouvrages, tant à l'amiable qu'en justice, et pour raison de partages, licitations, servitudes, alignements, périls imminents, visites de carrières, de moulins, de chaussées, terrasses, jardinage, etc. Il fut défendu aux parties de choisir d'autres experts, et aux juges d'avoir égard à d'autres rapports, que ceux des titulaires. On institua de plus des *clercs* ou *greffiers de l'écritoire*, chargés de rédiger par écrit les actes des experts, d'en garder la minute, et d'en délivrer les expéditions. Ces offices se vendirent, c'était le véritable but des édits de création, et, par la suite, on permit aux bourgeois d'en acheter (2).

(1) Page 721.

(2) Le dernier de ces nombreux édits est du mois de mars 1696. Ces offices d'experts et de greffiers furent supprimés en Languedoc, deux ans après, sur la demande des États.

ART. Les *experts-jurés* de Paris avaient droit d'arpenter, de jauger, d'estimer, d'opérer par tout le royaume; ils étaient censés connaître les pratiques, les usages, les mesures et les produits de toutes choses, en tout pays. Ceux des villes de province n'instrumentaient que dans le ressort de leur parlement, ou autre juridiction.

Il y avait pourtant, au milieu de ce tissu d'établissements bursaux, une excellente disposition : savoir, que les architectes et les bourgeois eux-mêmes ne pouvaient être pourvus d'une charge d'experts, qu'après avoir renoncé expressément, dans un acte public, à faire aucunes entreprises, soit directement par eux, soit indirectement par personnes interposées, ou à s'associer d'aucune manière avec des entrepreneurs. La même défiance avait dicté cet article de l'ordonnance de 1667, où il était dit : « Les juges et les parties pourront nommer pour experts des bourgeois, et en cas qu'un artisan fût intéressé en son nom contre un bourgeois, ne pourra être pris pour tiers expert qu'un bourgeois (1). » On redoutait les sympathies de mé-

(1) Tit. 21, art. 11. Déjà le parlement de Paris avait ordonné que les visitations faites contre les maçons,

tier, à l'exemple de Justinien, qui avait fait une constitution pour empêcher que l'on n'employât des jardiniers *seuls* aux expertises des jardins de Constantinople : *Aiunt ex corpore hortulanorum etiam pretiorum æstimatores, ut plurimum esse, et rem facere gravem... sed æstimator in se ipso similem paulò post fore putans, revera pro se ipso talem inexplebilitatem refert... æstimationem autem olerum, non solum ab hortulanis fieri, sed à vocatis summariis et ipsis horum peritiam habentibus* (1). ART.

La suppression des corps d'arts et métiers, et de toutes ces manières d'offices que la finance avait inventées, rendit aux juges et aux plaideurs une entière liberté pour le choix des experts. *Assiduus usus uni rei deditus et ingenium et artem sæpe vicit* (2).

ou autres ouvriers, seraient opérées en présence de notables bourgeois, pour obvier aux fraudes et intelligences qui pourraient se rencontrer entre personnes d'une même vocation. (Ferrière sur la coutume de Paris, t. 2, p. 1493.)

(1) *Nov.* 64, *de Hortulanis Constantinopolitanæ civitatis, cap.* 1.

(2) *Pro Balbo*, nº 45. — Il existe encore des *commissaires experts* institués pour les visites et estimations, en matière de douanes; les tribunaux et les parties ne peuvent en nommer d'autres. Lois des 28 avril 1816 et 27 juillet 1822.

ART. Cependant il y a des restrictions commandées par la morale et la pudeur publique : l'article 28 du Code pénal porte que les condamnés aux travaux forcés, au bannissement, à la reclusion, au carcan, ne pourront *jamais* être jurés, ni *experts*, ni témoins, et l'article 42 donne aux tribunaux de police correctionnelle la faculté d'ajouter aux peines prononcées contre certains délits, la même interdiction pendant cinq ans au moins, et dix ans au plus (1). Ces exclusions, par rapport aux expertises, sont loin d'offrir les mêmes inconvénients que leur application à ce que l'on appelle *le droit* de témoignage (2). C'est bien véritablement un droit civil que l'aptitude à recevoir une mission judiciaire : ce n'est qu'un devoir d'obéir aux interpellations de la justice. On peut choisir un expert : on ne choisit point le témoin d'un fait. Il suffit qu'un expert aille voir, pour apprécier : il faut qu'un témoin ait vu ou entendu, pour déposer.

Les experts sont récusables par les motifs qui rendent les témoins reprochables. De même que les témoins, ceux que la durée

(1) Code pénal, art. 374, 401, 405, 407, 410.

(2) Voyez au chap. précédent, p. 328 et 416.

d'une peine a frappés d'incapacité, ne sont Art
pas moins sujets à récusation, quand la peine est accomplie. L'expiation n'est pas toujours une garantie de délicatesse et d'impartialité (1).

L'expertise ne doit être ordonnée que lorsqu'elle est nécessaire. Ce n'est point la provocation des parties qui constitue cette nécessité; c'est la nature de l'affaire, et le sentiment des juges sur l'insuffisance des renseignements qu'ils y trouvent. Voilà la règle générale. Il y a des exceptions pour certaines matières où l'on ne peut se passer d'experts. Par exemple, lorsqu'il s'agit du partage d'une succession dans laquelle un mineur est intéressé (2), de l'échange d'un bien dotal (3), de la preuve de la lésion dans une vente d'immeubles (4), d'une contestation touchant le prix d'un bail non écrit (5), d'une déclaration arguée de simulation par la régie de l'enregistrement (6),
d'une restitution de fruits, etc. 129.

(1) V. chap. précéd., p. 323.

(2) Code civil, art. 466.

(3) *Ibid.*, art. 1559.

(4) *Ibid.*, art. 1678.

(5) *Ibid.*, art. 1716.

(6) Loi du 22 frimaire an VII, art. 7.

ART. J'ai dit au chapitre *de la Vérification des écritures*, comment l'ancienne pratique pour la nomination des experts avait été changée. Je ne reviendrai point sur ce patronage que chaque expert considérait comme une obligation naturelle en faveur de la partie qui l'avait choisi, sur la discordance prévue de leurs rapports, sur l'embarrassante inutilité de cette longue et dispendieuse involution de procédures préliminaires, et sur la nécessité de recommencer avec un tiers expert (1).

Aujourd'hui l'expertise se fait par le con-
303. cours simultané de trois experts ; le jugement qui l'ordonne désigne d'office ceux qui doivent y procéder. Mais cette désignation n'est que conditionnelle et de pure précaution. Elle s'efface dans le cas où les parties conviennent
304. entre elles de la nomination des trois experts. Elle devient définitive, si, dans les trois jours
305. de la signification du jugement, tous les intéressés ne sont pas venus au greffe déclarer qu'ils se sont entendus, et faire substituer, d'un commun accord, leur choix à celui du tribunal (2).

(1) Voyez le chap. 15, t. 3, p. 495 et suiv.

(2) Voyez l'art. 91 du Tarif.

Ne croyez pas toutefois que ce soit un droit irrévocablement perdu, après l'expiration des trois jours. C'est un délai d'attente, qui sert principalement à marquer l'époque avant laquelle il ne sera pas permis de provoquer l'opération. Mais jusqu'à ce que les experts provisoirement désignés aient prêté serment, ce serait une rigueur insensée, toute contraire à l'esprit de la loi, que de ne vouloir pas les remplacer par ceux que les parties sont heureusement convenues de nommer. ART.

Il est possible qu'une expertise soit ordonnée par défaut, car il y a des affaires où les conclusions du demandeur ne peuvent être adjugées, sans qu'une estimation préalable ait été faite; alors le délai de trois jours dont il s'agit en ce moment, ne commence à courir qu'après la huitaine accordée pour former opposition, et, en cas d'opposition, après la signification du jugement qui l'aura rejetée. De même s'il y a appel, les trois jours sont comptés seulement à partir de la signification de l'arrêt confirmatif. Ce sont les mêmes principes que ceux qui régissent le délai pour commencer une enquête (1), sauf qu'ici le délai n'est pas fatal.

(1) Voyez ci-dessus chap. 17, p. 245-254.

ART. On ne disputera plus sur le point de savoir si l'on doit nommer un plus grand nombre d'experts, en raison du plus grand nombre de personnes qui figurent dans une cause, comme des garants, des arrière-garants, des cohéritiers. Il n'en faut que trois, jamais plus de
3o3. trois, et il faut que toutes les personnes de la cause s'accordent sur leur choix, ou que l'expertise se fasse par ceux que le tribunal aura désignés d'office.

Ce système se recommande par une admirable simplicité. Les experts n'y appartiennent pas plus à une partie qu'à l'autre, soit qu'ils reçoivent d'elles le témoignage d'une commune confiance, soit que celle du juge y ait suppléé. C'était la procédure de la loi des Douze Tables (1). On la trouve encore dans l'art. 243 de l'ancienne coutume de Bretagne :

(1) *Pretor. ad. erctom. ciendom. arbitros. tris. datod.*, loi 2 de la Ve Table : *Du partage des dettes entre cohéritiers et des autres biens de la succession.*

Sei. vindiciam. falsam. tulit. pretor. rei. sive. litis. arbitros. tris. datod. eorum. arbitrio. fructei. duplioned. deciditod., loi 3 de la XIIe Table : *Du possesseur de mauvaise foi.*

Arbiter se prenait quelquefois, dans le langage du droit romain, pour expert. *Arbitratu boni viri* signifiait

« Appréciation d'héritage n'est valable, s'il n'y a trois hommes non suspects qui soient *convenus*, ou, *sur refus*, *baillés de justice*, et jurés de faire bonne et loyale appréciation. » ART.

Une fois admise dans nos Codes, l'idée primitive s'y est perfectionnée. Il est permis aux plaideurs, pourvu qu'ils aient la libre disposition de leurs droits, de réduire l'expertise à 303.
une expression plus simple encore, et de consentir à ce qu'elle soit faite par un seul expert, au lieu de trois. Ce consentement n'est pas même toujours nécessaire. Ainsi les juges, en cas d'insuffisance d'une première expertise, peuvent en ordonner d'office une seconde, et nommer un seul expert pour y procéder. Ainsi le jugement qui homologue l'avis d'un conseil de famille, et qui autorise la vente des biens d'un mineur, désigne en même temps *un* ou *trois* experts, selon l'importance de ces 955.
biens, afin que l'estimation serve de mise à prix (1).

à dire d'expert, comme dans le § 9 de la loi 41, *ff. de Legatis III : Agri plagam quæ est in regione illâ, Mæviis Publio et Gajo transcribi volo, pretio facto viri boni arbitratu.....*

(1) Mais il faut bien remarquer que cette disposition est toute spéciale, et que l'état de choses pour lequel elle

ART.

Dans les tribunaux de commerce, il n'y a ni délai pour convenir du choix des experts, ni acte à passer au greffe pour le déclarer. Les affaires ont hâte de marcher; tout se fait à l'audience. Faute d'accord, les juges nomment d'office *un* ou *trois* experts; ils ne sont point astreints à prendre le consentement des parties, pour n'en nommer qu'un.

Des considérations nouvelles viennent de donner plus d'élasticité à cette théorie du nombre des experts.

On distingue :

Si la matière du procès est de celles qui, suivant les prescriptions de la loi, doivent nécessairement être réglées par une expertise, ou

a été faite, ne présente aucune complication litigieuse. Ce ne serait plus de même dans une instance de partage ou licitation d'immeubles, par exemple. Un tuteur excéderait certainement les bornes de son administration, en consentant à se départir de la règle générale, et à diminuer les garanties que promettent à la cause de son pupille les lumières réunies de trois experts. Dans ce cas, la loi veut qu'il soit procédé suivant les formalités prescrites au titre *des rapports d'experts*. « Néanmoins, ajoute-t-elle, *lorsque toutes les parties seront majeures*, il pourra n'être nommé qu'un expert, si elles y consentent. » (Article 971 du Code de procéd.)

bien encore, si les juges reconnaissent l'utilité d'une expertise à laquelle il a été formellement conclu d'une part ou de l'autre, ils ne peuvent ordonner que l'opération se fera par un seul expert, à moins que les parties n'y consentent; la faculté de convenir entre elles du choix des experts leur restant toujours réservée. Art.

Mais si, dans le silence des parties ou de la loi, les juges sentent le besoin de se procurer quelques données sur la valeur d'une chose, sur la pratique d'un art, sur l'application d'un usage, sur la réalité et les conséquences d'un fait, et de recourir aux lumières spéciales de telle personne à qui leur confiance est acquise, ce sera moins une expertise proprement dite, qu'un moyen d'instruction qu'ils croiront propre à fixer leurs idées. Dans ce cas, en les obligeant, comme pour une expertise régulière, soit à désigner un nombre déterminé d'experts, soit à attendre le choix des parties, on prendrait le contre-pied de la mesure et le rebours de son but; car c'est l'avis de telle personne qu'ils veulent avoir, et non pas d'une autre.

Le résumé de cette doctrine se trouve dans les motifs d'un arrêt que la chambre civile de la Cour de cassation a rendu le 23 février 1837 :

ART. « Attendu que l'article 303 du Code de procédure civile, qui dispose en termes impératifs et restrictifs que *l'expertise ne pourra se faire que par trois experts, à moins que les parties ne consentent qu'il soit procédé par un seul*, ne doit être entendu que subordonnément à l'article 302 portant : *lorsqu'il y aura lieu à un rapport d'experts*, c'est-à-dire, dans le cas où la nécessité d'une expertise résulte soit de la demande formelle de l'une ou de l'autre des parties, soit d'une disposition légale qui l'ordonne, comme dans les articles 1678 du Code civil, 969 du Code de procédure, ou tout autre semblable. — Mais que si l'article 303 doit alors être littéralement appliqué, il n'en est pas de même lorsque les tribunaux, maîtres de se décider d'après tous les renseignements qui viennent à leur connaissance, nomment d'office une personne dans laquelle ils ont confiance, pour leur donner les renseignements qui leur manquent, et que, dans ce cas, il serait contraire au véritable intérêt des parties de nommer trois experts au lieu d'un. »

L'interprétation est peut-être un peu hasardée, *divinatio, non interpretatio;* néanmoins elle se justifie par ce droit de propre mouvement qu'il faut bien accorder aux juges, et dont les conditions leur doivent naturellement appartenir, quand les parties se taisent, et quand c'est à une source spéciale qu'ils veulent puiser des lumières. ART.

Mais les plus sages perfectionnements peuvent ne pas être sans danger. On commence par aider aux intérêts que les Codes n'ont pas assez expressément satisfaits; puis cette ardeur, s'encourageant à de nouvelles améliorations, les fait glisser quelquefois sur une rainure si rapide, que le système de la loi se trouve tout-à-coup dépassé, méconnu, changé. C'est ainsi qu'un autre arrêt rendu plus tard par la même chambre, a décidé que, dans le cas d'une expertise ordonnée pour l'exécution d'un jugement, les juges peuvent eux-mêmes désigner les experts, sans laisser aux parties la faculté de les choisir. Deux sections d'une commune se disputaient la propriété d'une vaste lande; la Cour royale de Limoges en attribua le tiers à l'une et les deux tiers à l'autre. Elle nomma en même temps trois experts chargés de procéder, d'après ces bases, au partage et à la délimitation. Aucune interpellation ne fut faite, aucun délai ne fut donné aux intéressés pour s'accorder sur un autre choix.

ART.

Il y eut pourvoi en cassation fondé sur la violation de l'article 305 du Code de procédure ; mais il fut rejeté :

« Attendu qu'après avoir définitivement statué sur les droits des sections de communes litigantes, la Cour royale n'a fait que commettre des experts, pour opérer sur le terrain la désignation et la démarcation des deux propriétés qu'elle venait de reconnaître et de déterminer suivant les titres ; — que le procès étant jugé, il ne s'agissait plus d'*une voie d'instruction*, mais de l'exécution de l'arrêt ; — qu'il appartenait à la Cour royale de régler cette exécution, et, dès lors, de charger des experts nommés par elle de faire, sur le terrain, l'opération d'exécution qui seule restait à accomplir ;

» Attendu que les droits des parties ont été suffisamment garantis par la réserve que l'arrêt lui-même leur a faite de la faculté de porter devant la Cour royale, conformément à l'article 472 du Code de procédure, les difficultés qui se seraient élevées sur l'exécution dont il s'agit (1). »

Je demanderai d'abord s'il était possible

(1) Sirey, 38—1—978.

que la Cour de Limoges, ou l'un de ses membres, allât arpenter la vaste lande, et planter les bornes de délimitation? Non; dans aucun cas, les juges ne peuvent exercer les fonctions d'experts; ce point est incontestable. Puis, au vrai, qu'était-ce que cette délimitation? un partage, car il n'y avait encore de jugé que la proportion du droit de chacun dans l'objet indivis. Or, un partage en justice ne peut se faire sans une estimation préalable (1). Sous quelque aspect que ce fût, *il y avait donc lieu à un rapport d'experts;* on ne pouvait donc se dispenser de suivre les dispositions des articles 303, 304 et 305. Ce n'était point une mission spécialement confiée à tels ou tels individus, par le propre mouvement de la conscience des juges, comme dans l'arrêt précédent; c'était une véritable expertise commandée par la loi. ART.

Il s'agissait d'une voie d'*exécution*, a-t-on dit, et non d'une voie d'*instruction*. Ce motif, au fond, est très-contestable, puisque l'affaire pouvait revenir devant la Cour. Mais, en le supposant tout-à-fait exact, les parties ont-elles moins d'intérêt à choisir les experts qui opèrent pour l'exécution du jugement, que ceux

(1) Code civ., art. 824, et Code de procéd., art. 969.

ART. qui opèrent pour l'instruction du procès ? et la loi a-t-elle fait quelque part cette différence entre les expertises d'*exécution* et les expertises d'*instruction ?*

Quand vint l'heureuse idée d'adapter au Code de procédure le mode d'expertise déjà consacré par le Code civil pour la preuve de la lésion, on se garda bien de la gâter par des restrictions et par des distinctions. Ecoutez les observations du Tribunat : « Les motifs sont les mêmes *pour toute espèce d'expertise.* Varier les modes, c'est compliquer les formes, qui ne sont toujours que trop compliquées par leur nombre et souvent par la matière à laquelle elles s'appliquent, quelque soin qu'on prenne à les simplifier. Il suffit donc qu'on puisse rendre commune à plusieurs cas la disposition qui consacre une manière d'opérer, pour qu'on doive s'empresser de le faire ; et les avantages qui résultent de telles simplifications sont inappréciables, sous le double rapport de la facilité et de la célérité de l'exécution (1). »

Ce fut donc largement, à titre de règle générale, que le Tribunat proposa, et que le

(1) Législ. civ., etc., de M. Locré, t. 21, p. 473.

Conseil d'état accepta les articles 303, 304 et 305 du Code de procédure. La nouvelle règle est plus simple, disait au Corps législatif l'Orateur du gouvernement : « Un expert seul, si les parties le désirent, ou trois experts ; mais *toujours* faculté aux parties de convenir entre elles du choix, et alors les experts reçoivent leur mission de tous les intéressés. Si les parties ne s'accordent pas, la nomination est faite d'office (1). » ART.

Que Dieu garde la haute sagesse de la Cour de cassation de faire un trop doux accueil aux écarts de la jurisprudence! Vous verriez bientôt le souffle des vieux abus flétrir les meilleures innovations de nos Codes. N'a-t-on pas jugé déjà que l'article 303 n'avait rien de substantiel, et qu'il n'était point prescrit à peine de nullité (2)?

S'il était vrai que le Titre *des Rapports d'experts* ne dût régir que les expertises ordonnées dans le cours d'une instruction, il s'ensuivrait que pour toutes celles relatives à l'exécution d'un jugement, pour toutes les condamnations

(1) *Ibid.*, p. 544.

(2) Sirey, 37—1—245.

Art. à dire d'experts, pour la liquidation des dommages-intérêts et pour la restitution des fruits, à défaut de mercuriales, nous n'aurions plus de loi (1); que l'on pourrait à volonté multiplier les experts, les nommer en nombre pair ou impair, nous ramener le préliminaire discord de deux experts, la survenance du tiers expert, et tout ce qu'il y avait autrefois de plus vain, de plus compliqué, de plus allongé et de plus dispendieux. Bacon a eu raison de dire que les lois vivantes périssaient par leur union avec les lois mortes : *Leges vivæ in complexu mortuarum perimuntur* (2).

C'est bien assez qu'on ait laissé dans cette ornière les expertises de la loi du 22 frimaire an VII sur l'enregistrement (3). Que l'exception serve du moins à confirmer la règle.

Le jugement qui ordonne une expertise

(1) L'article 1041 du Code a abrogé, à compter du 1er janvier 1807, toutes les lois, coutumes, usages et règlements relatifs à la procédure civile.

(2) *De Justitia*, *aphor.* 67.

(3) Argument de l'avis du Conseil d'état du 12 mai 1807.

doit énoncer clairement les objets et les points sur lesquels les experts auront à donner leur avis, et commettre en même temps un juge pour recevoir leur serment. ART.

Après l'expiration des trois jours donnés aux parties pour s'accorder sur le choix des experts, la plus diligente signifie le jugement par acte d'avoué à avoué; puis elle obtient du juge commis une ordonnance portant indication du jour et du lieu où ils devront se présenter pour prêter serment. Cette ordonnance est signifiée à leur personne ou à leur domicile, avec sommation d'y obéir. L'assistance des parties au serment est permise, mais elle n'est point nécessaire; les frais qu'on ferait pour les appeler n'entreraient point en taxe.

Ici vient se placer ce qui concerne la récusation des experts; on aurait dû dire les *reproches*, car les causes pour lesquelles ils sont récusables, sont les mêmes que celles qui rendent les témoins reprochables. Les experts font l'office de témoins; ils ne déposent point, à la vérité, *de visu aut auditu*, mais *de scientiâ*. L'opinion émise dans leur rapport n'est pas un jugement, ce n'est qu'un témoignage.

ART. La simple raison enseigne que nul ne peut être reçu à signaler à la justice, comme indigne de confiance, l'expert que lui-même a choisi, à moins que la cause de récusation ne soit *survenue* depuis la nomination. Sauf ce cas, les experts nommés d'office sont seuls récusables.

Mais de quelque part que vienne la nomination de l'expert, et quelque prochaine que soit la cause de la récusation, il n'y a plus lieu de le récuser après qu'il a juré de se conduire avec exactitude et probité dans l'opération qui lui est confiée. Ce serait blesser la religion du serment, ce serait une prévention de parjure.

La récusation doit être proposée dans les trois jours de la nomination de l'expert, par un simple acte signé de la partie qui récuse, ou de son mandataire spécial. Cela doit être entendu dans le sens qui suppose une nomination connue et devenue définitive. Il faut y appliquer ce que j'ai dit ci-dessus relativement à cet autre délai de trois jours de l'article 305 (1).

(1) Page 459.

Récuser un expert, c'est le supposer capable ART.
de trahir la confiance des juges qui l'ont nommé, ou celle d'une partie qui a concouru à son choix. Il y a dans cette attaque quelque chose de plus compromettant, que dans un simple reproche dirigé contre un témoin. C'est cette différence qui fait que l'avoué doit être muni d'un pouvoir de son client pour récuser un expert, et qu'il ne lui en faut pas 270.
pour récuser un témoin.

Un simple acte suffit pour proposer la ré- 309.
cusation : il est signé de la partie qui récuse, ou de son mandataire spécial; il contient ses motifs, les preuves qui les justifient, ou l'offre de les vérifier par témoins.

L'autre partie qui conteste, répond aussi par un simple acte (1).

Remarquez que le serment de l'expert récusé ne peut être prêté, tant que le sort de la récusation demeure incertain.

La contestation amène un jugement; il est rendu *sommairement*. Les témoins, si la preuve est ordonnée, sont entendus à l'audience, et le ministère public donne ses conclusions, 311.

(1) Tarif, art. 71.

Art. parce qu'il n'est pas impossible que le bon ordre y soit intéressé.

L'impulsion de cette procédure est vive, rapide. Le jugement qui statue sur la récusation
312. est *exécutoire nonobstant l'appel*, afin qu'un plaideur ne puisse, en récusant, se promettre de gagner du temps.

Si la récusation est rejetée, l'expert prête serment, et l'opération prend son cours.

Si elle est admise, le tribunal nomme *d'office*, et par le même jugement, un nouvel expert à
313. la place de celui qu'il repousse.

Et même, en déclarant une récusation mal fondée, les juges ne sont pas moins obligés de remplacer l'expert récusé, dans le cas où celui-ci vient, à ses risques et périls, intenter une demande, afin de faire condamner à des dommages-intérêts le téméraire qui n'a pas craint d'attenter à son honneur. Pourrait-on compter sur l'impartialité d'un expert qui se mettrait à opérer, en même temps qu'il plaiderait contre l'une des parties, pour obtenir la réparation d'un outrage?

La disposition relative à l'exécution provisoire du jugement rendu sur la récusation, a fait naître la question de savoir si l'appel de ce jugement est recevable, quoique l'intérêt de l'affaire pour laquelle l'expertise a été ordonnée, n'excède pas la limite du dernier ressort. M. Pigeau (1) s'est prononcé pour l'affirmative, et son opinion a été suivie par M. Carré (2). Ils se sont fondés sur la généralité de ces termes de l'article 312 : « Le jugement sera exécutoire nonobstant l'appel, » et ils en ont tiré la conséquence que l'appel était prévu pour tous les cas de récusation, quel que fût le taux du litige. Ce raisonnement ne me paraît pas bon. Je crois que le vrai sens de l'article est celui-ci : le jugement sur *l'incident* de la récusation sera exécutoire, nonobstant l'appel, lorsque le fond de la cause *principale* ne pourra être jugé qu'à la charge de l'appel. L'article 135 dit bien aussi que l'exécution provisoire, nonobstant l'appel, sera ordonnée, s'il y a titre authentique ou promesse reconnue, etc. Cependant personne ne s'est encore avisé d'y voir une concession indéterminée de la faculté d'appeler.

M. Pigeau puisait un autre argument dans l'article 391, au Titre *de la Récusation des ju-*

(1) *Traité de Procéd.*, t. 1, p. 295.
(2) T. 1, p. 744.

ART. *ges*, lequel porte que « tout jugement sur récusation, même dans les matières où le tribunal de première instance juge en dernier ressort, sera susceptible d'appel. » L'argument ne pourrait se soutenir qu'à la faveur d'une analogie entre les fonctions du juge et la mission de l'expert. Or cette analogie n'existe pas : il n'y a ni le même caractère, ni le même pouvoir, ni la même dignité, ni le même intérêt. La récusation d'un juge se détache, par son importance, du procès qui l'a fait surgir ; c'est comme une cause à part, où se discutent les devoirs du magistrat, sa pureté, son intégrité, et toutes les délicatesses de l'administration de la justice. Ce n'est pas trop, pour de tels intérêts, que la garantie des deux degrés de juridiction. Mais une récusation d'expert ne touche pas plus à l'ordre public, qu'un reproche de témoin ; la
310. loi les met sur la même ligne, et leur assigne les mêmes causes. L'expert ne juge pas, il renseigne ; il dépose de ce qu'il a mesuré, de ce qu'il a estimé, comme le témoin de ce qu'il a vu, de ce qu'il a entendu. Le jugement de la récusation, comme celui du reproche, n'est donc pas attaquable par d'autres voies que celles qui relèvent du fond de l'affaire. Je n'ajoute qu'un mot, c'est que la loi, qui n'a établi

qu'un degré de juridiction pour la récusation d'un juge de paix, n'a pu vouloir qu'il y en eût *toujours* deux pour la récusation d'un expert.

Les auteurs du Code ont été préoccupés de cette idée, que les récusations proposées contre les experts n'étaient, le plus communément, que des obstacles jetés sur la voie, afin d'amener quelques retards et d'éloigner le jour de la décision du procès. C'est pour déjouer ces combinaisous, et pour les frapper d'une évidente inefficacité, qu'ils ont donné au jugement rendu sur la récusation une force d'exécution provisoire. Considéré sous un autre aspect, cet expédient offre un danger qui deviendrait encore plus fréquent, si le système que je viens de combattre pouvait acquérir quelque crédit. En effet, supposez que la récusation soit rejetée par le tribunal de première instance : l'expert maintenu va opérer en vertu de l'exécution provisoire; le rapport est dressé, déposé, expédié, puis on passe au jugement définitif. Cependant il y appel, et la Cour décide qu'à bon droit l'expert avait été récusé. Il s'ensuivra que l'opération à laquelle il avait indûment concouru est nulle, qu'il faudra recommencer, et agencer une nouvelle expertise. Voilà beaucoup de temps et beau-

ART. coup de frais perdus. Mais de deux maux, le législateur a voulu éviter celui qu'il croyait le pire, celui qui pouvait le plus souvent se reproduire.

M. Thomines-Desmazures conseille aux juges de première instance d'admettre la récusation plutôt que de la rejeter, pour ne pas exposer les plaideurs à ces inconvénients, et aux juges d'appel de se déterminer à confirmer ou à réformer le jugement sur la récusation, suivant que l'expertise, si elle a été faite, leur paraîtra plus ou moins satisfaisante et juste (1).

Nul n'est tenu d'accepter les fonctions d'expert; ce n'est pas une charge publique. Elle diffère en cela du témoignage, dette sacrée que le témoin ne peut se dispenser d'acquitter à la justice qui la réclame (2). Mais le serment de l'expert, dès qu'il l'a prêté, devient une acceptation formelle, un engagement qui l'oblige à remplir sa mission. Son manquement peut le faire condamner au remboursement des frais qu'il rend inutiles, et au payement des dommages-intérêts, pour le retard qu'il apporte dans

(1) *Comment.*, t. 1, p. 316.
(2) Voyez ci-dessus, chap. 17, p. 295.

la marche de la procédure. Ces condamnations Art.
sont prononcées contre lui, *s'il y échet*, c'est-à-dire, s'il n'a pas de justes causes à faire valoir, ou, pour parler le langage du Code civil, s'il ne justifie pas qu'il se trouve dans l'impossibilité de continuer le mandat, sans en éprouver lui-même un préjudice considérable (1). 316.

« Si quelque expert n'accepte point la nomination, ou ne se présente point, soit pour le serment, soit pour l'expertise, aux jour et heure indiqués, les parties s'accorderont *sur-le-champ* 316.
pour en nommer un autre à sa place; sinon la nomination pourra être faite d'office par le tribunal... » C'est-à-dire que la partie la plus diligente pourra de suite provoquer cette nomination d'office, et, sans observer d'autre délai que celui donné pour la récusation, présenter requête au juge-commissaire pour qu'il reçoive le serment du nouvel expert.

Il faut supposer maintenant que la voie est dégagée de tous ces embarras.

Rendus devant le juge-commissaire afin de prêter leur serment, les experts conviennent 315
entre eux du jour, de l'heure et du lieu où

(1) Art. 2007.

Art. ils se réuniront pour remplir la mission qu'ils ont reçue. Le procès-verbal du juge en fait mention. On sait que les parties ont la faculté d'assister à la prestation du serment, mais qu'il n'est pas nécessaire de les sommer d'y comparaître (1). Si elles viennent, ou si leurs avoués sont présents, cette indication de jour, d'heure et de lieu leur est assez connue ; une notification ultérieure serait une superfluité de frais. Dans le cas contraire, un simple acte d'avoué suffit pour informer les absents de ce qui a été convenu, et pour les mettre en demeure de se trouver à l'expertise.

Les experts commencent par constater leur transport sur le lieu désigné, la remise qui leur est faite, tant du jugement en vertu duquel ils vont opérer, que des pièces dont ils peu-
317. vent avoir besoin, et les dires et réquisitions des parties. Ces dires et réquisitions doivent s'entendre de ce qui est raisonnable et afférent à la cause, car les experts ne sont pas tenus de charger leur procès-verbal de tout ce qu'il plairait à telle partie, ou à tel avoué, de leur dicter et faire écrire. Il est bon d'observer aussi que ce

(1) Voyez ci-dessus, p. 471.

droit d'assister, de discourir et de requérir, s'applique seulement aux explications, aux remarques, aux discussions touchant les points susceptibles de quelque influence sur la direction et les résultats de l'examen. C'est comme le prologue de l'expertise; mais on aurait tort d'en conclure que les plaideurs, ou ceux qui les représentent, sont autorisés à suivre les experts jusque dans l'intérieur du débat où leurs avis se résument et se fixent. ART.

Le procès-verbal que rédigent les experts prend le nom de *rapport.* A Rome, on l'appelait *renuntiatio;* faire un rapport, c'était *renuntiare* (1). *Renuntiatio, id est, testimonii genus quod rapportum vulgò dicunt, cujus modi edere solent architecti et magistri cujuscumque officii, cùm opus est, qui propterea publico sacramento adiguntur* (2).

Les experts ne doivent s'occuper, dans leur examen et dans leur rapport, que des objets énoncés au jugement qui les a commis : c'est leur ligne de conduite. En deçà il y aurait inexécution du mandat, au-delà il y aurait excès de pouvoir. Leur mission se borne à faire con-

(1) *L.* 1 *et seq. ff. Si mensor falsum modum dixerit.*

(2) Mornac, *ad l.* 1, *Si mensor fals. mod. dix.*

ART. naître l'état et la nature des choses. Il n'appartient qu'au tribunal d'en tirer les conséquences, et d'y appliquer le droit.

Ce n'est pas qu'il soit interdit aux experts d'entrevoir le but de leur travail, et de côtoyer la pensée qui les interroge. L'exactitude n'exclut pas l'intelligence.

Mais il y a des considérations de temps et de lieu qui varient suivant la nature et la destination de l'expertise. Une juste mesure est toujours à garder entre les opinions qui tranchent, décident en gros, dédaignent de s'abaisser aux détails, et ces minutieux procédés qui vont, isolant d'un tout ses moindres dépendances, donner un prix séparé à ce qui ne peut avoir que celui de l'ensemble. Il n'est personne ayant quelque habitude du palais, qui n'ait vu comment ces petites estimations détachées font monter un domaine au double et même au triple de sa véritable valeur.

Les experts n'ont pas le droit de se livrer à des enquêtes judiciaires sur des faits relatifs à l'expertise. Ce droit appartient exclusivement aux magistrats, qui ne peuvent le déléguer qu'à l'un d'eux, et, en cas d'éloignement, aux juges
1035. d'un autre tribunal, ou à un juge de paix. Toutefois il n'est pas sans exemple que le jugement

qui commet des experts, les autorise à prendre, ART.
dans la contrée où ils doivent opérer, des informations touchant certains usages, ou certaines traditions de localités; mais ils doivent avoir la précaution de n'interroger personne, si ce n'est en présence des parties (1).

Ce que la loi désire, c'est que le rapport puisse être rédigé sur le lieu. Les yeux y transmettent immédiatement à l'esprit les éléments d'une juste appréciation. Les remarques, les observations des intéressés s'expliquent et s'ap- 317.
pliquent tour à tour, avec plus de franchise, et sans passer par la dispute et l'embrouillement des souvenirs.

Mais le mieux n'est pas toujours possible. Il y a des circonstances où la nature du travail, et l'étendue du terrain à parcourir, obligent les experts à prendre seulement des notes, afin de rédiger ensuite leur rapport avec plus d'aisance et de repos. Alors ils indiquent aux parties le jour, l'heure et le lieu qu'ils fixent pour la ré- 317.
daction.

Cette disposition n'est point expressément prescrite à peine de nullité, et la controverse y

(1) C'est-à-dire, en présence des parties qui assistent à l'expertise.

ART. a trouvé matière à s'exercer. Les uns ont dit que c'était un simple conseil ; les autres ont soutenu que c'était un ordre formel, et qu'il ne pouvait être violé qu'au mépris du droit sacré de la défense.

La question me semble facile à résoudre, si l'on veut s'associer aux vues de la loi. Quand le rapport se rédige sur le lieu, les parties qui assistent à l'expertise ont toute facilité de faire leurs dires et réquisitions, de les dicter, de les développer, jusqu'au moment où les experts déclarent qu'ils vont clore leur travail. Mais lorsque c'est une simple esquisse hâtivement tracée, un chiffre crayonné çà et là durant la marche des experts, les parties qui les suivent n'ont pas le loisir de formuler respectivement leurs observations et leurs réponses ; elles peuvent tout au plus requérir qu'on en fasse note. Or, si les experts, s'ajournant pour rédiger le rapport, négligent d'indiquer aux parties le jour, l'heure et le lieu de leur réunion, celles-ci n'auront pas la faculté d'expliquer leurs dires, de leur donner le développement nécessaire, et de les faire insérer au procès-verbal, avant sa clôture. Ce sera bien réellement une atteinte portée aux garanties de la défense ; ce sera plus qu'une *irrégularité*, ce sera une *nullité* ; car

il n'est pas seulement *convenable*, mais il est ART.
essentiel que les parties sachent où elles trouveront les experts, alors qu'ils s'occuperont de résumer ce qu'ils ont vu, entendu, recueilli, parce que leurs notes peuvent être incomplètes, et leurs souvenirs effacés.

Vous savez que les parties présentes à la prestation du serment des experts, ont reçu là toutes les indications suffisantes pour assister à l'expertise, et que ces indications ont dû être no- 315.
tifiées à celles qui se trouvaient absentes. Supposez maintenant que l'une d'elles ne comparaisse pas, sera-t-il nécessaire de lui faire connaître, par un nouvel acte, le jour, l'heure et le lieu de la rédaction du rapport, s'il n'est pas rédigé sur place? Non; il n'a tenu qu'à cette partie d'en être instruite; il fallait se rendre, ou se faire représenter. Quand une voie est ouverte pour l'exercice d'un droit, ce serait une abusive complaisance que de s'arrêter et de revenir sur ses pas, afin d'appeler sans cesse, et à de grandes distances peut-être, un plaideur qu'on a déjà sommé de venir.

La Cour de cassation a jugé dans ce sens, par un arrêt du 19 juin 1838 :

« Attendu qu'aux termes de l'article 1035 du Code de procédure, les sommations pour être

ART. présent aux rapports d'expert, n'ont pas besoin d'être réitérées, quoique la vacation ait été continuée à un autre jour; — qu'ainsi la continuation de l'opération au lendemain du jour fixé et notifié, n'avait nullement besoin d'être signifiée de nouveau à L***, *qui a dû s'imputer de n'avoir pas comparu le premier jour*;

» Attendu que l'article 307 du même Code autorise formellement les experts à rédiger leur rapport dans un lieu autre que le lieu contentieux; — que si cet article parle d'une *indication* à faire à cet égard par les experts, il n'exige nullement que ce soit par voie de sommation à la partie défaillante; — qu'au contraire, le vœu de la loi a été manifestement que cette rédaction n'éprouvât aucun retard, puisque la règle générale est qu'elle soit faite sur le lieu contentieux;

» D'où il suit qu'en annulant l'expertise, sur le seul motif que la continuation de l'opération au lendemain, et l'indication d'un autre lieu que le lieu contentieux, pour la rédaction du rapport, n'avaient pas été *spécialement* notifiées au défaillant, le jugement attaqué a créé une nullité qui n'est pas prononcée par la loi, et a faussement appliqué et en même temps violé l'article 317 du Code de procédure. »

Les experts dressent un seul rapport et ne forment qu'un seul avis à la pluralité des voix. La loi leur permet, en cas de dissidence, d'indiquer les motifs des divers avis, mais elle leur défend de faire connaître l'avis personnel de chacun d'eux. ART. 318.

Cette disposition qui ne veut pas qu'un expert attache son nom à l'opinion qu'il émet, ressemble à un vieux lambeau de procédure secrète, cousu à nos Codes (1); elle me paraît tout-à-fait en désaccord avec nos idées de publicité. On craint les ressentiments, les récriminations; mais un expert n'apporte à la justice que le témoignage de son art et de ses calculs. La déposition d'un témoin ordinaire est bien autrement irritante, et pourtant les noms ne se voilent pas dans les enquêtes. Toutefois, ce n'est là qu'un contre-sens de pure théorie, qui diminue fort peu, pour la pratique, le mérite du nouveau mode d'expertise.

Les législateurs de Genève ont poussé beaucoup plus avant leur contrôle et leur révision. Ils ont accordé aux juges la faculté d'ordonner que les experts feront leur rapport oralement, à l'audience, et qu'ils y seront entendus comme des témoins.

(1) Art. 1679 du Code civil.

PART. Voici leurs motifs : « L'expérience prouve toute la difficulté que les experts ont, en général, à saisir ce qui leur est demandé, et à répondre clairement par écrit. Tantôt l'emploi d'expressions impropres et détournées de leur véritable acception, tantôt l'omission d'idées intermédiaires, rendent leurs rapports intelligibles pour eux seuls. Leur ignorance dans l'art d'écrire, les idées vagues et confuses qu'ils ont sur le sens et la force des mots, les exposent à tous les piéges que leur tend ou un expert plus adroit, ou le conseil même d'une partie, dans l'intérêt de celle-ci. Il n'est pas toujours facile de démêler, dans un rapport, l'œuvre des experts d'avec celle du conseil.

» L'audition orale sauve ces inconvénients. Le conseil disparaît ; c'est l'expert seul qu'on entend. Les explications de l'expert préviendront toute ambiguïté, et lèveront toute équivoque : les motifs de son opinion pourront être plus aisément déduits. Si des experts sont d'un avis contraire, en les entendant séparément, puis en présence les uns des autres, les juges pourront mieux apprécier la confiance que mérite chacun d'eux (1). »

Viennent ensuite d'excellentes réflexions sur

(1) Exposé des motifs du titre 16, par M. Bellot.

les avantages de la publicité. A quel prix un expert consentirait-il à passer pour suborné ou pour incapable, devant d'autres experts ses émules, qui peuvent le confondre? A quel prix s'exposerait-il au blâme du juge, et à toute l'humiliation d'un mensonge public? ART.

Cependant les rapports écrits ne sont point indistinctement exclus de la procédure de Genève. Il y a un grand nombre de cas, tels que ceux de partage, de succession, de dépouillement et de vérification de comptes, où le travail des experts ne pourrait être rapporté de vive voix à l'audience. L'option entre les deux modes a été laissée aux juges.

Tout cela, sans contredit, est très-sagement pensé et parfaitement exprimé; mais l'expérience a tourné contre la théorie. On supposait que des hommes malhabiles pour écrire chez eux, auraient plus d'aptitude et de facilité pour parler à l'audience, ce qui s'est rarement trouvé vrai. Sur 563 expertises qui ont été ordonnées par les tribunaux du canton de Genève, de 1829 à 1835, il y a eu 546 rapports écrits, et 17 rapports verbaux seulement. Ce résultat démontre assez que les juges n'ont pas été convaincus de la supériorité pratique des

ART. rapports verbaux. Les faits sont nos maîtres en toute science.

Je reviens aux experts du Code de procédure. C'est l'un d'eux qui doit écrire la rédaction du
317. rapport; elle est signée par tous. En supposant qu'un expert dont l'opinion n'a pas prévalu, refuse de signer, c'est le cas d'appliquer, par analogie, l'article 1016, au titre *des Arbitrages*. « Le jugement sera signé par chacun des arbitres. Dans le cas où il y a plus de deux arbitres, si la minorité refuse de le signer, les autres arbitres en feront mention, et le jugement aura le même effet que s'il avait été signé par chacun des arbitres. » *In casibus omissis, deducenda est norma legis a similibus* (1).

Il n'est point impossible que les experts ne sachent pas tous écrire. La loi, qui doit prévoir les occasions de fraude et de surprise, pour indiquer d'avance les précautions, a voulu que, dans ce cas, le rapport fût écrit et signé par le greffier de la justice de paix du lieu où les experts auront procédé. Celui qui ne sait pas écrire ne sait pas lire l'écriture, et quelle

(1) Bacon, *de Justitiâ univ.*, *aphor.* 11.

sûreté y aurait-il que ce qui est écrit soit Art.
bien ce qu'il a dit? Ajoutez que le rapport ne ferait plus foi de son contenu, si la signature d'un officier public ne suppléait pas au défaut de celle de l'expert. Le greffier de la justice de paix remplit ici les fonctions du *clerc de l'écritoire*. Il eût été bon de désigner un autre officier public pour écrire le rapport, en cas d'empêchement du greffier de la justice de paix. Je pense que, ce cas échéant, les experts ne feraient rien d'irrégulier en employant un notaire. Ce serait le moyen d'éviter des retards, et d'épargner à la mémoire des experts une trop longue épreuve (1). La loi de Genève a été plus prévoyante : « Si les experts ne savent pas tous écrire, ou si aucun d'eux ne peut rédiger un rapport, le tribunal commettra pour l'écrire, et, au besoin, pour assister les experts, un de ses membres, un auditeur, ou le maire de la commune (2). »

La minute du rapport des experts est déposée au greffe du tribunal qui les a nommés : leurs *vacations* sont taxées par le président. 319.

On leur accordait autrefois une action

(1) M. Carré, t. 1, p. 751.
(2) Titre 16, art. 225.

ART. solidaire contre chacune des parties pour lesquelles ils avaient opéré, sous prétexte que ces vacations devaient être assimilées aux épices des juges, lesquelles étaient dues solidairement (1). Aujourd'hui le Code dit qu'il est délivré exécutoire de la taxe contre la partie qui a requis l'expertise, ou qui l'a poursuivie, si elle avait été ordonnée d'office; d'où il suit que les experts n'ont point d'action, de leur chef, contre l'autre partie qui n'a ni requis, ni poursuivi.

Mais il y a indivisibilité de l'obligation, et par conséquent solidarité (2), lorsqu'un plaideur a demandé l'expertise, et que l'adversaire a déclaré qu'il y acquiesçait. C'est un cas de consentement mutuel, qui doit les faire considérer tous deux comme ayant provoqué la nomination des experts. Peut-être on objectera qu'il ne s'agit point ici *d'une chose qui, dans sa livraison, ou d'un fait qui, dans l'exécution, n'est pas susceptible de division, soit matérielle, soit intellectuelle* (3), et que rien n'est plus essentiellement divisible qu'une somme

(1) *Répert.* de M. Merlin, v° *Expert*, n° 9.

(2) Code civil, art. 1222.

(3) Code civil, art. 1217.

allouée pour des vacations. Il faut se reporter à la cause de l'obligation. Cette cause, c'est le travail des experts ; or ce travail était indivisible, en ce sens qu'il était également consacré aux vérifications sollicitées à la fois par les deux plaideurs. Concluez donc que son prix a formé une dette indivisible. La Cour de cassation a ainsi jugé le 11 août 1813 (1). ART.

Vous savez que les experts qui ne se présentent point, après avoir accepté leur mission et juré de la remplir loyalement, encourent une condamnation aux frais et aux dommages-intérêts qu'ils ont causés : il y a bien plus forte raison encore, pour qu'on puisse atteindre ceux qui négligent ou refusent de déposer leur rapport. C'est devant le tribunal qui les a commis qu'ils sont assignés, sans essai préalable de conciliation ; et la contrainte par corps est prononcée contre eux, lorsqu'il paraît que leur retard se rattache à des manœuvres concertées avec l'une des parties, pour entraver le cours de la justice. 320.

L'expédition du rapport est levée et signifiée

321.

(1) *Répert.* de M. Merlin, v° *Expert*, n° 9, aux additions.

ART. à avoué par la partie la plus diligente (1); puis l'audience est poursuivie sur un simple acte. Je crois qu'il est permis d'y ajouter, et de faire entrer en taxe quelques lignes de conclusions motivées sur l'irrégularité, l'insuffisance ou les erreurs de l'expertise, si l'utilité de ces conclusions est justifiée (2). C'est une

(1) La loi ne charge point spécialement telle partie de lever le rapport; c'est *la plus diligente* qui doit y pourvoir. Cependant M. Pigeau a dit, et M. Carré a répété, que si la partie qui lève le rapport n'est pas celle qui a requis l'expertise, elle a droit de se faire délivrer un *exécutoire* du coût de la levée, afin de s'en faire rembourser comme *de frais préjudiciaux*. Ils ont tiré cette conséquence de l'art. 220, au titre du *Faux incident*, lequel accorde ce privilége au demandeur pour la remise qu'il a faite au greffe de la pièce arguée, remise dont l'article 219 chargeait expressément le défendeur. (Voyez ci-dessus, p. 81-84.) Mais l'obligation de lever un rapport d'experts, ou un procès-verbal d'enquête, n'est imposée nulle part aux parties qui ont requis ces opérations, et raisonnablement elle n'a pas dû l'être. Il n'y a pas l'ombre d'une analogie qui puisse autoriser une pareille extension. *Sisti debet extensio inter casus proximos alioqui labetur paulatim ad dissimilia, et magis valebunt acumina ingeniorum, quam auctoritates legum.*

(2) Décret du 30 mars 1808, art. 69. Voyez le *Journal des Avoués*, t. 42, p. 326 et 327.

économie mal entendue que ces brusqueries sommaires qui ne souffrent pas que l'on fixe d'avance l'objet d'une discussion, et qui renvoient tout aux interminables débats de l'audience. ART.

Le rapport des experts reçoit de leur mission un reflet d'authenticité, qui donne une certitude légale aux dates et aux circonstances qu'il énonce. Les statuts de Provence portaient que foi devait être ajoutée à la relation des estimateurs, quand ils attestaient avoir appelé les parties. De là vient, disait le président de Bezieux, que le rapport des experts fait preuve d'un pouvoir verbal qui leur aurait été conféré par les parties, relativement à certains chefs, et qu'on doit y avoir égard, parce qu'ils parlent d'une chose concernant leurs fonctions. Et comme ils sont crus, quand ils assurent avoir procédé en présence, ou en absence des parties, on doit les en croire aussi lorsqu'ils certifient d'avoir procédé de leur consentement (1). La Cour de cassation a jugé de même contre

(1) Arrêts notables de la Cour du parlement de Provence, pour servir de suite aux compilations de Boniface.

ART. la régie de l'enregistrement : « Attendu que le procès-verbal des experts ne peut être assimilé aux actes qui n'ont de date certaine que du jour de leur enregistrement, par la raison que les experts ont une mission légale qui fait que leurs actes ne peuvent pas être rangés dans la catégorie des écrits sous signature privée (1). »

Mais cette foi abstraite qui est due aux énonciations du rapport, ne supplée pas toujours à son insuffisance, et quelquefois elle sert à prendre acte d'une irrégularité, d'une nullité substantielle. L'authenticité ne sauve ni la forme, ni le fond.

Cette observation est utile pour que l'on comprenne bien les droits des plaideurs, et le pouvoir des magistrats, en ce qui touche la discussion et le jugement des expertises.

Si le rapport est irrégulier et nul, les parties ont indubitablement le droit de conclure à la nullité, et de demander de nouveaux experts. Les juges n'ont pas le pouvoir de maintenir ce qui est fait contre les dispositions formelles de la loi.

(1) *Répert.* de M. Merlin, v° *Expert*, n° 6.

Si les juges ne TROUVENT pas dans le rapport les éclaircissements suffisants, ils peuvent ordonner D'OFFICE une nouvelle expertise. ART. 322.

Ces expressions du Code ont été diversement entendues.

Les uns disent qu'elles ne permettent pas aux parties de demander la nouvelle expertise, parce qu'aux juges seuls appartient de savoir *s'ils se trouvent* suffisamment éclairés (1).

Les autres soutiennent que la loi n'autorise les juges à prononcer *d'office*, que pour leur indiquer qu'ils peuvent ordonner une seconde expertise, nonobstant le silence des parties; mais que rien ne s'oppose à ce que celles-ci la demandent par leurs conclusions, en alléguant les erreurs ou la partialité de la première (2).

Je pense qu'il faut se placer à un autre point de vue, pour mieux saisir l'esprit de l'article 322.

(1) M. Pigeau, *Traité de la Procéd.*, t. 1er, p. 300. Dans son *Comment.* il ajoute : « Mais si les parties ont des preuves de l'insuffisance, et qu'elles soient inconnues aux juges, elles peuvent, en les produisant, demander incidemment un nouveau rapport. » — Voyez aussi le *Praticien Français*, t. 2, p. 247.

(2) M. Carré, t. 1er, p. 759. M. Favard, v° *Rapport d'experts*, p. 707. M. Dalloz, v° *Expertise*, p. 681.

ART. Autrefois, on considérait les experts comme les juges du fait; partant il était fort naturel qu'on pût appeler de leur *rapport* à d'autres experts, puisque les jugements des véritables juges étaient soumis, par appel, à la correction d'autres juges. L'article 79 de *l'ancienne coutume* de Paris portait « qu'à un rapport de *jurez*, dûment fait par autorité de justice, partie présente ou appelée, de ce qui gît en leur art et industrie, foi devait être ajoutée, s'il n'en était demandé *l'amendement des bacheliers*. » Les bacheliers étaient des *jurez de métier*, des maîtres passés en quelque profession, et l'on disait : *Optimis artium magistris concedendum est* (1). De même que les jugements des juges subissaient plusieurs degrés de juridiction, de même les rapports des experts étaient subordonnés à plusieurs recours successifs. L'abus des *amendements* fut réformé, mais il subsista dans certains pays. L'art. 262 de la coutume de Bretagne permettait à l'une des parties de faire faire à ses frais un *prisage de revue*, dans l'an et jour du premier prisage. En Provence chacune des parties avait droit de *recourir* deux fois, jusqu'à ce qu'il y eût trois

(1) V. *le Glossaire* de Ragueau, v° *Bacheliers*.

rapports conformes; de sorte qu'il était possible qu'en un seul procès on vît cinq rapports d'experts. Art.

Or, lorsque les Cours furent consultées sur le projet du Code de procédure, celles d'Aix, d'Agen et de Grenoble insistèrent pour qu'on laissât du moins aux parties la faculté de *requérir* une seconde expertise. Cette proposition tendait toujours à revêtir les experts de la qualité de juges; elle était inadmissible. Il fut dit simplement que le tribunal pourrait ordonner *d'office* une nouvelle expertise, s'il ne trouvait pas dans le rapport assez d'éclaircissements. C'est dans ce sens que l'article 79 de la coutume de Paris avait été réformé. On eût mieux fait peut-être de répéter, en les rajeunissant un peu, les expressions des réformateurs : « Doit être le rapport apporté en justice pour, en plaidant, ou jugeant le procès, y avoir tel égard que de raison, *sans qu'on puisse demander un amendement*. Peut néanmoins le juge ordonner *autre* ou *plus ample* visitation, s'il y a lieu. »

Ainsi chacun des plaideurs a liberté tout entière de combattre le rapport des experts, comme toutes les preuves et toutes les pièces que

ART. son adversaire lui oppose, et de faire sentir par tous les moyens qui sont en son pouvoir, les vides, les erreurs, les obscurités de l'opération, et la nécessité de recourir à d'autres experts. *Les juges y auront tel égard que de raison*, mais ce n'est point un *droit* acquis aux parties qu'il suffise de *requérir*, et que le tribunal soit tenu de consacrer. Il est donc vrai que la nouvelle expertise doit toujours être ordonnée *d'office*, car ce serait trop d'outrecuidance que de vouloir mesurer la lumière aux juges, et de conclure à ce qu'ils ne se trouvent pas assez éclairés.

Maintenant les conséquences vont se déduire et s'expliquer d'elles-mêmes.

La nouvelle expertise étant, si l'on veut me passer l'expression, du domaine privé du juge, il est naturel qu'il soit maître, cette fois, de ne pas consulter les parties sur le nombre et
322. sur le choix des experts.

Les experts n'étant plus assimilés à des juges, on a dû permettre à ceux qui procèdent
322. à la nouvelle expertise, de demander aux premiers les renseignements qu'ils croient nécessaires, ce qui ne les dispense pas de tout voir par leurs propres yeux.

Il y aurait pourtant un expédient plus simple,

plus sûr, et surtout moins long et moins coûteux qu'une seconde expertise, pour remédier à l'insuffisance et à l'obscurité d'un premier rapport. Ce serait de faire venir à l'audience ceux qui l'ont rédigé, et d'obtenir de leur bouche les explications propres à éclaircir, à compléter et à raccorder l'opération. On cite un arrêt du parlement de Paris du 26 juillet 1737, qui confirma une sentence par laquelle il avait été ordonné que des experts seraient entendus, pour savoir ce que signifiaient certaines expressions douteuses qui se trouvaient dans un procès-verbal (1). La nouvelle loi de Genève en a fait une de ses dispositions : « A l'audience fixée pour recevoir l'avis des experts, le greffier fera lecture du rapport déposé. — Les juges pourront ordonner la comparution des experts à l'audience, pour obtenir de leur bouche les renseignements propres à éclaircir leur rapport écrit (2). » Art.

Je pense qu'on pourrait en user ainsi chez nous, quand le rapport est *unanimement* incomplet et obscur; aucun texte ne paraît le défendre. Mais en cas *d'avis différents*, et c'est

(1) *Questions de Droit* de M. Merlin, v° *Expert*, § 1.
(2) Titre 16, art. 227.

ART. alors que la comparution des experts offrirait plus d'utilité, on viendrait se heurter malheureusement contre notre article 318, qui ne veut pas qu'ils *fassent connaître quel a été l'avis personnel de chacun d'eux* (1).

Il a été assez dit que les experts n'étaient appelés que pour donner un avis, et non pour dresser une sentence. Autrement il faudrait qu'en ordonnant une expertise, le tribunal mît d'avance ses convictions à la merci de leur prud'homie, et qu'il se réduisît à l'état passif d'un instrument, pour apposer sur leur rapport un sceau d'exécution. Ce serait fort inutilement que des experts prendraient le souci de motiver leur décision, si la simple énonciation du résultat devait faire la loi du procès.

On n'avait pas cru qu'il fût nécessaire de traduire dans le Code le vieil adage : *Dictum expertorum nunquam transit in judicium*, et de lui donner une consécration nouvelle. Cependant le Tribunat proposa d'exprimer formellement que *les juges ne seraient point astreints à*
323. *suivre l'avis des experts, si leur conviction s'y opposait*, « parce qu'il était essentiel de prévenir

(1) Voyez ci-dessus, page 487.

une erreur trop commune (1). » Rien n'était plus commun, en effet; non-seulement cette erreur affectait la jurisprudence et les usages de quelques provinces, mais encore on la trouvait inscrite sur des monuments de la législation. Une déclaration du Roi, en date du 2 août 1684, portait que « aucunes personnes faisant profession de la religion prétendue réformée, ne pourraient être prises pour experts par les parties, ni nommées d'office par les juges, en quelque occasion que ce pût être; sous peine, contre ceux qui les auraient choisies, des dépens, dommages et intérêts de leurs parties, et de nullité des arrêts, sentences et jugements qui interviendraient sur le rapport d'experts de ladite religion, afin que les catholiques ne fussent pas exposés au *jugement* de ceux de ladite religion, lorsqu'ils seraient pris pour experts, *les juges étant obligés de se conformer à leurs rapports*. »

La Cour de cassation juge encore aujourd'hui qu'en matière d'enregistrement, l'avis des experts lie les juges, parce que la loi du 22 frimaire an VII a indiqué l'expertise comme moyen spécial de vérifier la valeur vénale des

(1) *Législ. civ.*, etc., de M. Locré, t. 20, p. 478.

ART. immeubles, quand la régie croit que le prix a été dissimulé dans les contrats ou déclarations.

Voyez la perturbation que peuvent amener ces restes de lois usées; Justinien les appelait de vieilles fables, *antiquæ fabulæ*. M. Carré n'a point hésité à conclure de ce qui se juge en faveur de la régie, qu'il faut décider de même dans toutes les causes où l'expertise est indiquée comme moyen d'acquérir une preuve (1). A ce compte, les tribunaux n'auraient autre chose à faire que d'homologuer le rapport des experts, quand il s'agirait de lésion, de partage, de licitation, d'échange d'un bien dotal, de restitutions de fruits, etc. *Judicio sincero non utentur, sed tanquàm è vinculis sermocinentur* (2). Suivez cette pente, et les fonctions précaires de l'expert ne tarderont pas à dominer l'inamovible autorité du juge.

La régie poussait plus loin ses prétentions. Elle concédait bien aux tribunaux le droit d'ordonner une nouvelle expertise, en cas *d'irrégularité* de la première, celle-ci n'ayant pas d'existence légale; mais elle soutenait qu'il

(1) T. 1, p. 763, note 1.

(2) Bacon, *Prœmium de Just. univ.*

ne leur était pas permis de s'écarter des termes d'un rapport *régulier*, sous le prétexte de son *insuffisance*. Cette conséquence, qu'elle déduisait du principe précédemment établi, ne fut pourtant point adoptée : « Attendu qu'il n'existe aucune disposition législative qui, en matière d'enregistrement, interdise aux juges d'ordonner, *pour éclairer leur religion*, une nouvelle expertise, lorsque le procès-verbal des experts leur paraît *défectueux* et insuffisant ; — attendu que c'est aux premiers juges, et non à la Cour de cassation, qu'il appartient d'examiner si les opérations des experts sont suffisantes (1). »

M. Merlin a posé, comme M. Carré, cette question de savoir si, dans une matière ordinaire où l'expertise forme l'élément unique de l'instruction, les tribunaux sont obligés de soumettre leur conviction à l'avis des experts. « Je ne le pense pas, a-t-il dit. D'une part, en effet, l'article 322 du Code de procédure *n'oblige pas* les juges, mais il les *autorise* à ordonner une nouvelle expertise, lorsqu'ils ne trouvent point dans le rapport des éclaircissements suffisants ; de l'autre, l'article 323

(1) *Répert.* de M. Merlin, v° *Expert*, § 10, n° 3.

ART. déclare expressément qu'ils ne sont point assujétis à suivre l'avis des experts, si leur conviction s'y oppose; et ni l'un ni l'autre article n'excepte de sa disposition les cas où une expertise préalable est commandée par la loi (1). »

Deux expertises avaient successivement été faites pour la vérification d'un testament olographe. Tous les experts, hors un seul dont le sentiment était incertain, avaient positivement reconnu la sincérité de l'écriture. Sur ce, la Cour d'appel, mettant simplement en regard l'avis isolé de l'expert qui doutait, et l'opinion unanime des cinq autres qui affirmaient, se contenta, sans expliquer autrement les motifs de sa préférence, d'ordonner que la succession du testateur serait partagée *comme s'il n'y avait pas de testament*. L'arrêt fut cassé : « Attendu que l'article 323 du Code de procédure n'autorise les tribuuaux à s'écarter de l'avis des experts, que lorsqu'ils ont la conviction personnelle que les experts se sont trompés, et que, dans l'espèce, la Cour de Douai, qui a fait prévaloir l'opinion solitaire d'un des experts, n'a pas déclaré qu'elle se dé-

(1) *Répert.* de M. Merlin, v° *Expert.*, n° 2.

cidait d'après sa propre conviction, mais seulement sur ce que l'expert, dont elle adoptait l'avis, semblait rendre la question incertaine (1). » ART.

On a extrait de cette décision des notices, dans lesquelles il est dit que *l'opinion de la majorité des experts devient la* RÈGLE *naturelle des tribunaux*, et que les juges n'ont le pouvoir de s'en écarter, qu'à la condition *de déclarer* FORMELLEMENT *avoir une conviction contraire* (2). Cela me paraît manquer d'exactitude.

Il y a dans cette expression, *la règle*, quelque chose d'absolu qui ne convient point au simple avis que les experts sont chargés de donner. Les tribunaux *peuvent* ordonner une nouvelle expertise, soit par de nouveaux experts, soit par ceux qu'ils avaient déjà nommés (3), toutes les fois que le rapport ne fournit pas les documents désirables; ils ont même, en ce cas, la faculté de juger le procès sans recourir à d'autres éclaicissements, s'ils

(1) Sirey, 15-1-345.

(2) M. Carré, t. 1, p. 761, à la note. M. Favard, v° *Rapport d'experts*, t. 4, p. 707. *Journal des Avoués*, t. 43, p. 677.

(3) Sirey, 37-1-158.

ART. trouvent dans leur propre fonds, ou dans les circonstances de la cause, des lumières suffisantes. Ce sont leurs attributions qui forment la *règle*. Il n'y a point de *règle*, il n'y a qu'une exception, qui puisse nous astreindre à suivre l'avis de ceux que nous consultons.

En affranchissant les tribunaux des liens de l'expertise, on n'eut point l'étroite pensée de leur imposer en même temps l'emploi d'une formule sacramentelle, et de les obliger *à déclarer expressément*, s'ils ne se conforment pas à l'avis des experts, *que leur conviction s'y oppose*. Autant vaudrait dire que le défaut d'une pareille déclaration rend nulle la sentence qui juge contrairement aux dépositions d'une enquête. On conçoit qu'un arrêt où il est dit que les juges ont fait prévaloir le doute d'un expert sur l'opinion positive de cinq autres, pour décider du sort d'un testament, doive être cassé. C'est un caprice inouï, une spoliation arbitraire, un déni de raison, quand aucune erreur n'a été relevée dans le rapport des cinq experts. Mais lorsqu'un jugement énonce en détail les motifs d'après lesquels les juges qui l'ont rendu se sont déterminés à s'écarter de l'avis des experts, il ne faut pas donner à croire qu'il soit essentiel d'y ajouter une *mention expresse de leur conviction.* Il y a dans le monde assez de gens disposés à considérer la procédure comme un entassement de vaines formules et de mots consacrés, pour qu'on doive se garder de jeter encore de la pâture aux critiques populaires. La loi n'avoue que ce qui est utile : ART.

Atque ipsa utilitas justi propè mater et æqui.

(HOR.)

CHAPITRE XXI.

DE L'INTERROGATOIRE SUR FAITS ET ARTICLES.

Art. La série des divers genres de preuves, dans l'ordre du Code de procédure, se termine par l'interrogatoire que chacune des parties peut demander de faire subir à l'autre. Les anciens disaient : *utile est sic partem interrogari, quia, deficientibus probationibus, si pars interrogata confiteatur, vincet altera pars, et obtinebit quod petebat* (1). Cependant il ne faut pas en inférer que ce soit la dernière ressource du plaideur, et qu'après l'avoir épuisée, il se trouve à bout de voie pour toute autre sorte d'examen et de vérification; il lui sera permis encore de produire des témoins, de s'inscrire en faux, de requérir des expertises, des visites

(1) Rebuffe, *Tract. de responsionibus*, etc., *in fine.*

de lieux, et de déférer un serment, selon la nature et la disposition de la cause. ART.

Tous nos livres font remonter aux lois romaines l'origine de l'interrogatoire sur faits et articles, et ils citent à l'appui le titre du Digeste *de Interrogationibus in jure faciendis*. On pouvait, sans trop hasarder, se reporter beaucoup plus loin, et jusqu'aux premiers âges de la justice. Interroger les personnes entre lesquelles une contestation s'était élevée, ce dut être une idée tout aussi simple, tout aussi naturelle, que celle de les appeler pour les juger : cette procédure d'instinct ne fut point inventée par les jurisconsultes de Rome; mais ils en ont tiré des inductions qui sont devenues des règles du droit : *Voluit prœtor adstringere eum qui convenitur, ex suâ in judicio responsione, ut vel confitendo, vel mentiendo sese oneret* (1).

Les usages du droit canonique vinrent, au moyen-âge, répandre sur cette matière leur ombre mystérieuse, et les vaines terreurs du serment. Dès l'entrée du procès chacune des parties devait jurer : « Sçavoir, le demandeur qu'il tenoit avoir juste et loyale cause de faire

(1) *L. 4, ff. de Interrog. in jure faciendis.*

ART. sa demande, et que ainsi le croyoit en bonne foy, et le deffendeur qu'il tenoit avoir juste et loyale cause de faire deffence telle que l'en faisoit, et que ainsi le croyoit en bonne foy, et sur sainctes évangiles de Dieu (1). » Ce qui fut mis en rimes latines comme vous allez voir :

Illud juretur quod lis sibi justa videtur,
Sic inquiretur quod verum testificetur.
Nec procurabit ut falsa probatio detur;
Ut lis tardetur, dilatio nulla petetur.

Mais c'était trop peu que ce serment liminaire, *jusjurandum propter calumniam*, emprunté au Code de Justinien (2). On considéra que les plaideurs ayant juré *in initio litis*, pourraient bien se croire dégagés pour les actes ensuivants, et ne pas se faire scrupule de procéder déloyalement, aux approches de la sentence. Un renfort de serments vint offrir de nouvelles sûretés à la conscience des juges. Après avoir juré *de calumniâ*, les parties jurèrent *de malitiâ* (3); de telle sorte que le

(1) *Somme rur.*, liv. 2, tit. 5.

(2) *L.* 1, *Cod. de Jurejurando propter calumniam dando. Et Novella* 49, *cap.* 4.

(3) Rebuffe, *Tract. de respons. art.* 1, *glossâ unâ.*

demandeur et le défendeur, interpellés tour à tour sur chacun des articles de l'un, et sur chacune des exceptions de l'autre, étaient tenus de répondre autant de fois, par *credit*, *vel non credit*, et d'affirmer leurs réponses avec serment. Ainsi le prescrivait l'ordonnance donnée par Louis XII, en 1499, article 16 : « *Item* ordonnons qu'après que le demandeur aura posé et affirmé par serment aux saincts évangiles qu'il croit le contenu en sa demande et escritures être véritable, tant en nos cours de parlement, que par devant tous autres juges royaulx, le défendeur sera tenu en sa personne, s'il est au lieu où sera demené le procès, de respondre par *credit*, *vel non credit*, pertinemment, par son serment aux évangiles, à *chascun article* des escriptures du demandeur : et où icelui défendeur seroit absent du dict lieu, et semblablement les demandeurs seront tenus d'envoyer l'affirmation et position de leurs faicts, et la response pertinente par escrit, signée de leur main, s'ils savent escrire, ou sinon, d'un notaire royal à leur requeste, sur *un chascun article* d'icelle demande, et *défenses*, à leurs procureurs, avec procuration suffisante, pour y respondre et procéder par les dicts procureurs, selon la

ART.

ART. coutume des dicts articles, signés comme dict est. »

Il paraît que des juges de ce temps-là s'arrogeaient le pouvoir de faire garder à vue et de consigner un plaideur dans sa maison, jusqu'à ce qu'il eût fait ses réponses et ses serments. Rebuffe cite un arrêt du parlement de Paris, du 10 mai 1535, qui blâma cette espèce de relégation.

Les réponses de *credit vel non* furent abrogées par l'article 26 de l'ordonnance de 1539. « Et néanmoins (article 27) permettons ès parties se faire interroger l'une l'autre, pendant le procès et sans retardation d'iceluí, par le juge de la cause, ou autre plus prochain des demourances des parties, qui à ce sera commis, sur faicts et articles, pertinens et concernans la cause et matière dont est question entre elles. » Point ne fut oublié de faire jurer les gens de se condamner, au besoin, par leur bouche : « Et seront tenues les parties (art. 38) affirmer par serment les faicts contenus en leurs escritures et additions, et par icelles, ensemble par les responses auxdicts interrogatoires, confesser ceux qui seront de leur science et cognoissance, sans les pouvoir denier, ou passer par non sçavance. »

A ces dispositions l'ordonnance de Roussillon (1563) ajouta ce qui suit, article 6 : « Les réponses de vérité sur articles pertinents seront faites par les parties en personne, et non par procureur ni par escrit... et en défaut de comparoir au jour et lieu qui pour ce seront assignés, seront les faicts tenus pour *confessés et avérés*. Et en cas de maladie ou empeschement légitime et nécessaire, ou si la qualité des parties le requérait, le juge se transportera devers elles pour cet effet, lequel pourra, outre les articles baillés par les parties, faire d'office tels interrogatoires pertinents qu'il verra estre à faire. » ART.

Voilà comment l'audition *catégorique* par interrogatoire sur faits et articles remplaça les réponses par *credit vel non*, qui ne furent plus gardées que dans les cours ecclésiastiques (1).

Les ordonnances de François Ier et de Charles IX avaient un peu désencombré la voie ; mais bientôt la pratique se mit à y jeter ses formules et ses ambages, et les réformateurs de la justice, en 1667, suivirent les errements de la pratique.

(1) Felin. *in cap. cœterum, de jurejur. extra.* Rebuffe, *loco citato*.

ART. La loi romaine avait dit : *ubicumque judicem æquitas moverit, æquè opportere fieri interrogationem dubium non est* (1). Chez nous il y fallut plus de façons : cette équitable faculté de mander les parties à l'audience, et de les interroger, *proprio motu*, sur des faits que les plaidoiries n'éclaircissent pas toujours, ne fut accordée qu'aux juges des marchands, parce que devant eux les parties se présentaient sans assistance de procureur. Mais dans les juridictions ordinaires, l'ordre de comparaître personnellement était considéré comme une sorte de réajournement, et comme une atteinte portée à l'institution et aux prérogatives des mandataires *ad lites*. L'interrogatoire sur faits et articles devint donc un attribut de la procédure militante; il ne put être ordonné *d'office*, mais seulement que sur requête contenant les questions qui devaient être adressées à l'interrogé. Bien plus, le projet de l'ordonnance défendait expressément au juge commis pour l'interrogatoire, de faire aucune question autre que celles portées et alignées dans la requête; et si les remontrances de M. de Lamoignon ne l'eussent emporté, on

(1) *L.* 21, *ff. de Interrog. in jure faciend.*

aurait vu des aveux poindre, ne demandant pour éclore qu'un peu d'insistance, et rester avortés, à défaut de quelque mot pressant que le commissaire n'eût pas osé ajouter à la teneur catégorique de la requête. ART.

La copie des faits et articles était signifiée d'avance à la personne qui devait répondre, *afin que les gens simples ne fussent surpris par des questions imprévues.* Vainement, cette fois, M. le premier président fit observer « que lorsqu'on communique les faits, c'est donner aux gens le moyen de se préparer contre la vérité laquelle n'a pas besoin de conseil pour se produire. Un chacun doit savoir ce qui est de son fait, et ne saurait être tenu de répondre sur autre chose. D'ordinaire, ceux qui sont interrogés consultent bien moins leur conscience que le palais, sur ce qu'ils ont à dire. Ils apportent des réponses toutes faites ; de sorte que tout l'effet de l'interrogatoire n'est que de transcrire des réponses que la partie a déjà elle-même rédigées par écrit : l'on n'a point vu qu'un homme préparé sur ce qu'il doit répondre, ait jamais perdu son procès par sa bouche. C'est bien souvent l'occasion d'un parjure prémédité, *qu'il serait beaucoup meilleur de retran cher.* Mais qu'au contraire,

ART. lorsqu'une partie vient prêter l'interrogatoire sans avoir eu communication des faits, il est difficile, quand ils sont bien dressés, qu'elle ne tombe dans quelque contradiction lorsqu'elle veut déguiser la vérité; que dans la province de Normandie l'on se trouvait bien de cet usage, et qu'il serait peut-être avantageux pour la justice de le rendre général par tout le royaume (1). »

Malheureusement le *style* du parlement de Paris y était contraire. Le modèle antique était perdu, sa simplicité l'avait fait mépriser.

Pensez que la copie des faits et articles étant signifiée, le plaideur appelé à répondre s'empressait de mettre sus qu'ils n'étaient pas *pertinents*. Alors il fallait venir à l'audience, et l'on plaidait sur la pertinence. Un jugement devait s'ensuivre. C'était du temps et de l'argent que l'on dépensait de plus; c'était la ruine anticipée de l'interrogatoire. En effet, disputer sur la portée des questions, sur la direction de leurs rapports, c'était les anatomiser, les disséquer; c'était obliger celui qui les avait posées, à indiquer d'avance les

(1) Procès-verbal des conférences pour l'examen de l'ordonnance de 1667, tit. 16 du projet.

réponses qu'il espérait, les inductions qu'il voulait obtenir; c'était le forcer à démasquer ses batteries, à mettre son ennemi dans la confidence de ses ressources, et du parti qu'il se promettait d'en tirer. Répondre après, quand les faits étaient jugés pertinents, ce n'était pas plus embarrassant que de soutenir thèse sur arguments communiqués. ART.

Je m'étonne, en vérité, qu'on n'ait pas songé à dire que le juge communiquerait aussi les questions qu'il se proposait d'adresser d'office, *de peur que les personnes simples ne fussent surprises par des interrogations imprévues*.

Sur l'article de l'ordonnance relatif au serment, on faisait cette distinction, qu'il ne s'agissait point, en matière d'interrogatoire, d'un serment *décisoire* déféré par une partie pour trancher la question du procès, mais d'un serment *purgatif*, pour disposer la conscience de celui qui devait répondre. On convenait que, dans le for intérieur, ces deux serments avaient une égale force, puisque c'était prendre également Dieu à témoin de la vérité de ce qui allait être dit, et que le parjure était toujours criminel; mais, dans le for extérieur, on y mettait une grande différence,

ART. en ce que, nonobstant le serment *purgatif*, celui qui l'avait prêté pouvait perdre sa cause, s'il se trouvait quelques circonstances assez graves pour déterminer le juge à n'y point ajouter foi (1). Ainsi, la loi qui punissait le faux serment, se rendait complice d'un crime qu'elle provoquait inutilement. Un arrêt du parlement de Toulouse, du 30 août 1732, infligea la peine du parjure à un particulier atteint et convaincu d'avoir faussement répondu, après serment *purgatif* par lui prêté (2). *Inhumanum est per leges quæ perjuria puniunt, perjurii viam aperire*. Julius Clarus, l'un des premiers officiers du sénat de Milan, sous Philippe II, n'admettait point ces subtiles profanations : *Mihi certè hæc pratica numquam placuit, quia est manifesta occasio perjurii* (3).

L'autorité de M. de Lamoignon ne put persuader à la Conférence que des interrogatoires dérisoirement assermentés ne serviraient qu'à multiplier le scandale, *et qu'il serait peut-être expédient d'en abolir l'usage*. Mais à qui s'adressait-il ? A des hommes infatués des vieilles

(1) Rodier sur l'art. 1 du tit. 10 de l'ord., question 1.

(2) Journal du palais du parlement de Toulouse, par M. de Juin, t. 5, p. 315 et 316.

(3) Voyez ci-dessus, t. 2, p. 486.

pratiques, que sa vaste science, sa haute raison et ses majestueux accents trouvèrent plus opiniâtrément sourds encore, lorsqu'en 1670, dans la discussion de l'ordonnance criminelle, ils adoptèrent la révoltante absurdité de faire prêter serment à l'accusé avant son interrogatoire, et le placèrent entre le parjure et le suicide. ART.

Les rédacteurs du Code de procédure ont rendu aux tribunaux civils la faculté de faire comparaître personnellement les parties, d'exiger qu'elles répondent de leur propre bouche, sans préparation, aux questions qui leur sont adressées d'*office* et publiquement, de les entendre ensemble ou séparément, de les confronter, de les voir, de les observer. Mais, par respect pour les anciennes traditions, ils ont conservé en même temps l'interrogatoire sur faits et articles; et, sauf le serment qu'ils ont supprimé, et la discussion sur la pertinence des faits qu'ils ont écartée, leur système diffère peu de celui de l'ordonnance. Ils ont voulu, comme autrefois, éviter au plaideur soumis à l'interrogatoire, les ennuis de la publicité, les embarras de la contradiction, et lui

Art. procurer, par la communication des questions, les moyens de se consulter et d'arranger ses réponses.

Suivant la nouvelle loi de Genève, il n'est donné d'avance aucune copie des faits. Chaque partie, avant l'interrogatoire de l'autre, et hors de sa présence, peut expliquer au tribunal les circonstances sur lesquelles elle désire que son adversaire soit interrogé. Les réponses se font de vive voix, à l'audience, et sans notes écrites. Les parties ont le droit de s'adresser réciproquement des questions, des observations, par l'organe du président. Si l'interrogatoire ne peut se faire à l'audience, à cause de l'éloignement, de la maladie, ou d'une infirmité grave de la personne qui doit le subir, on délègue un juge pour y procéder, et sa commission énonce les faits sur lesquels il interrogera. Le meilleur moyen cessant d'être possible, la raison veut que l'on ne dédaigne pas ce qui peut encore être bon, pour rechercher la vérité (1).

En France, nous avons tout cela; rien de

(1) *V.* les articles 160 et suivants, qui composent les deux sections du titre 13 de la loi sur la procéd. civ. pour le canton de Genève.

plus facile que d'y accommoder les dispositions de l'article 119 du Code; mais on ne s'en sert presque point. Les juges et les plaideurs suivent, par habitude, le vieux chemin que leurs devanciers avaient battu. Il aurait fallu abolir l'interrogatoire sur faits et articles, pour faire valoir la comparution personnelle. ART.

C'est assez parler de ce qui fut, et de ce qui devrait être. Il est temps d'en venir à ce qui est.

Les juges ne peuvent ordonner que l'une des parties sera interrogée *sur faits et articles*, 325.
si l'autre ne le demande pas. La faculté de le demander est *respective*, c'est-à-dire qu'elle appartient au défendeur comme au demandeur, comme au garant, comme à l'intervenant, et que chacun a droit de l'exercer à son tour; mais elle ne comprend que les personnes qui sont parties dans la cause. Évidemment, vouloir en faire interroger d'autres, ce serait solliciter une enquête sous forme d'interrogatoire.

Cependant il y a quelques explications à donner sur ce point. Le tuteur d'un mineur ou d'un interdit n'est pas véritablement partie au procès, quoique son nom soit employé dans les qualités de l'instance; car ce n'est pas pour

ART. son intérêt qu'il plaide, mais pour celui de son pupille à qui ses réponses ne sauraient nuire: *Sed an et ipsos procuratores, vel tutores, vel curatores fateri sufficiat, videamus? et non puto sufficere*, a dit Ulpien (1). D'un autre côté, les aveux du mineur lui seraient inopposables : *minorem à confessione suâ restituemus* (2). Que faut-il donc conclure? Les tuteurs seront-ils donc, ainsi que leurs pupilles, exempts de répondre aux faits et articles?

Mettez d'abord le mineur hors de la question, puisqu'il est légalement incapable de gouverner sa personne et ses affaires, d'*ester* et de répondre en jugement. Qui ne peut aliéner, ne peut avouer.

Quant au tuteur, distinguez : il s'agit de faits que son administration lui rend personnels, ou de faits attribués aux auteurs du pupille, et dont on prétend qu'il (le tuteur) a eu connaissance.

Exemple du premier cas : le tuteur a fait assigner quelqu'un en paiement d'une somme de 3,000 fr. due au mineur. La personne as-

(1) *L.* 6, § 4, *ff. De confessis.*
(2) *Edd. l.*, § 5.

signée demande que le tuteur soit interrogé sur le fait de savoir s'il n'a pas déjà reçu des à-comptes, ou s'il n'est pas vrai qu'il ait accordé un délai qui n'est pas encore expiré. Ces questions et autres du même genre, qu'il est facile d'imaginer, seront très-pertinemment posées au tuteur, parce qu'il serait obligé de se charger en recette des à-comptes, s'il les reconnaissait, ou de supporter la responsabilité des pertes résultant du délai, s'il confessait de l'avoir accordé. ART.

Exemple du second cas : le tuteur demande l'exécution d'une obligation consentie au profit du père de son pupille. Le défendeur veut le faire interroger pour qu'il déclare s'il ne sait pas que cette obligation était simulée, ou qu'elle avait été acquittée, ou que les contractants l'avaient modifiée par d'autres stipulations. Ici l'interrogatoire ne sera pas admissible, et l'on devra dispenser le tuteur de répondre, car il n'y a rien dans les faits qui lui soit personnel; c'est le rôle d'un témoin qu'on veut lui faire jouer. Son aveu ne pourrait tirer à conséquence et préjudicier au titre produit en faveur du pupille, ni engager sa propre responsabilité, puisqu'il s'agit de choses

ART. qui ne se seraient point passées avec lui (1).

Mais un mineur dégagé des liens de la tutelle peut être interrogé relativement à tous les objets dont son émancipation lui permet de disposer. D'ailleurs il est réellement partie dans la cause ; son curateur n'y figure que pour l'assister.

Imbert disait que « celui duquel on a prins gariment, et qui s'en est allé hors procès, ne peut estre contraint de respondre, pour ce que sa response ne nuiroit à son garand (2). »

La femme dont le mari seul est en cause, peut-elle être interrogée ? Cette question, qui s'agite encore de nos jours, date de trois siècles. « Si le mari agit ou est poursuivi à cause de sa femme, la partie adverse a le droict de requérir que la femme soit ouye sur tous les faicts qui seront de la science et cognoissance d'icelle (3). » La même solution s'applique au cas où l'affaire a trait aux biens de

(1) *V*. Rodier sur l'art. 4 du tit. 10 de l'ord., quest. 1.

(2) *Practique*, liv. 1, chap. 38, n° 4. Voyez *pour la prise de fait et cause du garanti*, ci-dessus, t. 3, p. 376 et suiv.

(3) *Ibidem*. La première édition de *la Practique* d'Imbert parut en 1542.

la communauté. L'existence légale des époux se confond dans cet être moral. Si le mari figure seul au procès, c'est qu'il est le chef de l'association conjugale. Mais la présence du chef n'exclut pas l'idée du concours de la femme, en ce qui touche les intérêts communs. Le nom de celle-ci n'est pas écrit aux qualités de l'instance, mais il y est sous-entendu : *Pars censetur, quamvis non prosequatur processum, in rebus communibus, sed illius maritus.* Rebuffe cite à l'appui un arrêt du parlement de Paris, qui l'avait ainsi jugé le 7 janvier 1550. D'autant, ajoute-t-il, en faisant allusion aux vieux praticiens de son temps, que le mari peut être de ces gens trop finement expérimentés pour se laisser prendre aux filets d'un interrogatoire : *Quia poterit uxor citiùs veritatem dicere quàm ejus maritus, qui fortè est procurator vel advocatus antiquus, qui non solent laqueis capi, sicut nec annosa vulpes* (1). ART.

Le mari plaide seul encore, lorsqu'il s'agit de l'administration et des revenus des biens dotaux de sa femme, attendu que cette administration et ces revenus lui appartiennent sous un régime, aussi bien que sous l'autre. La dotalité

(1) *Tract. de respons.* art. 4, *glossâ unâ*, n° 4.

ART. n'empêchera point que la femme ne soit soumise, dans une affaire de ce genre, à l'interrogatoire sur faits et articles, parce qu'elle y a un égal intérêt, pour le soutien des charges du ménage.

Cette doctrine n'a pourtant pas été unanimement adoptée, de nos jours. Un arrêt de la Cour de Caen jugeait, en 1823, qu'il n'y avait pas lieu d'ordonner l'interrogatoire de la femme, le mari seul étant en cause, attendu que, dans l'espèce, la preuve testimoniale n'était pas admissible, et que la femme ne pouvait être appelée pour déposer contre son mari. M. Dalloz est de cet avis, et dit qu'il ne suffit pas d'avoir intérêt à l'affaire pour être soumis à l'interrogatoire, mais qu'il faut y être partie(1). Cela me semble une pétition de principe : il aurait fallu prouver d'abord que la femme n'est pas véritablement partie, et que son mari ne la représente pas, dans un procès où leurs intérêts sont communs. S'il en est autrement, la femme ne sera pas plus *un témoin* que le mari lui-même, et, comme le mari lui-même, elle pourra être interrogée.

Je fus consulté, il y a quelques années, sur

(1) *Recueil alphab.*, t. 9, p. 572.

une action mobilière intentée par un particulier contre plusieurs individus. Il leur importait beaucoup d'obtenir l'interrogatoire de la femme ; mais elle n'était pas en cause. La divergence des opinions faisait naître des doutes, on craignait de s'aventurer dans une fausse route. Je conseillai, pour couper court aux difficultés, d'assigner la femme, afin qu'elle fût partie dans l'instance, et de prendre contre elle, dans l'exploit d'assignation, des conclusions reconventionnelles déjà prises incidemment contre le mari. Elle comparut ; elle soutint qu'une demande reconventionnelle ne pouvant être formée que *par un simple acte*, aux termes de l'article 337 du Code de procédure, elle avait été *nullement* assignée, et qu'elle devait rester hors du procès. Les défendeurs répondirent que cette indication d'un simple acte, pour les cas généraux des demandes incidentes, n'excluait point le mode plus solennel d'une assignation à personne ou domicile ; que, dans l'espèce, il n'avait pas été possible d'agir autrement ; que la femme n'étant que représentée par son mari, et n'ayant pas d'avoué constitué pour elle et en son nom, la demande reconventionnelle n'avait pu, à son égard, être formée par

ART. un simple acte. L'exception de nullité fut rejetée. La femme, maintenue dans l'instance, fut interrogée avec son mari. Ils perdirent leur procès. Ils en appelèrent; le jugement fut confirmé (1), et le pourvoi en cassation n'eut pas plus de succès que l'appel.

C'était une procédure de circonstance, si je puis parler ainsi, un excès de précaution qui ne pouvait nuire. Mais je n'ai jamais cru qu'il fût *indispensable* de mettre préalablement la femme en cause, afin d'arriver à la faire interroger en même temps que son mari. Elle y est déjà sous le manteau du chef de l'association conjugale; il n'est besoin que de l'écarter un peu, pour qu'elle apparaisse et se trouve obligée de répondre.

L'interrogatoire peut être demandé:

En toutes matières. Il faut en excepter pourtant celles où l'aveu des parties serait d'une complète inutilité, comme les procès de séparation entre époux. Quand un droit est prescrit, l'interrogatoire sur son existence antérieure serait également inadmissible, à moins que l'on ne fît porter les questions sur

(1) Dalloz, *Recueil périod.*, 30—2—49.

des faits interruptifs de la prescription. Les actes authentiques, aussi bien que les actes sous signature privée, sont compris dans la généralité des termes de la loi ; et c'est même une ample matière à interrogatoire, lorsqu'il s'agit de dol, de fraude, de simulation, de surprise, de l'intention des contractants, de l'interprétation de leur volonté, ou de l'état de leur raison. Mais il ne serait pas permis de l'étendre jusqu'aux énonciations que l'officier public a reçu mission de constater, parce que la pleine foi qui leur est due ne peut être ni détruite, ni ébranlée, que par une inscription de faux (1).

ART. 324.

En tout état de cause. L'ordonnance de 1539 disait *pendant le procès;* sur quoi Théveneau remarquait « que ce n'estoit pas jusques à tel poinct des procédures, ains indéfiniment; pour ce que l'interrogatoire estant une interpellation de bonne foi, il peut estre fait en tout estat de cause, *in quâcumque parte litis.* Aussi quand Hieremie dit : *jurabunt in veritate, judicio et justitiâ*, il ne limite point de temps, pour ce qu'il n'y a point de fin de

(1) *V.* ci-dessus chap. 16, *du Faux incident civil*, p. 3 et 85.

ART. non-recevoir contre la vérité, et est toujours bonne à rechercher, en quelque estat que soient les causes.... Tous les practiciens françois tiennent que l'interrogatoire peut estre faict jusques à la sentence, voire en cause d'appel; parce que l'appel non-seulement suspend le jugement, mais l'esteint (1). »

Il en est qui veulent que l'on attende les écritures et les conclusions respectives des parties, pour savoir s'il y a lieu d'ordonner un interrogatoire. Ce n'est pas assez, disent-ils, que l'instance soit introduite, et la cause mise au rôle, il faut encore qu'une discussion soit engagée sur les faits. L'interrogatoire n'étant qu'un moyen supplétif, il est nécessaire que l'on ait tenté d'abord de découvrir la vérité par les moyens ordinaires, et qu'une instruction préparatoire ait eu lieu (2). C'était encore une vieille question que des commentateurs de l'ordonnance avaient élevée; mais leur opinion n'était pas suivie, 1° parce qu'elle était contraire à ces termes de la loi : *en tout état de cause*, ce qui signifie depuis sa naissance jusqu'à sa fin : *ubicumque judicem æquitas mo-*

(1) Tit. 8, p. 711 et suiv.

(2) MM. Carré, t. 1, p. 771, et Dalloz, t. 9, p. 574 et suiv.

verit; 2° parce qu'il pouvait se faire que la cause fût définitivement jugée dès la première audience, sur simples plaidoiries, et sans écritures préalables, ce qui n'aurait plus permis de présenter requête en interrogatoire; 3° parce que la partie que l'on avait intention de faire interroger, après la signification de ses moyens, pouvait mourir; 4° parce qu'on pouvait espérer par un interrogatoire de terminer le procès sur le seuil, et, suivant l'expression de Théveneau, *sans enfoncer davantage la procédure* (1). Cela doit souffrir aujourd'hui d'autant moins de difficulté, que la règle générale soumet la grande majorité des affaires à l'essai de conciliation, et que les mutuelles dispositions des plaideurs s'y révèlent presque toujours, avant qu'ils arrivent au tribunal. ART.

Toutefois il n'est pas rare qu'un interrogatoire soit demandé pour enrayer l'affaire, pour chicaner, pour gagner du temps, et qu'on ne s'avise d'y recourir au moment où l'instruction s'achève, où le jugement va se pro-

(1) *V.* Rodier sur l'art. 1 du tit. 10 de l'ord., le *Dictionn. de Prat.* de Ferrière, au mot *Interrog. sur faits et articles.*

ART. noncer. L'opportunité de la requête, les causes qui l'ont différée, la bonne ou la mauvaise foi de celui qui la présente, toutes ces considérations sont abandonnées au discernement et à la prudence des magistrats, qui accordent ou refusent ce supplément d'instruction, selon les circonstances. Tel est le sens que l'on doit attacher à ces expressions de la loi : *sans retard de l'instruction ni du jugement ;* car s'il fallait les prendre avec la rigueur absolue de leur acception, il n'y aurait jamais d'interrogatoire, puisque ce serait toujours un temps d'arrêt qui retarderait le jugement.

Il était de jurisprudence autrefois, qu'un plaideur ne pouvait être interrogé sur des faits illicites et de nature à ternir sa réputation. On aurait été fort mal venu, par exemple, à demander qu'une veuve, un cohéritier, fussent tenus de répondre sur des imputations de recélé, parce que c'eût été les forcer de s'accuser de vol. Toutes questions touchant le dol, la fraude, la simulation, l'usure, étaient sévèrement exclues, à cause du serment qui devait précéder l'interrogatoire, et l'on invoquait à ce sujet des lois du Digeste *de Jurejurando*, qui n'y eurent jamais le moindre rapport. Il semblait que chacun s'évertuât à rendre cette voie d'instruction de plus en plus étroite, vaine et ridicule. Il y eut même des Cours qui, dans leurs observations sur le projet du Code de procédure, demandaient qu'il y fût formellement exprimé que les faits et articles ne seraient *ni calomnieux*, *ni captieux*, *ni préjudiciables aux parties*, *et ne pourraient tendre à découvrir leurs turpitudes* (1). Cette doctrine, trop commode pour les gens serrés de près, n'était fondée ni en droit ni en raison, surtout après la suppression du serment (2). Le tribunal de commerce de Verviers avait décidé que le porteur d'un billet à ordre devait être dispensé de répondre sur des faits qui l'inculpaient d'usure. Ce jugement fut réformé : « Attendu que les faits et articles étaient pertinents et concernaient la matière, et qu'il n'y avait pas lieu d'exempter l'intimé d'y répondre, sous le prétexte qu'il ne pouvait être obligé à divulguer sa propre turpitude, parce que l'adoption d'un pareil système n'irait à rien moins qu'à favor-

ART.

(1) *Observ. des Cours*, p. 12 et 19.

(2) Voyez *le Répert.* de M. Merlin, v° *Interrog. sur faits et art.*, n° 5.

ART. riser l'usure (1). » Tous les faits qui concernent particulièrement et *utilement* la matière en litige, sont pertinents. Ce qu'on est convenu d'appeler impertinent dans le monde, est quelquefois très-pertinent au palais.

Avant le Code, c'était au chef du siége que l'on présentait la requête contenant les faits et les questions. Sur le vu de ces faits, dont la pertinence était appréciée par lui seul, il nommait un commissaire pour interroger.

Maintenant la requête s'adresse au tribunal entier; elle est déposée, avec les pièces du procès, entre les mains du greffier qui remet le tout au président. Les juges réunis dans la chambre du conseil entendent le rapport de l'un d'eux; ils lisent, ils examinent, et délibèrent sur l'admissibilité de l'interrogatoire. Le jugement étant arrêté, le président fait appeler la cause à l'une des prochaines audiences, et le prononce publiquement.

Si l'interrogatoire est admis, le jugement n'énonce point les questions; il se formule à peu près en ces termes : Vu la requête présentée par *Pierre*, attendu que les faits sont

(1) Sirey, 14—2—344.

pertinents et concernent la matière dont il s'agit, le tribunal ordonne qu'il sera procédé, sur ces faits, à l'interrogatoire de *Paul*, devant le président, ou devant un juge qu'il aura commis. ART.

Si toutes les questions posées ne paraissent pas pertinentes, le jugement indique, par le rang qu'elles occupent dans la requête, celles qui sont élaguées.

Enfin, lorsque la requête est entièrement rejetée, le jugement dit que, sans y avoir égard, il sera passé outre.

Cet acte du tribunal, que le Code appelle à la fois *jugement* (article 325), et *ordonnance* (article 329), a un caractère tout particulier. Ce n'est point un jugement contradictoire, car l'article 79 du Tarif porte que « la requête contenant les faits ne sera point signifiée, ni la partie appelée avant le jugement qui admettra ou rejettera la demande afin de faire interroger. » Ce n'est point un jugement par défaut, car il n'y a de défaillants que ceux qui ayant été appelés ne comparaissent pas; or, comme vous venez de le voir, la partie dont l'interrogatoire est demandée, n'est point appelée avant qu'il soit ordonné. C'est donc un

ART. jugement spécial, anomal, si vous voulez, un jugement *sui generis*, une sanction du tribunal entier, que l'on a substituée à la simple ordonnance d'un président. Il fallait nécessairement écarter du débat touchant la pertinence des faits, la partie obligée d'y répondre, si l'on tenait à relever un peu cet interrogatoire, dont on a dit qu'il faisait plus de mal à la conscience de l'interrogé, que de bien à la justice.

Voilà ce que beaucoup de commentateurs et beaucoup de magistrats sont encore à comprendre. Ils croient toujours que le jugement qui ordonne l'interrogatoire peut être frappé d'opposition, attendu que ce recours est de droit commun, et qu'il serait souverainement injuste d'empêcher une partie qui n'a point été appelée ni entendue, de venir discuter la pertinence ou la personnalité des faits auxquels elle a été condamnée de répondre. C'était précisément ce que demandait la Cour de Poitiers dans ses observations sur le projet du Code : elle voulait qu'à l'audience où la requête serait rapportée, les parties eussent le droit de débattre les faits, de soutenir leur inadmissibilité, etc., en un mot, de faire valoir tout ce qui pourrait les dispenser d'être interrogées (1). » Ce système aurait ramené les anciens abus à la faveur desquels la personne qui devait répondre, entrait d'avance dans le secret des faits, de leur but, de leur utilité, de leur portée, et s'instruisait, en les discutant, des moyens de les éluder. Mais, ce qui fut moins excusable, longtemps après la promulgation du Code et du Tarif, en 1829, la Cour royale de Toulouse confirma un jugement par lequel une requête tendant à interrogatoire avait été renvoyée à l'audience, pour y être contradictoirement débattue : « Attendu, porte l'arrêt, que la requête en audition catégorique présentée aux premiers juges, ne les mettait pas à même d'apprécier suffisamment la pertinence et l'admissibilité des faits divers qui y étaient contenus; qu'ils avaient le droit d'admettre ou de rejeter cette requête; que dès lors, et à plus forte raison, ont-ils eu le droit d'ordonner que la requête serait renvoyée en jugement; que cette mesure ne contient rien de définitif, et qu'elle était dans le domaine du juge (2). » ART.

(1) *Observ. des Cours*, p. 10.

(2) Sirey, 30—2—184.

Art.

Cet arrêt ressemble à une abrogation de la loi.

La loi dit que la requête ne sera point signifiée, *ni la partie appelée*, avant que l'interrogatoire ait été autorisé.

L'arrêt dit que la partie sera appelée, et la requête communiquée, pour savoir si l'interrogatoire sera autorisé.

La loi dit que la pertinence des faits sera examinée et jugée en la chambre du conseil.

L'arrêt dit que les parties viendront à l'audience pour y débattre les faits.

La loi dit que l'interrogatoire aura lieu sans retard de l'instruction ni du jugement.

L'arrêt dit que l'on plaidera préalablement, et extraordinairement, sauf à plaider encore après.

La loi dit que les faits posés seront notifiés à la partie, vingt-quatre heures avant l'interrogatoire qu'elle doit subir.

L'arrêt dit que les faits seront livrés longtemps d'avance au plaideur qui résiste à l'interrogatoire, afin qu'il puisse les tourner, les retourner à loisir, provoquer des explications, pénétrer dans la pensée de son adversaire, et préparer ses réponses.

La loi ne pouvait être plus crûment violée.

Or, le recours d'opposition ou d'appel, que l'on persiste ailleurs à juger recevable contre l'admission des faits et de l'interrogatoire, n'est qu'un détour qui conduit exactement au même résultat. ART.

Mais on s'écrie que la défense sera interdite ! Oui, sans doute, puisque la partie ne doit être ni appelée ni entendue. C'est une exception qu'exige la nature de ce mode d'instruction, si l'on veut qu'il serve à quelque chose. Je ne sais comment on peut imaginer que le législateur, disant que la partie ne sera point appelée, lui aurait en même temps réservé la voie d'opposition ; car l'opposition remet les personnes en présence, et les choses en état de discussion. Ce serait une belle invention que de fermer discrètement la porte d'un côté, et de la tenir ouverte de l'autre !

Les mêmes raisons excluent évidemment, en ce cas, la faculté de l'appel.

Mais on insiste ; on demande quel moyen pourra donc être employé, pour faire rétracter ou réformer une décision rendue *inauditâ parte*, et par laquelle les juges auront admis comme pertinents et comme personnels des

ART. faits qui ne le sont pas? Je le dirai tout à l'heure.

Le président, ou le juge commis par lui, donne à la partie qui a demandé et obtenu l'interrogatoire, l'indication du jour et de
327. l'heure où il y procédera. Cette ordonnance d'indication n'exige aucun procès-verbal de réquisition ou de délivrance; on peut la requérir de vive voix.

En cas d'empêchement légitime de la per-
328. sonne soumise à l'interrogatoire, le juge se transporte au lieu où elle est retenue, ou il
322. fixe un autre jour pour l'interroger.

L'appréhension des surprises et l'autorité de l'*ancien style* ont fait passer dans le Code le principe de la communication préalable des questions. Ce principe admis, il fallait bien établir des règles pour assurer son application. Donc, vingt-quatre heures au moins avant
327. l'interrogatoire, l'huissier que le juge a commis à cet effet doit signifier à la *personne*, ou au *domicile* de la partie qu'il assigne en même temps pour répondre, la requête qui contient les faits, le jugement qui les a déclarés pertinents, et l'ordonnance qui a fixé le moment de la comparution.

Ne plaignez point ce pauvre plaideur à qui l'on n'accorde que vingt-quatre heures, pour lire et relire la série des questions, et rêver à l'ajustement des réponses. Rien de plus facile que de se procurer beaucoup plus de temps : il n'a qu'à ne pas se rendre à l'interrogatoire; puis, lorsqu'il sera suffisamment préparé, il viendra se présenter, suivant la maxime de droit : *Pœnæ lègalis purgatio admitti solet usque ad sententiam*, et il offrira de répondre. La jurisprudence va bien plus loin encore : elle entend par le jugement de la cause, l'arrêt définitif, en cas d'appel. Ainsi le plaideur pourra ne pas se presser de purger sa contumace. Il lui sera permis d'attendre que l'affaire ait franchi le premier degré de juridiction, et qu'elle soit entrée dans le deuxième, parce qu'on peut y refaire, ou réparer tout ce qui a été omis dans l'instruction primitive. La seule peine qu'il aura encourue, pour ne s'être pas présenté d'abord, consistera dans l'obligation de payer le coût du procès-verbal qui avait constaté son défaut de comparution, et les frais de la signification qui en avait été faite.

ART. 331.

Quand le fond d'un système est mauvais, il est bien difficile de l'organiser et de le mettre en

ART. action, sans que ses diverses parties viennent se heurter et s'entre-détruire.

La rigueur des ordonnances voulait que les faits fussent tenus pour *confessés* et *avérés*, si la partie n'obéissait pas à l'assignation, ou si elle refusait de répondre : *Si ille qui fuit adjornatus et jussus per judicem quod respondeat, absque rationali causâ recuset respondere, aut contumaciter se absentet, in his quæ scripta sunt in articulis debet haberi pro confesso* (1).

« Le défaut de comparution ou le refus de répondre doit-il imposer au juge l'obligation de tenir les faits pour avérés, ou seulement lui en laisser la faculté ? disait au Corps législatif l'Orateur du Tribunat.

» Ce refus élève sans doute contre celui qui s'en rend coupable une juste prévention. L'homme qui n'a que la vérité pour guide ne craint pas qu'on la lui demande ; il ne s'effraie ni des questions qui lui ont été communiquées, ni de celles imprévues que le magistrat lui adressera ; il se présente avec assurance.

» Mais n'est-ce pas donner à cette présomption morale une force que repousse la saine

(1) Masuer, *de probationibus*, n° 32.

logique, que de la considérer comme une preuve légale sur laquelle le magistrat doive nécessairement diriger son opinion? Art.

» Combien de motifs peuvent, en quelque sorte, justifier, ou du moins excuser le refus de répondre! Et s'il existe des preuves écrites qui contredisent les faits tenus pour avérés, le précepte de la loi pourra-t-il contraindre l'esprit du juge à rejeter l'évidence, pour lui préférer une simple présomption?

» Il est plus juste, il est plus sage de s'en remettre à ses lumières, à sa pénétration. C'est sur son esprit qu'agira le refus de répondre; il se reposera avec sécurité sur ce moyen de décision, lorsque les faits concorderont entre eux, lorsque rien ne les contredira, lorsqu'ils se lieront sans aucune contrainte, sans invraisemblance, à ce qui, d'ailleurs, est constant et reconnu dans la cause (1). »

Je suppose maintenant, et c'est le cas le plus ordinaire, que la personne qui doit être interrogée s'est rendue à l'assignation.

Elle sera seule avec le juge et le greffier. Les législateurs modernes ont eu la délicate at-

(1) Législ. civ. etc. de M. Locré, t. 21, p. 621.

ART. tention de lui épargner la gêne et l'ennui qu'auraient pu lui causer la figure attentive d'un contradicteur, et les questions trop pres-
333. santes qu'il s'aviserait de suggérer. « Celui qui a requis l'interrogatoire ne pourra y assister. » Cette disposition ne se trouvait pas dans les ordonnances de 1539 et de 1669; mais un vieil usage l'avait consacrée comme une loi, dans les ressorts de quelques parlements, à Paris surtout. Dumoulin ayant un procès en son nom contre le frère d'Antoine Duprat, avait obtenu que son adversaire fût interrogé sur faits et articles. Il demandait la permission d'assister à l'interrogatoire, *quia non tàm facilè negaret*. Mais la Cour ne le voulut pas; et le Docteur de la France et de l'Allemagne annota l'arrêt en ces termes : *In hoc curia pessimè judicavit* (1).

La partie doit répondre en personne, sans pouvoir lire aucun projet de réponse par écrit, et sans assistance de conseil, aux faits conte-
333. nus en la requête, *même* à ceux sur lesquels le juge l'interrogera d'office. Répondre d'une manière vague, évasive, obscure, ce serait

(1) Voyez le *Répert.* de M. Merlin, *v. Interrog. sur faits et articles*, n° 12.

comme si l'on refusait de répondre : *Nihil interest neget quis, an taceat interrogatus, an obscurè respondeat, ut incertum dimittat interrogatorem* (1). » ART.

C'est ici que va se dénouer naturellement la grande difficulté, celle que l'on trouve à n'admettre aucune discussion préalable sur la qualité des faits, soit par voie d'opposition au jugement qui ordonne l'interrogatoire, soit par appel ou tout autrement (2). Faudra-t-il donc contraindre un plaideur à répondre sur des choses qui ne concernent pas la matière du procès, ou qui ne lui sont pas personnelles ? *Debet ne alius pro alio respondere cogi ?*

Non sans doute. En résumé, voici le système du Code, expliqué par l'article 79 du tarif. Vous savez que la requête pour obtenir l'interrogatoire, est soumise au tribunal, en chambre du conseil, et qu'elle est admise ou rejetée, sans que la partie que l'on veut faire interroger, ait dû être appelée, ni recevoir aucune communication des faits. Le jugement prononcé à l'audience sur le mérite de ces faits,

(1) *L.* 11, § 7, *ff. de interrog. in jure.*

(2) Voyez ci-dessus, p. 538 et 541.

ART. ne les énonce même pas ; ils sont connus de celui qui doit y répondre, vingt-quatre heures seulement avant l'interrogatoire. Évidemment une opposition, un appel, bouleverseraient de fond en comble l'économie de ce système. Le Code n'aurait point dit que la requête ne serait pas communiquée, et que la partie ne serait pas appelée, s'il eût voulu permettre qu'elle intervînt par quelque détour.

Mais rendue devant le juge commis pour l'interroger, elle aura toute liberté de ne pas répondre, et de soutenir, à ses risques et périls; que les faits ne sont pas pertinents, ou qu'ils ne lui sont pas personnels. Le commissaire dressera procès-verbal du refus, puis il renverra l'incident à l'audience, attendu qu'il n'a pas le pouvoir de le vider seul.

C'est alors qu'on vient discuter la qualité des faits. Cette discussion ne peut plus avoir le moindre inconvénient, parce que le sort de l'interrogatoire est accompli. En effet, le tribunal juge que les faits n'étaient ni pertinents ni personnels, qu'il y a eu justes motifs de ne pas vouloir répondre, et l'instruction du procès prend une autre direction. Ou bien il dit que les questions étaient dans un parfait rapport avec la personne et avec l'objet du litige,

que le refus de répondre n'est pas excusable; Art.
et les faits, suivant les circonstances, sont tenus pour avérés.

Tel est le droit ouvert à la partie appelée pour répondre à un interrogatoire sur faits et articles. Tels sont les risques qu'elle court, comme en toute autre matière, quand ses prétentions ne sont pas justifiées.

L'interrogatoire pourrait être encore un moyen assez précieux d'extraire la vérité, malgré les altérations que sa nature a subies, s'il était bien dirigé.

La communication préalable émousse les questions posées dans la requête, elles n'ont plus rien de saisissant, d'imprévu. Il n'y a que les questions *d'office* qui puissent frapper, au défaut de son armure, l'homme que l'on fait interroger.

Mais savez-vous comment, dans la pratique la plus commune, on comprend les questions d'office? Ce sont des notes rédigées d'avance, et remises au juge interrogateur, afin qu'il veuille bien insister, en tels ou tels termes, sur des réponses auxquelles on s'attend. Or, le plus souvent, ces questions se mêlent avec celles de la requête, elles passent indifféremment, sans

ART. ordre, sans relief, sans à-propos; le fil des conséquences se rompt, et l'effet est manqué.

Les véritables questions d'office sont celles qui viennent de l'inspiration du juge, quand il a soigneusement étudié les faits, les circonstances, les plis et les replis de l'affaire. Ce sont celles qui se succèdent avec une intelligente tenacité, qui pressent, qui harcèlent, qui barrent les issues, et qui forcent un artisan de fraude et de simulation à se compromettre par des aveux ou par des mensonges. Il y faut une habile pénétration. Les aveux d'un homme qui se débat contre le tort qu'il se fait, ne viennent qu'avec une résistance extrême. L'étreinte qui va toujours se resserrant, l'oblige à prendre un parti. Avant de se résoudre à celui qui présente le plus de dangers, il essaie de toutes les ressources imaginables, il tente tous les moyens de se dégager, et plus il y travaille, plus il se perd. Réduit à inventer pour donner le change, on oppose à ce qu'il avance, ce qu'il a déjà dit ou ce qui résulte de quelque titre, de quelque pièce du procès. Enfin, de tous ces efforts, de ces évasions, de ces fausses réponses, de ces contradictions flagrantes, de ces aveux arrachés, s'échappent autant de témoignages que le coupable fournit contre lui même, et la vérité se découvre. ART.

On est obligé de convenir que la manière de procéder aux interrogatoires n'offre pas communément une chance aussi favorable.

Il est aujourd'hui de jurisprudence constante, que les inductions tirées d'un interrogatoire peuvent former un commencement de preuve par écrit, rendre vraisemblables les faits allégués, et servir à l'admission supplétive de la preuve testimoniale.

C'est à peu près le seul avantage qu'il soit permis d'en espérer.

Mais on a prétendu qu'il fallait appliquer à l'ensemble d'un interrogatoire, le principe de l'indivisibilité des aveux judiciaires; que ce serait le violer, par exemple, si l'on s'emparait d'une réponse ambiguë sur un fait, en l'isolant d'une autre où se trouverait la dénégation formelle du même fait.

Un interrogatoire est une suite de demandes et de réponses qui forment autant d'articles différents, et donnent lieu, par conséquent, a autant d'aveux ou de dénégations. Chaque aveu ne peut en soi être divisé, mais il n'est pas défendu de le séparer de ceux qui

ART. précèdent et qui suivent (1). C'est ce que M. Merlin avait parfaitement établi dans la fameuse affaire de la marquise de Douhault (2), et c'est ce que la Cour de cassation vient de juger le 19 juin 1839 :

« Considérant que la Cour royale n'a nullement scindé les propositions diverses contenues dans l'interrogatoire dont il s'agit, en adoptant une portion de tel ou tel aveu, et en rejetant l'autre portion ; qu'elle n'a fait que repousser *en totalité*, et sans division, certaines propositions, et retenir aussi pour le tout d'autres propositions qui ont servi de base à sa décision ; qu'ainsi elle n'a aucunement violé les principes du Code civil sur l'indivisibilité de l'aveu judiciaire (3). »

L'interrogatoire produit, en général, plus d'effet, lorsque plusieurs personnes y sont soumises. Il importe de les interroger toutes le même jour, séparément, et d'y mettre assez peu d'intervalle pour que l'une ne puisse communiquer à l'autre les questions qui lui ont été

(1) V. M. Toullier, t. 10, n° 339.

(2) *Répert. V. chose jugée*, § 15.

(3) Sirey, 39-1-462.

adressées, et les réponses qu'elle a faites. Souvent il arrive que, pour échapper à cette précaution, l'une se présente seule, et que l'autre fait demander un renvoi. Le juge peut déjouer cette artificieuse combinaison, en fixant un nouveau jour pour les deux interrogatoires. ART.

Lecture est donnée de l'interrogatoire quand il est achevé; le juge interpelle la partie de déclarer si elle a dit la vérité et si elle persiste. 334.
Puis elle signe. Si elle ne le sait, ou ne le veut, il en est fait mention. On procède de même en cas d'additions, lesquelles sont toujours mises en marge, ou à la suite de l'interrogatoire (1).

La partie qui croit avoir intérêt de produire l'interrogatoire, le fait expédier et signifier. 335.
Après la signification, l'audience est poursuivie par un simple acte, et l'on vient plaider sur les preuves, les inductions, etc.

L'abus des interrogatoires avait tout envahi. On faisait interroger les chapitres, les corps, les communautés. C'était un de leurs membres

(1) Voyez ci-dessus, chap. 17, p. 302.

qui venait répondre, après la communication obligée des questions; et qui, pour cet effet, était porteur d'un pouvoir spécial contenant toutes délibérées, toutes rédigées et affirmées, les réponses qu'il devait faire.

Quand M. Pussort proposa d'ériger en loi cet usage, et d'en composer un des articles de l'ordonnance, M. le premier président objecta « que cette disposition était pour découvrir la vérité, dans les lieux où il était bien difficile de le pouvoir faire; — qu'elle était contraire à celle d'un article précédent qui défendait de répondre par écrit; — que si l'on ne pouvait autrement procéder à l'égard des communautés, cela même serait sans fruit; — que pour faire des illusions à justice, l'on chargeait ordinairement de la procuration le plus jeune des chanoines ou des religieux, qui n'avait aucune connaissance des affaires; — qu'au surplus, l'article portant qu'il serait permis de faire interroger les syndics et procureurs, cela pourrait avoir de grands inconvénients, et qu'il serait dangereux de commettre l'événement du procès d'une communauté à la foi d'un syndic corrompu. »

Cependant l'article passa. M. Pussort en faisait passer bien d'autres. Mais ce qui doit

plus étonner, c'est que les hommes habiles ART.
qui, de nos jours, ont reçu mission de déblayer et de redresser les vieilles voies de la procédure, aient pris pour une nuée lumineuse cet embrouillement d'interrogatoires équivoques à l'usage des Etres moraux. Sauf la substitution qu'on a faite des mots *administrations d'établissements publics*, à ceux de *chapitres, corps et communautés*, le texte de l'ordonnance a été copié dans le Code : « Seront tenues les administrations d'établissements publics de nommer un administrateur ou agent pour répondre sur les faits et articles qui leur auront été communiqués : elles donneront à cet effet un pouvoir spécial dans lequel les réponses seront expliquées et affirmées véritables ; sinon les faits pourront être 336.
tenus pour avérés : sans préjudice de faire interroger les administrateurs et agents sur les faits qui leur seront personnels, pour y avoir, par le tribunal, tel égard que de raison. »

Des efforts pour agencer ce qui est contre la nature des choses, font peu d'honneur à la sagesse de ceux qui les tentent. Or il n'est pas réellement possible d'interroger sur faits et articles un établissement public, une commune, et toute collection d'individus

ART. qu'on appelle un Être moral, à moins que d'assembler les comices, *calatis comitiis*. Que si vous les faites répondre dans la personne d'un administrateur, ou d'un agent, qui apporte les réponses authentiquement dressées d'avance, c'est abuser des termes, que de donner à cette démarche officielle, à ce vain appareil, le nom d'un interrogatoire. Il est inutile de dire qu'en ce cas, le juge ne peut se permettre des questions d'office. Pourquoi ne pas signifier les réponses par un simple acte d'avoué à avoué? L'effet serait absolument le même.

Quant aux administrateurs et agents qu'on fait particulièrement questionner sur ce qui leur est personnel, les réponses sont de véritables dépositions; aussi la loi dit-elle que
336. le tribunal y aura *tel égard que de raison*. Et quel égard raisonnable voulez-vous qu'on ait à des aveux, ou à des dénégations, qui ne peuvent, en aucune façon, lier et obliger l'Être moral, ni lui préjudicier?

Ce titre n'est pas bon. Mais des remarques critiques sur quelques dispositions, ne doivent point nous détacher du système général de nos lois. Le bien qu'elles font ne se sent pas; on en jouit sans le rapporter à sa cause, comme s'il était dans le cours ordinaire de la nature. Les défauts sont des accidents, on les aperçoit, parce qu'il arrive qu'on s'y heurte. Le tissu des lois est facile à déchirer, difficile à réparer; il faut le ménager. C'est Bentham, le plus austère des censeurs, qui a dit : Que de raisons pour aimer les lois, malgré leurs imperfections! Art.

FIN DU TOME QUATRIÈME.

TABLE SOMMAIRE

DES CHAPITRES

CONTENUS

DANS LE QUATRIÈME VOLUME.

CHAPITRE XVI.

DU FAUX INCIDENT CIVIL.

Pages.

CHAPITRE XVII.

DES ENQUÊTES.

Pages.

CHAPITRE XVIII.

DE LA QUALITÉ DES TÉMOINS.

Pages.

CHAPITRE XIX.

DES DESCENTES SUR LES LIEUX.

CHAPITRE XX.

DES RAPPORTS D'EXPERTS.

CHAPITRE XXI.

DE L'INTERROGATOIRE SUR FAITS ET ARTICLES.

FIN DE LA TABLE.

Poitiers. — Imp. de Saurin.

FIN DE LA TABLE.

www.ingramcontent.com/pod-product-compliance
Lightning Source LLC
Chambersburg PA
CBHW031723210326
41599CB00018B/2483
* 9 7 8 2 0 1 1 2 8 1 9 5 1 *